Stefan Aust

DEUTSCHLAND, DEUTSCHLAND

Expeditionen durch die Wendezeit

| Hoffmann und Campe |

1. Auflage
Copyright © 2009 by
Hoffmann und Campe Verlag, Hamburg
www.hoca.de
Satz: atelier eilenberger, Leipzig
Gesetzt aus der Rotation
Druck und Bindung: GGP Media GmbH, Pößneck
Printed in Germany
ISBN 978-3-455-50132-2

HOFFMANN
UND CAMPE

Ein Unternehmen der
GANSKE VERLAGSGRUPPE

Inhalt

Vorbemerkungen	7
Der Fall der Mauer *November 1989*	11
Der letzte Sommer der DDR *Rückblende*	30
Vierzig Jahre DDR *Oktober/November 1989*	37
Nach dem Fall *November 1989*	47
Die Woche danach *November 1989*	53
Besuch in der alten Heimat *Dezember 1989*	61
Bautzen – Das Gelbe Elend wird inspiziert *Dezember 1989*	62
Der Weg zur Einheit *Dezember 1989*	66
»Mutti ist im Westen« – Die verlassenen Kinder von Ostberlin *Dezember 1989*	67
Revolte im Politknast – Aufstand in Zeithain *Dezember 1989*	68
Die Rettung der SED *Dezember 1989*	70
Besuch bei der Stasi *Dezember 1989*	72
Die braunen Roten *Januar 1990*	74
Strahlend in die Zukunft *Januar 1990*	78
Der »Stasi-Staat« *Januar 1990*	85
Die Kinder von Espenhain *Januar/Februar 1990*	98
Der rote Meiler *Februar 1990*	100
König im Anmarsch *Februar 1990*	103
Rotes Blutgeschäft *Februar 1990*	104
Die Flucht geht weiter *Februar 1990*	106
Die Privatisierung der Genossen *Februar 1990*	110
Der Vorreiter des Kapitals *Februar 1990*	111
Blühende Landschaften *Februar 1990*	112
Mauer zu verkaufen *März 1990*	113
Das Kapital greift an *März 1990*	115
Honecker privat *März 1990*	121
Demokratischer Abbruch *März 1990*	122
Die Randgruppen der Wende *März 1990*	124

Tod einer Genossin   *März 1990*   125

Das Elend der Freiheit   *März 1990*   127

Die Demokratische Republik – eine Woche nach
der Wahl   *März 1990*   128

Cighid – Expedition nach Rumänien   *März 1990*   132

Lager für den Ernstfall   *April 1990*   139

Invasion aus dem Westen   *April 1990*   142

Die roten Jäger   *Mai 1990*   146

Die Agenten   *Juni 1990*   149

Die RAF-Seniorenresidenz   *Juni 1990*   155

Sonnenwende   *Juni 1990*   163

Die D-Mark kommt   *Juli 1990*   164

Der Untergang der Volks-Wirtschaft   *Juli 1990*   166

Übungsplatz des Todes   *Juli 1990*   169

Russen raus!   *Juli 1990*   172

Das letzte Aufgebot der SED   *Juli 1990*   176

Flucht in den Glauben   *Juli 1990*   180

Geruchskonserven – Der Schnüffelstaat bringt sich
auf den Begriff   *August 1990*   182

Das Ausreisegeschäft   *August 1990*   190

Das Stasi-Krematorium   *August 1990*   194

Die neuen Gangster   *September 1990*   206

Wem gehört die DDR?   *September 1990*   207

Die letzten Tage der DDR   *September 1990*   214

Der Tag der Einheit   *Oktober 1990*   228

Abgrenzmanöver   *Oktober 1990*   236

Deutschlandwahl   *November 1990*   239

IM Czerni – Die Enttarnung eines Stasi-Mitarbeiters
Dezember 1990   243

Die Wende der Katarina Witt   *Dezember 1990*   249

Zeitsprung – *Zwanzig Jahre später*   262

Vorbemerkungen

Dieses Buch ist ein subjektives Protokoll von fünfzehn Monaten erlebter Zeitgeschichte. Es ist die Geschichte der Expeditionen, die Reporter und Kamerateams von *Spiegel TV* durch die Wendezeit unternahmen. Insofern ist es nicht nur ein Streifzug durch die Zeit des Mauerfalls, des Untergangs der DDR und der Wiedervereinigung, sondern auch eine Erinnerung an die ersten Jahre von *Spiegel TV*.

Es war für mich, und sicher auch für die meisten meiner damaligen Kollegen, die journalistisch interessanteste Zeit überhaupt. Wir waren privilegierte Zeitzeugen. Eineinhalb Jahre zuvor war *Spiegel TV* gestartet, als Magazin am Sonntagabend auf dem neuen Privatsender RTL. Ein unabhängiges Fenster der DCTP (Development Company for Television Programs) des Schriftstellers, Filmemachers und Universalgenies Alexander Kluge garantierte uns vollkommene redaktionelle Unabhängigkeit. Die Basisfinanzierung kam aus den Werbeerlösen von RTL, *Spiegel*-Gründer und -Herausgeber Rudolf Augstein stellte – außer dem Namen *Spiegel* – den anfangs zusätzlich notwendigen Etat zur Verfügung, und der Rest lag in unseren Händen.

Es waren paradiesische Zeiten für junge Fernsehjournalisten, die bereit waren, jeden Tag und jedes Wochenende zu arbeiten, ihre Nase und das Objektiv ihrer Kamera in jede Angelegenheit zu stecken und das dokumentarische Fernsehen neu zu entdecken.

Und dann brach die politische Nachkriegsordnung über Nacht zusammen. Die scheinbar für die Ewigkeit zementierte Teilung der Welt in Ost und West, Kapitalismus und Sozialismus, löste sich vor unseren Augen auf. Und wir waren dabei, mit engagierten Reportern, die jedem Politiker und jedem Stasi-Offizier die Kamera und das Mikrophon vor die Nase halten konnten, mit Kameraleuten, die rund um die Uhr mit den neuen elektronischen Kameras die Wirklichkeit in »real time« abbildeten und mit großer Kunst auch das scheinbar Nebensächliche einfingen. Manche der Reporter waren mehr oder weniger Berufsanfänger, aber höchst talentiert, neugierig und motiviert bis in die tiefe Nacht hinein. Und zu Hause, in der Redaktion im Hamburger Chilehaus, saßen Cutter und erfahrene Fernsehredakteure, die das Material in kürzester Zeit zu Filmbeiträgen verarbeiten konnten.

Wenige Stunden, manchmal Minuten später gingen die Filme über den Sender.

Thomas Schaefer und Bernd Jacobs waren die ersten beiden Mitarbeiter, die ich vom Norddeutschen Rundfunk zu *Spiegel TV* holte. Mit beiden hatte ich bei *Panorama* und *Extra 3* zusammengearbeitet. Dann kamen Georg Mascolo, Erwin Jurzschitsch, Tamara Duve, Maria Gresz, Katrin Klocke, Cassian von Salomon, Claudia Bissinger, Helmar Büchel, Christiane Meier, Gunther Latsch, Thilo Thielke, Wolfram Bortfeldt dazu. Die Produktion organisierten Suse Schäfer, vormals eine erfolgreiche Theater- und Fernsehschauspielerin, und Ute Zilberkweit, die beide rund um die Uhr im Einsatz waren. Auch die Kameraleute Dieter Herfurth, Bernd Zühlke und Rainer März kannte ich aus NDR-Zeiten. Von ihnen stammten die meisten und besten der Bilder jener Zeit. In den Schneideräumen bei *Spiegel TV* bauten Cutter wie Erwin Pridzuhn, Steffen Brautlecht, Sven Berg, Betina Fink, Holger Grabowski, Sabine Herres aus den Rohmaterialien die Filme zusammen, meistens unter der Leitung von Bernd Jacobs und mir. Am Sonntag tippte ich dann zumeist die Texte, dazu die Moderation, mit der wir abends auf Sendung gingen.

Wir bildeten eine verschworene Gruppe, die Tag und Nacht zusammenarbeitete, manchmal nannten wir uns eine »Wohngemeinschaft mit Sendeerlaubnis«. Und ganz sicher waren wir damals die beste Redaktion eines Fernsehmagazins in Deutschland. Die Quoten stiegen von anfangs wenigen hunderttausend auf durchschnittlich über vier Millionen.

In diesem Buch habe ich mich an den Filmen und Texten der Filme aus der Wendezeit entlang geschrieben. Besonders bedanken möchte ich mich bei dem heutigen Chefredakteur des *Spiegel TV Magazins* Bernd Jacobs, dass er mir dafür – in Abstimmung mit der Geschäftsführung und dem heutigen Chefredakteur des *Spiegel* Georg Mascolo – die Manuskripte zur Verfügung gestellt hat. In den meisten Fällen waren es ohnehin meine Texte. Aber die Recherchen, die Dreharbeiten und Interviews in den Beiträgen sind natürlich von den ausschwärmenden Reportern gemacht worden.

Im Verlauf des Buches habe ich die Kollegen jeweils in den einzelnen Episoden auftreten lassen, als handelnde, fragende, oftmals nachbohrende Journalisten. Es ist auch ihre Geschichte. Und ich bin ihnen dankbar für die Zeit, die wir zusammenarbeiten konnten.

Und dann möchte ich mich natürlich bei meiner Frau Katrin bedanken, für die ich in meinen sieben Jahren *Spiegel TV* so gut wie kein Wochenende Zeit hatte. Da saß ich regelmäßig im Schneideraum. Freitag bis Mitternacht, Samstag bis nach Mitternacht. Und Sonntag bis kurz vor der Sendung um 22.00 Uhr.

Es waren Expeditionen in ein unbekanntes Land. Kaum jemand von uns war in den vergangenen Jahren häufiger in der DDR gewesen. Stattdessen fuhr man in die USA, nach Frankreich, England, Italien und Spanien. Der Ostblock war grau und langweilig, unangenehm, eine politische Realität, die man zur Kenntnis nahm, aber irgendwie ausblendete.

Und selbst Besuche in der DDR gaben keinen wirklichen Einblick in die wirkliche Welt des real existierenden Sozialismus. Journalisten aus dem Westen, wenn sie überhaupt hereingelassen wurden, durften sich nur unter staatlicher Aufsicht bewegen. Der Stasi-Apparat war ein weitgehend unterschätztes Staatsgebilde für sich. Selbst bundesdeutsche Geheimdienste hatten noch nicht einmal eine Ahnung davon, über wie viele Mitarbeiter Erich Mielkes Monsterbehörde verfügte. Ich erinnere mich an den Anruf eines ehemaligen langjährigen ARD-Korrespondenten nach einer *Spiegel-TV*-Sendung, in der wir die Zahl der offiziellen Stasi-Mitarbeiter mit mehr als achtzigtausend angegeben hatten. Das sei ja reichlich übertrieben, meinte der Experte unter Berufung auf Informationen des Bundesnachrichtendienstes. In Wirklichkeit seien es höchstens ein Drittel oder die Hälfte. Ich hatte allerdings gerade die komplette Computerliste der festangestellten Stasi-Mitarbeiter vorliegen, inklusive Dienstnummer, Rang und Monatseinkommen, die einer unserer Reporter von der Besetzung der Stasi-Zentrale in der Ostberliner Normannenstraße mitgebracht hatte. Es waren vierundachtzigtausend.

Nach Öffnung der Mauer konnten sich Reporter und Kamerateams in der DDR plötzlich freier bewegen als im Westen. Jeder Gefängnisdirektor wollte demonstrieren, dass er die Zeichen der Zeit erkannt hatte und für die neue Pressefreiheit die Tore öffnete. Jeder VEB-Direktor erlaubte den Blick in sein heruntergekommenes Kombinat. Auf den

Spuren der Bürgerrechtler vom Runden Tisch konnten Journalisten die Stasi-Gebäude inspizieren. Selbst das *Neue Deutschland* und das Zentralkomitee standen Rede und Antwort. Doch die neue Offenheit hielt nicht lange. Dann sollten die Tore und die Akten wieder geschlossen werden. Es begann die Zeit der Recherche. Wir wälzten Stasi-Akten, sprachen mit ehemaligen Geheimdienstlern, entlarvten aktive Politiker der Wendezeit als MfS-Agenten.

Dies ist die Geschichte der Wochen des Wendejahres 1989/90. Eine Zeitreise vom Fall der Mauer bis zur Wiedervereinigung. Und am Schluss ein Zeitsprung in die Gegenwart: zwanzig Jahre danach.

Hamburg, im August 2009
Stefan Aust

Der Fall der Mauer   November 1989

»Das war der Tag, an dem der Zweite Weltkrieg zu Ende ging …«

Es war Donnerstag, der 9. November 1989, als ich diese Zeile in meine Schreibmaschine tippte. Ich saß in einem Büro von Studio Hamburg und sollte den Abendkommentar für RTL sprechen. Im Fernsehen lief die Zusammenfassung eines Fußballspiels. Die ARD hatte den Beginn der *Tagesthemen* verschoben, um die Sendung nicht zu unterbrechen. Ich schaltete weiter. Im gemeinsamen Dritten Programm des Norddeutschen Rundfunks und des Senders Freies Berlin mühten sich Reporter, die undurchsichtige Lage an der Westseite der Berliner Mauer zu analysieren.

Gegen 19.00 Uhr an diesem Abend hatte Günter Schabowski, Mitglied des SED-Politbüros, am Ende einer Pressekonferenz fast beiläufig und in geübter Bürokratensprache eine weltpolitische Sensation verkündet: »Dann haben wir uns dazu entschlossen, heute eine Regelung zu treffen, die es jedem Bürger der DDR möglich macht, über Grenzübergangspunkte der DDR auszureisen.«

»Gilt das auch für Westberlin?«, fragte ein Journalist.

»Also, doch, doch«, antwortete der DDR-Politiker. »Ständige Ausreise kann über alle Grenzübergangsstellen der DDR zur BRD beziehungsweise Berlin-West erfolgen.«

Ständige Ausreise? Ungläubiges Staunen machte sich in den Gesichtern der westlichen Korrespondenten breit. Ein italienischer Journalist fragte, ab wann denn diese Regelung gelte.

Irritiert blickte Schabowski auf seine Vorlage. Dann stammelte er: »Das tritt nach meiner Kenntnis, äh, ist das sofort, unverzüglich.«

Die Nachricht hatte mich im Auto erreicht. Maggie Deckenbrock, stellvertretende Chefredakteurin des neuen kommerziellen Fernsehsenders RTL, rief an und fragte mich, ob ich nicht den Kommentar zur Maueröffnung sprechen wolle, der Chefredakteur des Senders sei gerade in Urlaub. Man könne ihn nicht erreichen.

»Zur was?«, fragte ich.

»Zur Maueröffnung.«

Sie haben es tatsächlich gemacht, dachte ich und willigte ein. Zum Studio Hamburg musste ich durch die ganze Stadt fahren. Während ich mich durch den stockenden Verkehr quälte, wanderten meine Gedanken zurück.

Am Montag jener Woche hatte mich abends der damalige Chefredakteur des *Spiegel,* Werner Funk, zu Hause besucht. Wenige Tage zuvor hatte Egon Krenz, Nachfolger des abgelösten Staats- und Parteichefs Erich Honecker, die im Oktober verhängte Visasperre für die Tschechoslowakei aufgehoben. Jetzt durften DDR-Bürger wieder nach Prag reisen – und hatten dadurch die Möglichkeit, sich von dort aus über Ungarn in den Westen abzusetzen. Funk fand das politisch höchst gefährlich.

Als er sich vor der Haustür verabschiedete, sagte er: »Der ist völlig verrückt. Die laufen ihm doch jetzt alle weg.«

»Dem bleibt nichts anderes übrig«, sagte ich. »An Stelle von Krenz würde ich jetzt die Mauer aufmachen.«

Funk lachte laut: »Du immer mit deinen Ideen ...« Er lief die Treppe nach oben.

»Weißt du was«, antwortete ich. »Wenn du ein Loch in der Badewanne hast, dann ziehst du besser den Stöpsel raus. Dann läuft das Wasser durch den Abfluss und nicht in die Wohnung ...«

Während ich ins Haus zurückging, schoss mir ein Gedanke durch den Kopf. Die sind auch nicht blöder als du. Die machen das.

Am nächsten Morgen, es war Dienstag, der 7. November 1989, suchte ich mir bei *Spiegel TV* den besten Reporter, der im Haus war. Ich stieß auf Georg Mascolo, einen Jungjournalisten, den ich ein gutes Jahr zuvor beim privaten Rundfunksender Radio FFN abgeworben hatte.

»Georg, schnapp dir ein Kamerateam und fahr nach Ostberlin«, sagte ich.

»Und welche Geschichte soll ich da machen?«, fragte Mascolo.

»Keine bestimmte«, erwiderte ich. »Bleib in der Nähe der Mauer. Da passiert irgendetwas«.

Ungläubig schüttelte er den Kopf. »Und wie stellst du dir das vor?«

»Keine Ahnung. Fahr nach Ostberlin, pass auf, was passiert, und geh dahin, wo die Menschen hingehen.«

Georg machte sich mit dem Kamerateam auf die Reise zur Beobachtung der Mauer in Berlin.

Es war eine Mauer, die zwei Weltsysteme trennte, den Ostblock und den Westen, Kapitalismus und Sozialismus, eine Grenze, die Familien auseinanderriss und die gemacht schien für die Ewigkeit. Hochgerüstete Armeen standen sich hier gegenüber, bis an die Zähne bewaffnet, ausgerüstet mit nuklearen Sprengkörpern, mit denen die Welt mehrfach hätte in die Steinzeit zurückbombardiert werden können.

Hier in Berlin war sie 44,8 Kilometer lang und vier Meter hoch.

Nach achtundzwanzig Jahren sollte sie ihren schrecklichen Sinn verlieren. Niemand schien zu merken, dass dieser Moment unmittelbar bevorstand. Vierzig Jahre und dreißig Tage waren vergangen, als Staat und Bevölkerung der DDR begannen, einen neuen Umgang miteinander zu proben.

Donnerstag, der 9. November 1989, war ein ruhiger Herbsttag. Das Kamerateam fing eine symbolträchtige Szene ein. Am Ufer der Spree wanderten ein paar Schwäne über einen Fußweg, auf den sie nicht gehörten. Zwei Volkspolizisten näherten sich mit einer volkseigenen Wolldecke und warfen sie über die Vögel. Sie wurden ergriffen und zurück ins Wasser geworfen. Es war wie ein Sinnbild der kommenden Ereignisse: Der Obrigkeitsstaat entließ seine Kinder aus der behördlich reglementierten sozialistischen Geborgenheit in die Freiheit.

Das Kamerateam war in der Nähe der Mauer geblieben, in einer Kneipe am Prenzlauer Berg. Dort lief ein Fernseher mit DDR-Programm. In den 19.30-Uhr-Nachrichten meldete die Sprecherin Angelika Unterlauf die Neuregelung der DDR-Ausreisebestimmungen: »Die zuständigen Abteilungen der Volkspolizei sind angewiesen, auch Visa zur ständigen Ausreise unverzüglich zu erteilen.« Es war der Startschuss für ein neues Zeitalter.

Das Kamerateam stürzte auf die Straße. Innerhalb weniger Minuten machte sich eine Trabikolonne auf den Weg nach Westen.

»Wie komme ich am schnellsten nach Steglitz?«, fragte ein aufgeregter junger Mann mit einem Stadtplan in der Hand die Westreporter.

»Steglitz in Westberlin?«

»Na, Mensch, na logo, wo denn sonst?«

Es begann ein Massenansturm auf den nächsten Grenzübergang, Bornholmer Straße, Prenzlauer Berg. Das Prinzip Freiheit sollte ausgetestet werden. Doch vor die Ausreise hatten die Behörden den Stempel gesetzt. Nur mit aufgedrucktem Visum sollte der spontane Ausflug in den Westen möglich sein. Der Stempel wurde zur Hälfte auf das Passfoto gesetzt, um die Drängler später identifizieren zu können und ihnen gegebenenfalls die Rückkehr zu verweigern. Die Grenzer arbeiteten zügig, die Schnecke drehte auf. Der Atem der Geschichte bestand hier aus einer Dunstwolke aus Zweitakterabgasen. Der Aufbruch in ein unbekanntes Land in derselben Stadt endete zunächst im Verkehrsstau.

Tausende versammelten sich und riefen immer wieder im Chor »Aufmachen, aufmachen« und »Wir kommen zurück, wir kommen zurück«.

Das Kamerateam war auf einen Zaun geklettert und filmte ununterbrochen, was sich hier zusammenbraute. Die Menschen standen an, um einmal im Westen ein Bier zu trinken. So viel Jubel hatte sich selten aus Warteschlangen erhoben. Doch ohne Pass und Visumstempel lief hier noch immer nichts. Ordnung musste sein im Staate DDR, immer schön der Reihe nach, im sozialistischen Gang. Binnen weniger Minuten war der Personalausweis zum Fahrschein in die Freiheit geworden. Manche spürten, dass die Republik der Genossinnen und Genossen gerade ihren Ungeist aufgab. Wozu sollte noch ein Pass gut sein? Die Freiheit braucht keine Papiere. Vor laufender Kamera zerriss ein Mann seinen DDR-Ausweis: »Wie lange wir gewartet haben, darauf, achtundzwanzig Jahre hat es gedauert. Ich lebe dafür. Ohne das.« Er ließ die Reste zu Boden fallen.

Die Masse harrte aus. Nur die Geduld kannte in der DDR keine Grenzen. Man hatte seine Bürger erzogen. Die Grenzer, viele davon Stasi-Mitglieder, verstanden die Welt nicht mehr. Hier vor ihren Augen zeigte sich, dass die Staatspartei ihre Massenbasis verloren hatte. Binnen zwei Monaten hatte sich ein Volk seiner Angst entledigt.

Die *Tagesschau* verkündete um 20.00 Uhr die Weltsensation, als handle es sich um eine Routinemeldung aus dem ost-westlichen Alltag: »Ausreisewillige DDR-Bürger müssen nach den Worten von SED-Politbüromitglied Schabowski nicht mehr den Umweg über die Tschechoslowakei nehmen ...«

Dann sendete das Erste Deutsche Fernsehen die Live-Übertragung eines Fußballspiels. Es war das DFB-Pokal-Achtelfinale zwischen dem

VfB Stuttgart und Bayern München. Als die *Tagesthemen* um 22.30 Uhr beginnen sollten, hatten die Bayern mit 3:0 gewonnen. Doch statt auf den Fall der Mauer umzuschalten, sendete die ARD die Zusammenfassung des Spiels Kaiserslautern gegen Köln (2:1), das gleichzeitig stattgefunden hatte. Dafür wurde der Beginn der *Tagesthemen* an diesem historischen Tag um elf Minuten verschoben.

In der Bornholmer Straße wurde währenddessen Geschichte gemacht. Diensthabender Offizier war der stellvertretende Leiter des Kontrollpunktes, Oberleutnant Harald Jäger. Dreiundzwanzig Jahre lang hatte er im Dienst des Ministeriums für Staatssicherheit an der Bornholmer Straße die Grenze bewacht. In dieser Nacht öffnete er den Schlagbaum, entgegen den Anweisungen seiner Vorgesetzten.

Fünf Grenzsoldaten, sechzehn bis achtzehn Zollkontrolleure und fünfzehn Mitarbeiter der Staatssicherheit waren an diesem Tag an dem Grenzübergang im Einsatz. Sie alle wussten nichts davon, dass am Morgen das Zentralkomitee der SED getagt und über eine neue Ausreiseverordnung debattiert hatte. Das Innenministerium der DDR arbeitete unter Hochdruck an den Ausführungsbestimmungen.

Gegen 19.00 Uhr hatte Oberleutnant Jäger beim Abendbrot gesessen und im Fernsehen Schabowskis Pressekonferenz verfolgt. Als der SED-Funktionär lakonisch mitteilte, dass DDR-Bürger ab sofort ausreisen dürften, horchte er auf. Jäger ließ das Essen stehen und rief von seinem Dienstzimmer aus seinen Vorgesetzten, Oberst Rudi Ziegenhorn, an.

Ziegenhorn sagte: »Haben Sie auch diesen Quatsch gehört?«

»Ja«, antwortete Jäger, »deshalb rufe ich Sie an.«

»Ist schon irgendwas bei euch unterwegs?«

»Ja. Die ersten zehn Bürger stehen schon bei uns am Kontrollpunkt.«

Oberst Ziegenhorn blieb ruhig: »Beobachten Sie die Situation und informieren Sie mich in einer halben Stunde, oder wenn sich eine konkrete Situation ergibt, noch mal.«

Währenddessen waren immer mehr DDR-Bürger zur Bornholmer Straße geströmt. Niemand erahnte, wie ratlos die DDR-Grenzer waren. Ohne Anweisungen von oben waren sie auf sich allein gestellt.

Nur wenige Dokumente sind aus dieser historischen Nacht erhalten geblieben. Es sind vor allem die Berichte der Ostberliner Volkspolizeidienststellen, die zeigen, wie unvorbereitet die DDR-Führung in diesen für sie verhängnisvollen Abend schlitterte. Kein einziger der für das Pass- und Fernmeldewesen zuständigen Beamten wurde vorab von der neuen Reiseverordnung unterrichtet.

Im Rapport Nummer 230 fanden die Reporter von *Spiegel TV* später ein Rundschreiben an die Dienststellen eins bis elf, in dem es hieß: »Bei Nachfragen zur Umsetzung der Reiseregelung ist den Bürgern mitzuteilen, dass ihre Anträge zu den Öffnungszeiten des Pass- und Meldewesens am 10.11. entgegengenommen werden.« Vorsichtshalber wurde laut Bericht eine Verstärkung der Schutzpolizei angefordert.

Aus seinem Dienstzimmer des Kontrollpunktes Bornholmer Straße ruft ein ratloser Oberleutnant Harald Jäger erneut seinen Vorgesetzten an, um zu erfahren, was er tun soll.

Stasi-Oberst Ziegenhorn sagt ihm, er müsse erst Rücksprache halten mit Generaloberst Gerhard Neiber, im MfS zuständig für Fragen der Grenzsicherheit. Fünf Minuten später meldet sich Ziegenhorn mit dem Befehl von ganz oben: »Die Ausreise wird den DDR-Bürgern nicht gestattet. Sie haben die Bürger zu beruhigen beziehungsweise ins Hinterland zurückzuweisen.«

Gegen 20.00 Uhr spitzt sich die Lage zu. Auch der diensthabende Offizier der Grenztruppen, Manfred Sens, fragt bei seinen Vorgesetzten an, wie er sich verhalten solle. Keine Ahnung, lautet die Antwort sinngemäß. »Die haben dann die nächsten Vorgesetzten angerufen«, sagte Sens zehn Jahre später den *Spiegel-TV*-Reportern, die ihn für einen Rückblick auf den Fall der Mauer interviewten. »Die wussten auch nicht, was los war. Also, es stand jeder kopflos da.«

Irgendwann an diesem Abend ist vom Dienstposten aus nicht mehr zu überblicken, wie weit die Autoschlange vor dem Schlagbaum zurück ins Stadtgebiet reicht. Sämtliche Nebenstraßen sind verstopft. Von der Spitze der Ministerien hören die Grenzer nichts. Stasi-Hauptmann Günter Weller später: »Als die Leute zum Grenzübergang strömten, da war uns klar: Irgendetwas ist hier im Gange, wo wir überhaupt nicht wissen, was da kommt.« An die Möglichkeit, den Schlagbaum zu öffnen, dachte zu dieser Stunde noch niemand.

Kurz vor 21.00 Uhr versuchte eine Funkstreife der Volkspolizei, die Menge zu vertrösten und damit ruhigzustellen. Gegen 17.00 Uhr hatte man der benachbarten Vopo-Dienststelle mitgeteilt, dass am nächsten

Morgen Flugblätter mit zusätzlichen Meldezeiten der Passämter vorbereitet werden sollten. Im Viertelstundentakt hatte der Leiter des Bereitschaftsdienstes, Helmut Jüterbock, seinen Vorgesetzten telefonisch über die Lage vor Ort informiert. »Aber er selber war ja genauso von der Situation überrascht, dass kein Befehl, nichts kam.«

Ohne Anweisung von oben machte Jüterbock eine Lautsprecherdurchsage: »Liebe Bürger, ich bitte Sie im Interesse von Ordnung und Sicherheit, den Platz im Vorfeld der Grenzübergangsstelle zu verlassen und sich an die zuständigen Meldestellen zu wenden. Es ist nicht möglich, Ihnen hier und jetzt die Ausreise zu gewähren.«

Einige der Wartenden suchten daraufhin die nächste Polizeiwache auf, in der Hoffnung, dort das versprochene Visum zu erhalten. Doch auch die Volkspolizei war ratlos, und so standen sie eine Viertelstunde später wieder am Schlagbaum Bornholmer Straße. »Von da an«, erinnerte sich später der Stasi-Oberleutnant Jäger, »wurden dann die Forderungen zur Ausreise stärker. Regelrecht lautstark fordernd traten sie auf.«

Das Kamerateam von *Spiegel TV* filmte einen empörten Bürger, der aus der Agenturmeldung vorlas: »… angewiesen, Visa zur ständigen Ausreise unverzüglich zu erteilen …«

»Massenverarschung ist das«, rief ein anderer in die Westkamera. »Dann hätte ich auch zu Hause bleiben und pennen können, dann wäre ich jetzt nicht hier. Totale Verarschung.«

Ein besorgter Bürger machte sich schon Gedanken um die sozialistische Planwirtschaft: »Morgen geht kein Mensch aus der DDR arbeiten, weil sie sich alle die Papiere besorgen wollen. Und dann kommen wir noch mehr in die Scheiße.«

»Genau, genau«, pflichtete ihm ein anderer bei. »Genauso sieht es aus. Wir wollen doch alle nur drüben spazieren gehen, zwei Stunden. Die denken wohl, dass wir abhauen wollen oder was. Dieses Misstrauen immer!«

Doch die Lawine war losgetreten. Immer mehr Bürger nahmen die Regierungsankündigung wörtlich. Sie wollten sich nicht abweisen lassen. Zu viel Unglaubliches war in den vergangenen Wochen bereits geschehen. Der Grenzübergang Bornholmer Straße wurde zum Wartezimmer einer historischen Wende.

Oberleutnant Jäger erhielt einen Anruf und damit den ersten Befehl des Abends. »Die provokativen Bürger, also die am lautstärksten sind, werden aus den Massen herausfiltriert«, teilte ihm Ziegenhorn mit. »Ihnen ist die Ausreise zu gestatten.« Jäger später: »Die haben wir uns dann rausgeholt und gesagt, sie dürfen ausreisen. Und zur Tarnung haben wir dann noch zwei oder drei Umstehende mit zur Ausreise gelassen.«

Eintragung in die Akte der Volkspolizei um 21.26 Uhr: »Weisung an die Passkontrolleinheiten – wer an Grenzübergangsstellen auf Ausreise besteht, dem ist sie zu gestatten.«

Und so wurden die ersten DDR-Bürger nach Vorlage ihres Personalausweises in den Westen entlassen. Die Vorschriften mussten eingehalten werden im Staate DDR, auch wenn sie jeden Sinn zu verlieren begannen. Die Grenzer waren angewiesen, die Ausweise der »Provokateure« zu kennzeichnen.

Stasi-Hauptmann Günter Weller sagte später: »Es galt, dass wir einfach diesen Kontrollstempel in den Ausweis der jeweiligen Person einstempeln müssen.« Der Abdruck sollte über das Passfoto erfolgen. Er war der letzte Betrug der DDR an ihren Bürgern. Keiner der freudestrahlenden, jubelnden Freigänger, die den schmalen Durchgang in den Weste passierten, wusste, dass sein Pass gerade gezinkt, ungültig gemacht worden war. Der Stempel auf dem Lichtbild bedeutete: Diesem Bürger ist die Rückkehr in die DDR zu verweigern. Und so lief in der Bornholmer Straße die bis dahin größte Ausbürgerungsaktion der DDR-Geschichte ab.

Die ersten Ostberliner, die herausgelassen worden waren, kamen nach einer halben Stunde zurück. »Logischerweise auch welche von denen, die den Kontrollstempel auf dem Lichtbild hatten«, erinnerte sich später Oberleutnant Jäger. »Wir teilten ihnen mit, dass ihre Einreise nicht mehr möglich ist, dass sie praktisch ausgewiesen worden sind aus der DDR.« Nach langem Hin und Her wurden sie zurück in den Westen geschickt. »Einige haben dann doch geweint, dass sie zu Hause ihre Kinder haben, die sie versorgen müssen«, sagte Jäger. »Wir haben dann mit Ausnahmen noch einige reingelassen.«

Die sogenannte Ventillösung, besonders aufmüpfigen Bürgern den Durchgang zu gestatten, entspannte die Lage nicht. Niemand in der ausharrenden Menge konnte verstehen, warum manche die Grenze passieren durften und andere nicht. »Wir kommen doch alle wieder«, beteuerten etliche. »Nur eine halbe Stunde mal kucken.« – »Nun macht mal nicht so einen Blödsinn.«

Plötzlich hatten die Grenzer an zwei Fronten Druck. Auf der einen Seite drängten die Menschen Richtung Westen, auf der anderen zurück Richtung DDR.

Bis gegen 22.00 Uhr hielt die Ausreisebürokratie ihre Bremserfunktion aufrecht. Dann geriet sie in Bedrängnis. Vor dem Schlagbaum, im gelben Licht der Scheinwerfer und vor dem Objektiv der Fernsehkamera aus dem Westen, wurden die Bürger in den ersten Reihen mutiger. »Lasst uns endlich durch. Wir kommen ja zurück, wirklich.« Die Grenzer verzogen keine Miene. Und wurden doch nervös.

»Was soll man da nun machen?«, fragte sich Major Manfred Sens, ranghöchster Mann der Grenztruppen vor Ort. »Bei uns war die Hierarchie so, dass immer einer da war, der einen Befehl erteilte. Der Befehl kam immer von oben nach unten. Die Kette war völlig unterbrochen. Er war keiner mehr da, der einen Befehl erteilen konnte oder wollte. So etwas gab es nicht. Das hatten wir auch nie in irgendwelchen Planspielen trainiert. Für uns stand immer fest, die Grenze ist dicht, da kommt keiner durch. Und jetzt hat man einfach gesagt, jetzt darf jeder reisen. Nun macht mal was draus.«

Manche der Wartenden waren kurz davor, aufzugeben: »Ist doch wieder genau der gleiche alte Mist.« Andere riefen: »Tor auf! Tor auf! Tor auf!« Ein Grenzer wurde versöhnlich angesprochen: »Wir müssen doch morgen alle arbeiten. Wir wollen doch nur mal rübergehen.« – »Wir kommen wieder, wir kommen wieder«, skandierte die Menge. »Keine Gewalt! Keine Gewalt!«

Schließlich konnte die Bürokratie mit der Geschichte nicht mehr Schritt halten. Die Beamten begannen an ihrer Mission zu zweifeln. »Es gab entweder wir machen auf, oder wir werden überrannt«, sagte Stasi-Hauptmann Günter Weller. »Wir sind genauso DDR-Bürger wie die dort hinter dem Schlagbaum, die rauswollen. Warum sollten wir uns dann mit Waffengewalt oder mit sonst irgendwas wehren, wo es nichts mehr zu wehren gab? Als Soldat hat man doch einen Überblick, inwieweit die Situation heranreift und ob noch was zu retten oder nicht mehr zu retten ist. Und da gab es nichts mehr zu retten.«

Die Menschenmassen drängten mit solcher Macht auf den Grenz-übergang zu, dass sich die sogenannten Hinterlandzäune verbogen. Oberleutnant Jäger hatte zuvor »stillen Alarm« ausgelöst und damit alle erreichbaren Grenzer angewiesen, zum Kontrollpunkt zu kommen. Er verfügte aber immer noch nicht über mehr als fünfzig Einsatzkräfte, die Hunderten von Bürgern gegenüberstanden. Es war zu spät.

Jäger kam es vor, als würde sich ein Druck bis zur Explosion aufbau-en. Er hatte vorher noch nie erlebt, dass ihm kalter Schweiß den Rücken herunterlief. Im Bauch fühlte er ein Kribbeln. Er habe keine Angst emp-funden, wohl aber gewusst: »Jetzt musst du entscheiden, spätestens jetzt musst du etwas tun. Egal, was kommt.«

Oberleutnant Harald Jäger gab den Befehl: »Jetzt Kontrollen einstel-len. Alles rauslassen.«

Der Schlagbaum wurde geöffnet. Einige Grenzer versuchten noch halbherzig, ihn festzuhalten. Auf den Bildern, die *Spiegel TV* später zeigte, sah es aus, als wollten sie sich selbst an den Schlagbaum klam-mern. Dann gaben sie auf und blickten fassungslos auf das, was sich vor ihren Augen, an ihrem Grenzübergang abspielte. Unkontrolliert ström-ten die Ostberliner gen Westen. Der Staat hatte einen bedeutenden Teil seiner Macht aufgegeben, um sie nicht ganz zu verlieren. Der Versuch, die DDR mit einer Mauer vor dem Exodus zu bewahren, war nach achtundzwanzig Jahren gescheitert.

Jäger ging zum Leitzentrum und rief bei seinem Vorgesetzten Oberst Ziegenhorn an. »Wir konnten es nicht mehr halten. Wir haben alles auf-gemacht. Wir haben die Kontrollen eingestellt.«

»Ist gut«, antwortete der Stasi-Oberst, der für den Kontrollpunkt Bornholmer Straße verantwortlich war. »Ist gut.«

Das war alles. Er gab keine Befehle mehr. Später erschoss sich Oberst Ziegenhorn mit seiner Dienstpistole.

Den DDR-Grenzern verschlug es die Sprache, als die Menschen an ihnen vorbeizuströmen begannen. »Es war so etwas wie eine Lähmung bei uns, bei jedem Einzelnen«, sagte später Hauptmann Weller, »weil nun keiner gewusst hat, was wird. Wie reagieren die Menschen? Und dafür habe ich nun sechsunddreißig Jahre die Uniform geschleppt.«

Oberleutnant Jäger, der den Befehl zur Öffnung gegeben hatte, sagte sich: »Irgendwas hast du falsch gemacht. Eigentlich solltest du ja die

Grenze sichern. Es war ja unsere Aufgabe, die Staatsgrenze der DDR sicher zu halten. Das hast du nicht getan.« Er fühlte sich als Verlierer des Kalten Krieges: »Ich hatte ja verloren. Ich musste nachgeben. Ich habe also meine Kampfaufgabe nicht erfüllt.« Andererseits überlegte er, was wohl gewesen wäre, wenn er »das Ding« zugehalten hätte. »Auf eine Art kommt man sich stolz vor, freudig. Auf andere Art kommt man sich wieder erniedrigt und gedemütigt vor.«

Erst später erfuhren die Grenzer, dass sie die Ersten gewesen waren, die den Widerstand aufgegeben hatten. Zu den anderen Grenzübergangsstellen bekamen sie keinen Kontakt in dieser Nacht der Nächte.

Währenddessen saß ich im Hamburger Studio an der Schreibmaschine. Die Nachrichtenlage war dürftig, aber ich zweifelte nicht daran, dass unser Kamerateam an der richtigen Stelle sein würde. Ich studierte die Agenturmeldungen.

Do, 09.11.1989, 19.04 DDR/Reise/Eilt!!!!
Von sofort an Ausreise über innerdeutsche Grenzstellen möglich.

Do, 09.11.1989, 19.13 Die DDR-Grenze zur Bundesrepublik ist von sofort an zur Ausreise offen: DDR-Bürger können jetzt ohne den Umweg über andere Länder wie Ungarn und die Tschechoslowakei in die Bundesrepublik und nach Westberlin ausreisen.
Eine entsprechende Empfehlung des SED-Politbüros wurde im Vorgriff auf das neue Reisegesetz vom Ministerrat am Donnerstag verabschiedet. Es tritt sofort in Kraft. Dies teilte das SED-Politbüromitglied Günter Schabowski am Donnerstag bei einer Pressekonferenz zur Tagung des SED-Zentralkomitees in Ostberlin mit.

Do, 09.11.1989, 19.21 Die sensationelle Nachricht platzte mitten in die Internationale Pressekonferenz, die Schabowski zum zweiten Mal nach Mittwoch in Ostberlin gab. Danach werden die Genehmigungen zu Ausreise und Privatreisen kurzfristig erteilt.
Das SED-Politbüromitglied sagte: »Mir ist eben mitgeteilt worden, dass eine solche Mitteilung heute schon verbreitet worden ist ... Privatreisen nach dem Ausland können ohne Vorliegen von Voraussetzun-

gen, Reiseanlässen und Verwandtschaftsverhältnissen beantragt werden. Die Genehmigungen werden kurzfristig erteilt.«

Do, 09.11.1989, 20.10 CDU/CSU-Fraktionsgeschäftsführer Friedrich Bohl erklärte am Donnerstagabend in Bonn, jetzt seien SED und DDR-Führung aufgefordert, auch vor dem entscheidenden Schritt, der Beseitigung der Mauer, nicht zu zögern. Sie habe ihren grausamen Zweck endgültig verloren, betonte er. »Wir fordern die Verantwortlichen in der DDR auf, sofort morgen mit dem Abriss der Mauer zu beginnen.«

Do, 09.11.1989, 20.13 Schabowski erklärte, ein Datum für Neuwahlen stehe noch nicht fest. Die SED sei für eine pluralistische Meinungsgesellschaft. Im neuen Reisegesetz sehe man auch die Chance, durch Legalisierung und Vereinfachung der Ausreise die Menschen aus einer »psychologischen Drucksituation« zu befreien.

Do, 09.11.1989, 20.38 Ostberlin (dpa) – Für die DDR-Ausreise ist nach Angaben des Innenministeriums nur ein Personalausweis nötig, um ein Visum zu erhalten.

Do, 09.11.1989, 21.27 Washington (dpa) – Die US-Regierung hat die Entscheidung Ostberlins über die Öffnung der Grenze zur Bundesrepublik am Donnerstag begrüßt. Außenminister James Baker sprach von einer »sehr positiven Entwicklung«. Der Sprecher des Weißen Hauses, Marlin Fitzwater, sagte, dies könnte ein wichtiger Schritt auf dem Weg zu »friedlichen und evolutionären demokratischen Reformen« in der DDR sein. Der Mehrheitsführer der Demokraten im Senat, George Mitchell, meinte, jetzt sei es an der Zeit, auch die Mauer einzureißen. Der republikanische Minderheitsführer Robert Dole nannte die Vorgänge »atemberaubend«. Fitzwater bot der Bundesrepublik zugleich die Hilfe der USA angesichts des Stroms der DDR-Flüchtlinge an.

Do, 09.11.1989, 22.08 Kohl will Kontakt und Treffen mit Krenz und Modrow.

Do, 09.11.1989, 22.38 US-Präsident George Bush hat die »dramatische« Entscheidung über die Öffnung der DDR-Grenze zur Bundesrepublik »begrüßt« und sich »hocherfreut« darüber geäußert. Im Weißen Haus in Washington sprach er am Donnerstag vor Journalisten von einer »dramatischen Entwicklung ... in Richtung Freiheit«, die der Berliner Mauer nur noch »sehr wenig Bedeutung« auf der politischen Landkarte Europas gebe. Bush ließ die Erwartung durchblicken, dass sich DDR-Bürger, die zurzeit noch mit Ausreisegedanken spielten, vielleicht demnächst fragen könnten: »Wir können uns frei bewegen. Wäre es nicht besser, dass ich mich an den Reformen aktiv beteilige, die in meinem Land stattfinden?«

Dann begannen die *Tagesthemen*. Hanns Joachim Friedrichs moderierte. »Im Umgang mit Superlativen ist Vorsicht geboten«, sagte er, »sie nutzen sich leicht ab. Heute darf man einen riskieren: Dieser 9. November ist ein historischer Tag. Die DDR hat mitgeteilt, dass ihre Grenzen ab sofort für jedermann geöffnet sind. Die Tore der Mauer stehen weit offen.«

Die ARD schaltete um zu Robin Lauterbach, der vor dem Grenzübergang Invalidenstraße stand. Doch dort geschah nichts. »Gespanntes Warten hier am innerberliner Grenzübergang Invalidenstraße. Journalisten und Neugierige hoffen, hier schon heute Abend den DDR-Bürger zu treffen, der als Erster aufgrund der neuen Bestimmungen ausreisen darf. Und sei es auch nur, um am Kurfürstendamm ein Bier zu trinken.«

Nach einem kurzen Rückblick auf die Geschichte der Mauer sah Berlins Regierender Bürgermeister Momper schon die Menschenmassen aus dem Osten Westberlin überschwemmen: »Wir dürfen nicht verzagen vor der Größe der Aufgabe, die auf uns zukommt, und in dem Moment sagen: Oh, es wird schwierig werden, so viele werden kommen, der eine oder andere wird hierbleiben wollen, wie wollen wir die alle unterbringen?«

Dann schaltete der Sender zurück in die Invalidenstraße. Der Reporter sagte: »Die Lage an den innerstädtischen Grenzübergängen ist im Moment recht konfus und unübersichtlich. Hier hat sich am ganzen Abend noch nichts getan.«

Anders sei es aber an anderen Grenzübergängen, beispielsweise in der Bornholmer Straße. Er hielt einem Mann in Trainingsjacke sein Mikrophon hin, der gerade von dort kam. »Ich habe erlebt, dass um 21.25 Uhr das erste Pärchen tränenaufgelöst auf uns zugelaufen kam. Als sie die Westberliner weiße Linie erreicht hatten, sind mir beide um den Hals gefallen, und wir haben alle gemeinsam geweint.«

Jetzt war die Mauer weit geöffnet. Die Menschen strömten vom Osten in den Westen. Dafür wäre man achtundzwanzig Jahre lang erschossen worden. Bilder wie diese hatte es bis dahin nicht gegeben.

Und in diesem Moment schrieb ich jenen ersten Satz meines Kommentars: »Das war der Tag, an dem der Zweite Weltkrieg zu Ende ging ...« Ich zögerte. War das nicht etwas übertrieben? Sollte jetzt wirklich die gesamte Nachkriegsordnung, die Teilung Deutschlands, die Teilung Europas zu Ende sein? Ich schränkte die Aussage etwas ein, indem ich fortfuhr: »Jedenfalls für jene sechzehn Millionen Deutschen, die unter den Folgen am längsten zu leiden hatten – die DDR-Bürger.

Aber nicht nur für sie.

Kein Zweifel: Die Öffnung der Grenzen ist das Ende eines Obrigkeitsstaates. Der Anfang der Demokratie.

In einer geschlossenen Anstalt können die Insassen herumkommandiert werden. Sobald die Tür offen ist, hat die Obrigkeit ausgespielt. Wer sich jederzeit verabschieden kann, ist kein rechtloser Untertan mehr.

Kein Zweifel: eine historische Stunde.

Die DDR-Führung hat das einzig Richtige getan: die Flucht nach vorn. Sie behebt damit einen wesentlichen Grund für die Flucht ihrer Bürger – nämlich das Eingesperrtsein. Das ist so banal, wie es grotesk war zu glauben, ein Land könnte durch eine feste Grenze stabilisiert werden.

Diese Lebenslüge, seit dem Tag des Mauerbaues in Berlin, hat verhindert, dass aus der DDR ein Staat werden konnte, in dem Menschen gern und freiwillig lebten.

Dieser Tag ändert alles. Wer seine Bürger nicht festhalten kann, muss um ihre Zustimmung werben. Das ist die Aufgabe des absoluten Machtanspruchs der SED. Falls in dieser unkalkulierbaren Zeit nicht eine Katastrophe eintritt, die auszumalen man sich besser hüten sollte, ist der Weg vorgezeichnet – freie Wahlen, ein Mehrparteiensystem.

24

Wie aber der zukünftige Staat DDR aussehen wird – das müssen seine Bürger entscheiden. Die dagebliebenen. Oder die wieder zurückgegangenen.

Und wenn Bürger freiwillig Bürger eines Staates sind, und nicht zwangsweise, wird sich die Frage der Staatsbürgerschaft neu stellen – Wiedervereinigungsgebot des Grundgesetzes hin oder her.«

Dass an diesem Abend auch der Weg in die Einheit begonnen hatte, konnte ich mir nicht vorstellen. Zu stark, zu mächtig erschien immer noch das Sowjetreich. Anzunehmen, dass Staats- und Parteichef Michael Gorbatschow die Satellitenstaaten, von Polen bis zur DDR, von Bulgarien bis zu den baltischen Ländern, aufgeben würde, schien unvorstellbar. Trotz Glasnost und Perestroika.

Ich schrieb weiter: »Die DDR-Führung hat mit ihrer Entscheidung, die Grenzen zu öffnen, auch ein Stück Problem an die Bundesrepublik delegiert. Bisher haben wir anklagend, manchmal mit der Hybris des Bessergestellten, auf die Mauer hingewiesen, dieses Stein gewordene Monument von Unterdrückung und Unzulänglichkeit, diesen monumentalen Offenbarungseid eines sich sozialistisch nennenden Staates. Jetzt werden Flüchtlings- oder besser gesagt Aussiedlerzahlen vorwiegend unser Problem sein.

Dreißig, vierzig Jahre hat man gerufen: Macht das Tor auf! Und jetzt, da es offen ist? Konzepte, Ideen? Wie das Wirtschaftsgefälle beseitigen – ohne, worauf einige sicher spekulieren, die DDR zu kaufen, zu kolonialisieren? Die Probleme beginnen erst richtig. Die Mauer hat auch uns geschützt – vor dem Nachdenken nämlich.

Ein historischer Tag auch noch in einem anderen Sinne: die erste gelungene deutsche Revolution. Friedlich.

Und wir waren dabei.«

Mir kamen leichte Zweifel, ob ich mich in meinen Einschätzungen nicht zu weit vorgewagt hatte. Ich sprach den Text trotzdem an diesem Abend gegen 23.00 Uhr in die Kamera. Wenige Tage und Wochen später war klar, dass ich zwar weiter gegangen war als jeder andere Kommentator in dieser Nacht, aber längst nicht weit genug. Die Wirklichkeit war schneller als alle Gedanken.

Im Bundestag wurde zu später Stunde die Nationalhymne gesungen:

»Einigkeit und Recht und Freiheit«, und manche unkten schon, bald werde es wieder »Deutschland, Deutschland über alles« heißen.

In Berlin sangen die Bürger aus Ost und West die Hymne der Fußballfans: »Deutschland olé.« Wiedervereinigung als Freundschaftsspiel. Noch vor Mitternacht hatte die Volkspolizei alle Formalitäten aufgegeben. Es war die Stunde null zwischen Vergangenheit und Zukunft.

So zerbrach die am stärksten gesicherte Grenze der Welt am Ende, weil eine Handvoll ihrer Bewacher sie nicht mehr schützen konnte gegen das Volk und nicht mehr schützen wollte. Zeitenwende. Der Fall der Mauer beendete abrupt das sozialistische Experiment DDR, das nur in einer geschlossenen Gesellschaft funktionieren oder eben nicht funktionieren konnte. Es war der Moment, in dem die DDR zerbrach, und nicht nur sie. Die gesamte Nachkriegsordnung, die Teilung der Welt in Ost und West, in zwei Systeme, löste sich in dieser Nacht auf. Es war jener historische Augenblick, der vierundvierzig Jahre nach Kriegsende das wirkliche Ende des Krieges markierte. Kaum einer, der das in dieser Nacht nicht spürte. Und kaum einer, der in dieser Herbstnacht des Jahres 1989 Zeit hatte, die wirkliche Tragweite der Ereignisse zu reflektieren. Die Vorgänge selbst waren schon überwältigend genug.

Tageswechsel: Freitag, 10. November 1989. Zwei Minuten nach Mitternacht vermerkte der Bericht der Volkspolizei: »Alle Grenzübergangsstellen geöffnet ... Fahrzeugstau und erste Beschwerden der Anwohner an der Bornholmer Straße.«

Ein gutes Jahr später, nach Wende und Wiedervereinigung, leistete sich der Mann, der den Schlagbaum geöffnet hatte, eine Reise auf die Ostseeinsel Bornholm, nach der die Straße seines Grenzkontrollpunktes benannt worden war: »Wir haben damals zu Dienstzeiten rumgeflachst, man müsste mal einen Dienstausflug nach Bornholm machen. Eine Gaststätte mieten, ein Kollektivvergnügen machen. Dann, nach der Wende, habe ich zu meiner Frau gesagt, das Erste, was ich mache: Wir fahren mal zur Insel Bornholm. Die will ich sehen, die Insel. Da wollte ich meinen damaligen Traum auch mal verwirklichen.«

Stasi-Hauptmann Weller leistete sich eine Reise nach Mallorca: »Da gab es Plantagen von Mandarinen und Apfelsinen- und Zitronenbäume an den Häusern. Man kann die Zitronen abpflücken. Das hab ich noch nie gesehen, einen Zitronenbaum. Das kannte man nur aus Büchern, aber in der Natur das zu sehen, das war sehr beeindruckend.« Der Träger der Medaille für vorbildlichen Grenzdienst blickte zurück: »Das hätte man auch vorher erlauben können, zu DDR-Zeiten. Wer bleibt schon auf Mallorca?«

Doch so weit war es in dieser Nacht noch nicht. Auf einer Brücke trafen sich im Gedränge ein Mann aus dem Osten und eine Frau aus dem Westen. Zufällige Begegnung am Rande der Geschichte. »Hallo, mein Gott, Walter!« Sie fielen einander um den Hals. Tränen liefen über ihr Gesicht. »Kannst du dir vorstellen, dass das so bleibt?«

Das Kamerateam von *Spiegel TV* hatte die Bornholmer Straße verlassen und war zum Brandenburger Tor gefahren. In rötlichem Licht marschierten dort Einheiten der Nationalen Volksarmee auf. Die Soldaten warfen gespenstische Schatten an die Mauer. Sie sollten den »antifaschistischen Schutzwall« vor dem Volk schützen. Hier, am Symbol der Teilung, war die Nervosität am größten. Auf beiden Seiten.

In dieser Nacht war alles möglich. Auch die letzte Bastion der deutschen Teilung wurde genommen: das zugemauerte Brandenburger Tor. Zunächst erklommen die Menschen vom Westen her die Krone der Mauer, die in einem eleganten Bogen das Brandenburger Tor nach Westen hin absicherte. Obwohl die Mauer selbst zum Ostterritorium gehörte, griffen die DDR-Truppen nicht ein.

Diese Zurückhaltung wirkte wie ein Signal. Zunächst sprangen zwei Männer von der Mauer und gingen in Richtung Osten auf das Tor zu. Niemand hielt sie auf. Ein DDR-Grenzer im langen Mantel machte sogar eine einladende Handbewegung.

Das ermunterte andere. Und erst wenige, dann immer mehr, sprangen von der Mauer, nahmen den Platz vor dem Tor in Besitz, spazierten zwischen den Säulen des Symbols der Teilung durch. Und es fiel kein einziger Schuss.

Dann näherten sich die Menschen auch vom Osten her. Der Mut zur Grenzüberschreitung traf auf die strikte Anweisung der neuen DDR-Führung, jede Konfrontation zu vermeiden, auf keinen Fall zu schießen.

Man half sich gegenseitig auf die Mauer und wieder herunter. Eine

Zwingburg wurde so in Besitz genommen. Das erste Graffito auf der Ostseite nahm die Zukunft vorweg: »Die Mauer ist weg.«

Das Team ging mit laufender Kamera unter dem Brandenburger Tor durch und filmte die Ostberliner, wie sie die Befestigungsanlage von innen her einnahmen. Das Bauwerk war an dieser Stelle über drei Meter breit.

Schließlich hatten sich die Grenzer von ihrem Schrecken erholt. Es nahte die Volkspolizei mit einem Lautsprecherwagen. Der Staat rief seine Bürger zurück: »Berliner, verlassen Sie das Brandenburger Tor ...«

Man wollte das Grenzregime zurückerobern. Bisher hatten deutliche Aufforderungen immer gewirkt. »Bürger der Hauptstadt, verlassen Sie umgehend den Platz.«

Die Menschen fügten sich. Volkspolizisten formierten sich zu einer Kette und drängten die Menschen freundlich, aber unerbittlich zum Rückzug. »Gehen Sie bitte zurück. Sie werden aufgefordert, zurückzugehen.«

Die Bürger zeigten sich flexibel: drei Schritte vor, zwei zurück, aber dann wieder drei Schritte vor, eine Nervenprobe für beide Seiten. Dann waren Ruhe und Ordnung wiederhergestellt. Bis eine einzelne ältere Frau erschien und auf die Volkspolizisten zutrat. Man versperrte ihr den Weg. Mit Tränen in den Augen sagte sie: »Wenn ihr alle so weitermacht, kommen wir nicht dazu, und zwar überhaupt nicht mehr ...«

Sie hatte das Brandenburger Tor ein paar Minuten zu spät erreicht. Einmal unter ihm durchgehen, das wollte sie, nicht mehr, aber auch nicht weniger. Realität wie auf der Theaterbühne. Die Szene, eingefangen von *Spiegel-TV*-Kameramann Rainer März, wurde zum Symbol dieser Nacht, in der sich alles änderte.

»Lasst sie rüber«, riefen Einzelne aus der Menge der Beobachter. »Rüberlassen!«

Noch zögerten die Grenzer, sie hatten ihre Anweisungen. Doch sie wussten, dass sie hier auf verlorenem Posten standen.

»Ich geh auch wieder zurück, das schwöre ich Ihnen beim Leben meiner Kinder. Zwei Jungs sind bei der Armee, möchte ich Ihnen noch sagen. Die tun ihre Pflicht wie Sie, und zwar drei Jahre. Beide! Der eine möchte anschließend studieren. Lehrer werden will er, in dieser, unserer Republik. Ist das alles so schwer zu verstehen?«

Und sie verstanden es, die Grenzsoldaten. Die Frau wurde von einem Offizier zum Brandenburger Tor begleitet.

Wieder forderten die Volkspolizisten die Menge auf, den Platz zu räumen, freiwillig. »Hier passiert heute nichts mehr«, sagte einer von ihnen.

Diese Prognose hielt nicht lange. Dann folgte vom Westen her die nächste Besucherwelle, und auch Ostler kamen von ihrem Kurztrip in den Kapitalismus zurück. Der Ausnahmezustand nahm kein Ende. Die Grenzbewacher konnten nur noch so tun, als hielten sie die Stellung.

Eine junge Frau schilderte der Menge und den zuhörenden Uniformträgern ihre Expedition nach Westberlin. »Die ganze Stadt ist voll«, sagte sie begeistert. »Westberlin: Alle Autos hupen, alle jubeln, alle freuen sich. Ihr glaubt es nicht! Es ist alles voll. Ihr freut euch auch, bestimmt, auch wenn ihr nicht so aussieht.«

Ein junger Volkspolizist lächelte.

Reporter Georg Mascolo und Kameramann Rainer März hatten alles im Bild eingefangen. So dicht an den Ereignissen war in dieser Nacht kein anderes Team.

Spiegel TV war achtzehn Monate zuvor, am 8. Mai 1987, auf Sendung gegangen. Die erste Szene des neuen Magazins war eine Flugaufnahme vom zerbombten Berlin. Darunter der Ton einer alten Radiosendung: »Am 8. Mai, dreiundzwanzig Uhr, schweigen die Waffen …«

Und weiter im Text: »Heute vor zweiundvierzig Jahren: Kriegsende, Tag der Kapitulation, Tag der Befreiung. Der Großdeutsche Rundfunk verabschiedete sich und Großdeutschland mit der Kammermusikversion der Nationalhymne.

Am Ende wurden 55 Millionen Tote gezählt: 7,35 Millionen Deutsche, 6 Millionen Polen, 320 000 Amerikaner, 537 000 Franzosen, 390 000 Engländer, 20 Millionen Russen, 485 000 Jugoslawen, 5,7 Millionen KZ-Morde, vor allem an Juden.

570 000 deutsche Luftkriegsopfer.

In zwölf Jahren, davon die Hälfte Krieg, hatten die Nationalsozialisten etwas geschafft, was deutschen Politikern bis dahin noch nie gelungen war. Ein ganzer Kontinent lag in Trümmern.«

Niemand in der Redaktion erahnte, dass knapp anderthalb Jahre später die Nachkriegszeit vorbei war, dass wir darüber berichten konnten, wie die Mauer fiel, wie die Teilung Deutschlands und der Welt zu Ende ging. Dass wir mit unseren Kamerateams im bis dahin streng abgeriegelten deutschen Osten so frei recherchieren und filmen konnten wie in keinem anderen Land der Welt.

In der Zeit zuvor hatte die junge Truppe, die aus einem guten Dutzend Reportern bestand, die Sendung aufgebaut, über Waffenschmuggel berichtet, über Drogenhandel, über Hausbesetzer, Politik und Prostitution.

Dann kam der Sommer 1989. Es rumorte im Ostblock. Der Axel Springer Verlag, der jahrzehntelang den Namen »DDR« nur in Anführungszeichen geschrieben hatte, ließ plötzlich die Gänsefüßchen weg. Das konnte nicht gutgehen.

Es wurde der letzte Sommer der DDR.

Der letzte Sommer der DDR   Rückblende

Hans-Dietrich Genscher verkündet am 30. September in Prag die Ausreiseerlaubnis für Botschaftsbesetzer. Einige tausend DDR-Flüchtlinge werden in Sonderzügen in die Bundesrepublik gebracht. Am 3. Oktober riegelt die DDR die Grenze zur Tschechoslowakei ab und setzt den pass- und visafreien Reiseverkehr aus. (Diese Regelung wird am 1. November wieder aufgehoben.)

Ein junges Mädchen schlich hastig und hechelnd, mit geducktem Oberkörper durch ein mit hohem Schilf bewachsenes Gelände. Hinter ihr, mit laufender Videokamera, ihr Freund. »Rechts. Ganz langsam«, keuchte er. »Pass auf, wo du hingehst. Langsam, langsam, ganz langsam.« Und kurz darauf: »So ... wir haben es geschafft. Siehst du? Wir sind in Österreich. Guck mal!« Die beiden fielen einander in die Arme. Die Kamera wackelte.

Wir sahen uns die Szene auf dem Schneidetisch an. Da hatten sich zwei aus der DDR abgesetzt und ihre eigene Flucht gefilmt.

Sie hatten es geschafft. Für sich selbst und für das Land, aus dem sie geflohen waren. Es wurden die letzten Sommerferien der DDR. Mehr als dreißigtausend Bürger der Deutschen Demokratischen Republik machten sich im Juli und August 1989 über die Nachbarstaaten auf und davon. Endgültige Ferien vom Sozialismus. Und bald auch für den Sozialismus.

Vor allem die Hauptstadt der Tschechoslowakei, des sozialistischen Bruderlandes der DDR, wurde zum sinnbildlichen Zwischenstopp ganzer Bevölkerungsteile auf dem Weg nach Westen. Ziel der sommerlichen Polit-Reisewelle: die Botschaft der Bundesrepublik Deutschland in Prag. Die neue Freiheit begann hinter Gittern im Schlamm der diplomatischen Immunität. Innerhalb weniger Tage suchten hier über viertausend Flüchtlinge Asyl und damit einen Weg, endlich in den westlichen Teil der Welt ausreisen zu dürfen.

Bundesaußenminister Hans-Dietrich Genscher reiste an, um die Genehmigung für den ersten legalen Massenexodus seit Bestehen der DDR zu verkünden. »Wir sind zu Ihnen gekommen …«, sprach er vom Balkon der Botschaft. »Ihre Ausreise …« Der Rest seiner Worte ging im Jubel der Massen im Botschaftsgarten unter.

In der Nacht zum 1. Oktober 1989 verließen die ersten sechshundert Besetzer die bundesdeutsche Botschaft Prag in Richtung Bahnhof.

Die Bahnstrecke verlief über Dresden. Gemäß einer Vereinbarung mit Erich Honecker sollte die Reise nach Westen durch das Territorium der DDR führen. Der DDR-Chef wollte noch einmal Souveränität beweisen. Ein schwerer politischer Fehler, wie sich herausstellen sollte.

Es ist gerade noch knapp sechs Wochen hin bis zum Fall der Mauer und genau ein Jahr und zwei Tage bis zur Wiedervereinigung am 3. Oktober 1990. Niemand hier und niemand anderswo ahnt, welche historischen Folgen all diese Ereignisse haben werden.

Vertreter der Botschaft mahnen zur Eile. »Bitte gehen Sie weiter, steigen Sie in die Züge ein. Sie müssen doch alle mitkommen.« Ein Flüchtling erklärt dem Team von *Spiegel TV*, was er vorhat: »Wir nutzen die Chance, wir werden etwas tun. Das Beste, alles daraus machen.« Ein Tscheche wünscht: »Viel Glück, alles Gute!« – »Ist klar. Danke schön.« Ein Flüchtling bedankt sich artig: »Danke an die Botschaft, an das ganze Personal.«

Der Zug wird von außen verriegelt. Geschlossene Gesellschaft mit einem anderen Ziel, als es sich die SED vorgestellt hatte. So reisten in den folgenden Tagen rund siebzehntausend Menschen von Prag zum vorerst letzten Mal durch ihre alte Heimat in den Westen. Seit Ungarn im September den Stacheldrahtzaun zu Österreich durchgeschnitten hatte, war die Lebenslüge der DDR tot. Denn von dem Moment an konnte, wenn auch unter Schwierigkeiten, jeder DDR-Bürger sein Land verlassen. Die absolute Gewalt des Staates über seine Untertanen war unwiederbringlich verloren. Die Züge aus Prag sollten der DDR-Führung die Grenzen ihrer Macht demonstrieren.

In der Nacht fuhr der erste Westexpress durch die DDR. Die Flüchtlinge winkten jubelnd aus den Fenstern ihres verschlossenen Zuges.

Überall an der Bahnstrecke, in Dresden und anderswo, erwarteten DDR-Bürger die Züge aus Prag und hofften auf eine Mitfahrgelegenheit. Dresden wurde zur Festung. Volkspolizei und Armeeeinheiten versuchten, den Bahnhof abzuriegeln und Ausreisewillige abzudrängen. Doch Tausende von Jugendlichen probten den Aufstand.

Sie entfachten Feuer auf den Straßen. Die Polizei griff mit Wasserwerfern an. Amateurfilmer drehten, wie eine Frau von Volkspolizisten malträtiert wurde. Die aufgebrachte Menge stimmte die bis dahin nur im Stillen geäußerte Kampfparole gegen »Schwert und Schild der Partei« an und skandierte: »Stasi raus, Stasi raus ...« Es war die erste Straßenschlacht in der DDR seit sechsunddreißig Jahren. Und der Staat traute sich nicht mehr, scharf zu schießen.

In der Morgendämmerung des 5. Oktober 1989 rollte nach elf Stunden Fahrt der erste von acht am Abend zuvor eingesetzten Sonderzügen im bayerischen Hof ein. Weitere zehntausend DDR-Bürger kehrten an diesem einzigen Tag ihrer sozialistischen Heimat den Rücken, manchmal Hals über Kopf, ohne Rücksicht auf Verluste.

»In Dresden haben sie abgeräumt auf dem Bahnhof«, sagte einer beim Verlassen des Zuges einem Reporter. »Nur Polizei. Das war Ausnahmezustand ... Und meine Frau ist ja noch dort.«

Ein amerikanischer Reporter fragte die Angereisten: »Can I ask you how do you feel, now that you are here in the West?«

»We are feeling very good here. It's a very good feeling«, antwortete ein junges Mädchen.

»Why?«

Das Mädchen blickte hilfesuchend in die Runde. »Was heißt denn Freiheit?«

»Freedom?«

»Yes!«

Im Herbst 1989 lag der Geruch der Freiheit in der Luft. Mit Glasnost und Perestroika hatte Michael Gorbatschow nicht nur in der Sowjetunion die Wende eingeleitet. Überall in der DDR begann das marode System zu bröckeln. Die Bürger spürten, dass der Staatsmacht die Macht entglitt.

Ein *Spiegel-TV*-Team hatte bei den Vorbereitungen zum vierzigsten Geburtstag der DDR gefilmt. Countdown zur großen Parade. Christiane Meier und Kameramann Dieter Herfurth drehten in Ostberlin, Thomas Schaefer und Rainer März in Polen, Gunther Latsch in Prag. Es wurde eine Reportage über DDR-Bürger zwischen Flucht, Resignation und Rebellion: »Deutschland – im Herbst 1989. Eine Staatsgrenze hat Geburtstag. Östlich des Zaunes leben 16,7 Millionen Bürger. Zurzeit werden es täglich weniger. Exodus zum Jubelfest.«

Am 4. Oktober begannen die Feierlichkeiten mit einem Fahnenappell der Volksarmee. Gefeiert wurde nicht nur das Jubiläum, sondern in diesem Fall speziell auch die Abkehr von Faschismus und Militarismus. »Fahnenkommando halt – Fahne sinkt«, brüllte der Offizier. Honecker salutierte. Dann wurde die Nationalhymne der DDR gespielt. Auferstanden aus Ruinen. Ständige Erinnerung an die Stunde null. Jeder Fortschritt in der DDR wurde gemessen an der Zeit bis 45.

Es war ein Weg, den von Anfang an nicht alle mitgehen wollten. Bevölkerungsrückgang seit 1946: drei Millionen.

Auf einem Festempfang hob Erich Honecker das Sektglas und rief mit brüchiger Stimme: »Auf unseren Nationalfeiertag, den vierzigsten Jahrestag der Deutschen Demokratischen Republik.« Die DDR – vierzig Jahre jung. Und dennoch greisenalt.

An einem Nachmittag, drei Tage vor der sozialistischen Feierinszenierung, fingen die Reporter eine Szene vor der amerikanischen Botschaft in Ostberlin ein. Achtzehn DDR-Bürger hatten sich in die US-Vertretung geflüchtet, weitere wurden abgewiesen. Ein Botschaftsangehöriger streckte seinen Kopf zur Tür heraus: »Entschuldigung, es tut mir leid, aber Sie müssen sich …« Der Rest der Worte ging im Tumult unter. Die Menge versuchte, das Gebäude zu stürmen, obwohl Volkspolizisten danebenstanden.

Torschlusspanik. Nichts wie weg, solange es noch ging. Der Respekt vor Regeln und Uniformen hatte rapide abgenommen. Und vor westlichen Fernsehkameras hielten sich die volkseigenen Beamten zurück.

Ein Volkspolizist mischte sich vorsichtig ein: »Nehmen Sie doch die Kinder hier raus.«

»Hau ab, du Vopo«, antwortete die angesprochene Frau.

Der Ordnungshüter besann sich auf seine Amtssprache: »Sie behindern die Tätigkeit der Botschaft. Deswegen sollen Sie hier weggehen.«

Dann wurde mit verhältnismäßig sanfter Gewalt der Zugang zum exterritorialen Gebiet des amerikanischen Klassenfeindes geräumt. Doch der kollektive Fluchtwille der DDR-Bürger hatte sich ausgebreitet wie die Herbstgrippe. Selbst die, die bleiben wollten, standen unter permanentem Verdacht. Kein Wunder, denn am Tag zuvor hatte es im Fernsehen geheißen: »Nach den Konsultationen mit der ČSSR wurde die Vereinbarung getroffen, zeitweilig den pass- und visafreien Verkehr zwischen DDR und ČSSR für die Bürger der DDR mit sofortiger Wirkung auszusetzen.«

Folge der Entscheidung: Gültige Flugtickets wurden über Nacht zu teurem Altpapier. Eine Bürgerin wandte sich wutentbrannt an die Westreporter. Auf dem Flughafen habe man ihr gesagt, sie solle wieder nach Hause gehen. Sie habe nicht das Recht zu fliegen. »Ich sagte: Warum nicht? Weil um siebzehn Uhr dieser Beschluss gekommen wäre. Wir wussten nichts davon. Da haben wir alle Rabatz gemacht. Dann wurde den Leuten gesagt: Solche Leute wie Sie brauchen wir sowieso nicht in der DDR. Da habe ich gesagt: Sehen Sie, deswegen war es vielleicht einen Versuch wert, über Prag rauszugehen …«

Ein anderer drängte sich vor die Kamera: »Weil die Massen sich das alles nicht mehr bieten lassen, alle nicht mehr. Das ist meine Begründung, warum ich nicht mehr arbeiten gehe ab heute.«

Eine frustrierte Ostberlinerin beklagte sich beim Kamerateam aus dem Westen. »Gestern wurde uns vorgeworfen, wir wollen nach Prag abhauen. Heute will man in die Bibliothek, da wird einem vorgeworfen, man will vielleicht drinbleiben. Nichts mehr, nichts mehr geht hier. Und das ist das Schlimme. Wenn man die Massenhysterie sieht, dann ist nämlich auch alles zu spät.«

In einer Nebenstraße öffnete sich eine Botschaftstür. Es war der Lieferanteneingang. Die Bürger stürzten darauf zu. Jeder Notausgang konnte zum Notausgang aus der DDR werden. Kopfschüttelnd sagte ein deutscher Mitarbeiter der US-Botschaft: »Ich weiß nicht, was das soll, nur DDR-Personal arbeitet hier. Wir sind ja selber nicht in der Botschaft. Also wenn sie hier drin sind, ist das kein exterritoriales Gebiet.«

Dennoch versuchte ein Pärchen, die Tür zu öffnen. Sie ruckten am Türgriff und brachen ihn ab. Das herbstliche Reisefieber kannte keine Grenzen.

Die bevorstehenden Feierlichkeiten zum DDR-Jubiläum wirkten wie ein Katalysator der Staatsverdrossenheit. In der Nacht wurden die Tribünen für die offiziellen Gäste aufgebaut, an denen der Aufmarsch der DDR-Truppen vorbeiziehen sollte. Doch mit Massenveranstaltungen in sozialistischer Tradition war das Volk nicht mehr in den Gleichschritt zu zwingen.

Selbst da, wo die Grenzen zum sozialistischen Bruder noch intakt waren, versuchten Flüchtlinge ihr Glück. *Spiegel-TV*-Reporter Thomas Schaefer fuhr an die Oder, zu einer Stelle, wo der Fluss nur eineinhalb Meter tief ist. In dieser Nacht hatten dort polnische Grenzer dreißig DDR-Bürger festgenommen.

Wer ohne Visum ertappt wurde, musste mit der Abschiebung in die DDR rechnen. Dort warteten erhebliche Gefängnisstrafen auf Republikflüchtige.

»Wir sind durch die Oder geschwommen«, sagte einer der gescheiterten Flüchtlinge dem Reporter, der die Erlaubnis erhalten hatte, sie im örtlichen Gefängnis zu interviewen. »Das ist illegaler Grenzübertritt hier. Auf jeden Fall anderthalb Jahre, auf jeden Fall, sperren die uns erst mal ein, das weiß ich genau.«

Er zitterte am ganzen Körper. »Ich will nicht zurück, ich persönlich, ich will nicht zurück, ich versuche, hier zu bitten und zu betteln. Es ist mir scheißegal, und wenn ich mich total erniedrige. Ich versuch hier zu betteln und zu betteln, dass sie mich nicht zurückschicken. Dass sie mich in die Botschaft reinlassen und dass ich raus kann. Wie viele haben ihr Leben riskiert und solche Aktionen gestartet wie wir heute, nur um ihre Eltern wiederzusehen. Ist doch so.«

Dem jungen Mann kamen die Tränen. »Die lassen keinen fahren. Haben die da Schiss vor? Die bauen den Sozialismus auf, sagen sie. Bloß, ich meine, die Arbeiterklasse hat doch gar nichts zu sagen!«

Auch in Polen hatte die DDR längst verloren. Die bevorstehende Jubelfeier brachte die Staatsmacht in Zugzwang. Ostdeutsche, die sich in die bundesdeutsche Botschaft in Warschau geflüchtet hatten, wurden nach Prager Vorbild durch die DDR hindurch in die Bundesrepublik abgeschoben. Sprachregelung, verkündet durch die *Aktuelle Kamera*: »Dabei ließ sich die Regierung der DDR vor allem durch die Lage der Kinder leiten, die von ihren Eltern in eine Notsituation gebracht worden sind und die für deren gewissenloses Handeln nicht verantwortlich gemacht werden können.«

Das Team von *Spiegel TV* war mit im Zug, als die ersten DDR-Flüchtlinge über das Land, aus dem sie geflohen waren, in die Bundesrepublik ausreisen durften. »Sehr schwer ist es, da noch mal durchzufahren, wirklich. Ich kann Ihnen das gar nicht beschreiben«, erklärte ein Abgeschobener dem Reporter. »Am liebsten würde ich woanders rüberfahren. Meinetwegen über Schweden ausfliegen, aber die DDR wollte ich nicht mehr befahren. Ich habe Angst, dass da noch mal was passiert.«

Kutno, letzter Stopp auf polnischem Gebiet. Das Kamerateam musste aussteigen. Während des kurzen Aufenthaltes rollte ein zweiter Zug auf dem Gegengleis ein. Junge polnische Fußballfans kehrten von einem Freundschaftsspiel in ihre Heimat zurück. Sie sangen die Nationalhymne ihres Landes. Die ausgewiesenen DDR-Bürger antworteten mit der Westhymne »Einigkeit und Recht und Freiheit für das deutsche Vaterland ...«

Polen war das erste Land im Ostblock, das die Alleinherrschaft der Kommunisten abgestreift hatte. Seit Juni 1989 war die oppositionelle Gewerkschaftsbewegung Solidarność an der Regierung beteiligt. So bröckelte es an allen Grenzen der DDR, als die regierende Altherrenriege ihre vierzigjährigen Erfolge feiern wollte.

Um 18.00 Uhr hatten sich an diesem Tag vor der Gethsemane-Kirche im Ostberliner Stadtteil Prenzlauer Berg Oppositionelle zu einer Mahnwache für inhaftierte Bürgerrechtler eingefunden. Politischer Freiraum, so weit das Licht der flackernden Kerzen strahlen konnte. »Wer heute die Hoffnung der Menschen im Polizeieinsatz ersticken will«, erklärte der Pfarrer den Westreportern, »der ist nicht mehr als Sozialist zu verstehen, sondern der ist ein Konterrevolutionär. Er betreibt eine reaktionäre Gewalttätigkeit.«

Derweil bereitete sich die Hauptstadt der DDR auf die Parade vor. Die Kulissen standen, angestrahlt von farbigen Scheinwerfern. Es fehlten nur noch die Statisten.

Vierzig Jahre DDR   Oktober/November 1989

Gorbatschow reist zur Jubiläumsfeier nach Berlin (6./7. Oktober).
Das Politbüro zeigt erstmals Dialogbereitschaft (11. Oktober).
In Leipzig demonstrieren hunderttausend Menschen (16. Oktober).
Erich Honecker tritt zurück (18. Oktober).

Wie im bayerischen Hof ging es auch in anderen Städten der Bundesrepublik zu. Zehntausende von DDR-Flüchtlingen verabschiedeten sich in diesen Tagen von ihrem Staat.

Andere blieben und hofften auf bessere Zeiten. Ein Ostberliner Punker mit bunt gefärbtem Irokesenschnitt gab der *Spiegel-TV*-Reporterin Christiane Meier ein Interview. »Die DDR ist, wenn sie reformiert ist, ein schönes Land«, sagte er. »Ich bin für mich stolz, ein DDR-Bürger zu sein. Auf meine Weise, so wie ich lebe, so wie ich denke. Und ich hoffe, dass sich hier irgendwas ändern wird. Ich hoffe, bald. Ich glaube fest daran.«

Wenn irgendetwas in der DDR Konjunktur hatte, dann war es der Glaube an den Wandel. Die Kirche bot einen kleinen Freiraum für die Opposition. Ängstlich war man darauf bedacht, ihn nicht zu gefährden. »Wir brauchen im Moment Ruhe«, erklärte ein Bürgerrechtler. »Wir müssen zeigen, dass wir viele sind. Im Prinzip sind ja die Mitglieder der SED neben uns. Die wohnen neben uns im Haus, die arbeiten neben uns, die kriegen es ja mit. Im Moment ist Ruhe das oberste Gebot.«

Standhalten und warten auf bessere Zeiten? Oder flüchten? Der vierzigste Jahrestag der DDR rief vielen ins Bewusstsein, wie lange man schon auf Veränderung gewartet hatte.

Freitag, 6. Oktober 1989 Das DDR-Fernsehen zeigt die Ankunft eines Staatsgastes auf dem Flughafen Schönefeld. Partei- und Regierungschef Erich Honecker trägt zur Feier des Tages eine Nelke im Knopfloch. Gut gelaunt winkt er den Reportern zu und ruft übermütig: »Die Totgesagten leben lange.«

»Herr Honecker, wie fühlen Sie sich denn heute Morgen?«, fragt einer.

»Na ausgezeichnet.«

»Was werden Sie mit Herrn Gorbatschow besprechen?«

»Ach, das möchten Sie gerne wissen, ja?«

Eine Epoche ist zu Ende gegangen. Die DDR-Führung muss mit ihren Problemen selbst fertig werden. Auf den Großen Bruder zu warten lohnt nur noch bei Staatsempfängen.

Das DDR-Fernsehen überträgt den sozialistischen Bruderkuss der beiden Staatschefs: »Herzliche Begrüßung zweier Männer, die sich persönlich gut kennen, aus kontinuierlichen Begegnungen der letzten Jahre.«

Hier wurde noch einmal die heile Welt des Sozialismus vorgegaukelt und der Versuch unternommen, Gegensätze und Entwicklungen systematisch auszuklammern. Doch schon auf dem Flughafen war erkennbar, dass zwei getrennte Lager jubelten: die einen für Gorbatschow, die anderen für Honecker.

Unter den Klängen von Beethovens Opferlied »Die Flamme lodert« marschierte die Partei- und Staatsführung der DDR in einer langen Schlange zur letzten Kranzniederlegung am Mahnmal für die Opfer des Faschismus und Militarismus.

Von Anfang an hatte sich die DDR immer als antifaschistisches und antimilitaristisches Projekt der deutschen Geschichte verstanden. Das Staatsjubiläum sollte die Krönung der politischen Biographie ihrer Führungsgruppe werden, die bei fast allen im kommunistischen Widerstand während der Nazi-Zeit begonnen hatte.

Die Volksarmee stand Spalier. Trommelwirbel, Soldaten präsentierten stramm das Gewehr. Honecker und seine Genossen standen an der

38

Gruft mit den Kränzen. Die Greise aus dem Politbüro hatten bereits signalisiert, dass sie auf dem 12. Parteitag der SED im kommenden Jahr das Feld räumen wollten. Für Kontinuität schien gesorgt.

Ein Militärorchester spielte die Nationalhymne der DDR.

Auferstanden aus den Ruinen des Zweiten Weltkriegs, schien die DDR bei all ihren Mängeln für die politische Ewigkeit gedacht. Die Teilung der Welt in Ost und West war die Grundlage der gesamten Nachkriegspolitik, und die DDR hatte als Frontstaat und treuester Vasall der Sowjetunion ihren festen Platz darin.

Von der Stunde null an bestimmte der Große Bruder die Richtlinien der Politik. Die Souveränität der DDR war immer eine Fiktion. Jeder politische Schwenk in Moskau hatte Resonanzwellen in Ostberlin zur Folge. Ohne sowjetische Rückendeckung stand die Existenz der DDR immer auf dem Spiel. Russische Panzer und später die Mauer waren die einzige Garantie für den Fortbestand des kommunistischen Sozialismus in Deutschland. Und auch die Mauer war nicht allein auf ostdeutschem Boden gewachsen.

Als es im Osten taute, musste die DDR untergehen.

Michael Gorbatschow wollte nicht nur zum vierzigsten Jahrestag der DDR gratulieren. Er wollte den deutschen Genossen auch etwas mit auf den Weg geben. Vor der Neuen Wache gab er spontan ein Interview.

»Ich freue mich sehr, dass die Umgestaltung an Tempo gewinnt«, sagte der Reformer den Reportern, als er aus seiner Limousine geklettert war. »Und ich bin sicher, dass jedes Volk selbst bestimmen wird, was in seinem eigenen Land notwendig ist. Wir kennen unsere deutschen Freunde gut, ihre Fähigkeiten, das zu durchdenken und vom Leben zu lernen und die Politik vorherzubestimmen, auch entsprechende Korrekturen einzubringen, wenn das notwendig ist. Ich glaube, Gefahren warten nur auf jene, die nicht auf das Leben reagieren.«

Vor dem Politbüro der SED variierte er später diesen Satz: »Wenn wir zurückbleiben, bestraft uns das Leben sofort.«

Daraus machte am Abend sein außenpolitischer Sprecher Gennadi Gerassimow bei einer informellen Pressekonferenz den berühmten Ausspruch »Wer zu spät kommt, den bestraft das Leben.«

In einem Vieraugengespräch im Schloss Niederschönhausen prahlte Honecker mit den Erfolgen der DDR, lobte besonders das Wohnungsbauprogramm und die angebliche Spitzenposition auf dem Gebiet der Mikroelektronik. Gorbatschow, der genau wusste, dass die DDR in Wirklichkeit vor der Zahlungsunfähigkeit stand, fühlte sich für dumm verkauft. Später schrieb er: »Ich war entsetzt. Drei Stunden unterhielt ich mich mit ihm. Und er fuhr fort, mich von den mächtigen Errungenschaften der DDR überzeugen zu wollen.«

Zum Tag der Staatsfeier hatte die Parteiführung die normalerweise üblichen Restriktionen für Fernsehteams aus dem Westen gelockert. So konnte auch die Reporterin Christiane Meier von *Spiegel-TV* am Vorabend des Jubelfestes ungehindert drehen.

Uns war nur nicht ganz klar, wie wir das Material am nächsten Tag unkontrolliert in den Westen bringen konnten. Wir engagierten einen Privatflieger, der über Dänemark nach Schönefeld fliegen und die Bänder abholen sollte. Das fanden wir höchst konspirativ und trickreich. Zur Absprache mit der Redaktion in Hamburg ging Christiane jeweils in das Westberliner Büro des *Spiegel,* um von dort aus lauschsicher zu telefonieren. Später fielen uns die Abschriften unserer Gespräche in die Hände. Die Abhörabteilung II des Ministeriums für Staatssicherheit hatte sämtliche Telefonate, die über Richtfunkstrecken von Westberlin nach Hamburg gesendet worden waren, abgehört und abgetippt.

Am Abend marschierte die Parteijugend zur letzten Massenkundgebung der DDR auf. Aus allen Teilen der DDR waren die FDJ-Mitglieder in Bussen herangekarrt worden.

Ein Sprecher begrüßte den hohen Besuch aus Moskau. »Herzlich willkommen, liebe Gäste aus aller Welt. Unter euch die Repräsentanten der mit uns brüderlich verbundenen sozialistischen Länder. Den Genossen Michael Sergejewitsch Gorbatschow.«

Doch das Staatstheater hatte leichte Fehler. Selbst die Blauhemden der Freien Deutschen Jugend setzten offenbar mehr auf den Reformer aus Moskau als auf die heimischen Betonköpfe. »Gorbi, Gorbi«, intonierte die Menge. In den Sprechchören ging beinahe unter, wie der Sprecher auch »unser Staatsoberhaupt, Genossen Erich Honecker« begrüßte. Nur wenige jubelten noch protokollgemäß »Erich, Erich …«

Der Vorsitzende der Freien Deutschen Jugend, Eberhard Aurich, hielt seine letzte große Ansprache: »In Anwesenheit unserer lieben Gäste aus aller Welt erklären wir, als junge Staatsbürger der Deutschen

Demokratischen Republik, gegenüber der Partei der Arbeiterklasse und unseren Freunden in der Nationalen Front: Dieses Land ist unser Land. Hier sind wir zu Hause. Hier haben wir noch viel vor. Hier verwirklichen wir unsere Pläne und schaffen unser Glück. Hier arbeiten und lernen, studieren und forschen, tanzen und lieben wir. Wir wollen hier leben in Freundschaft und helfen einander.«

Dann beleuchtete ein Fackelzug den Weg der DDR in den Untergang.

Ein paar Straßen weiter flackerten Kerzen für eine bessere Zukunft. Das Team von *Spiegel TV* filmte ein Dissidententreffen in der Erlöserkirche.

Vor einer dichtgedrängten Menschenmenge fragte der Moderator den SED-Abweichler Rolf Henrich: »Warum, Rolf Henrich, trotz Berufsverbot, trotz Karriereknick, brechen Sie nicht in den Westen auf, sondern bleiben hier?«

»Also, ich denke, wir haben hier eine Chance, und die Chance sollten wir nutzen. Im Moment spürt jeder von uns, dass in diesem Land sich etwas bewegt. Sowohl in Richtung Westen – das sind die, die uns verlassen. Aber die, die wir hier sind in diesen Kirchenmauern, und auch außerhalb dieser Kirchenmauern, wir bewegen uns im Moment. Und ich denke, da ist viel Hoffnung.« Viele in seinem Alter hätten ihm in den vergangenen Wochen gesagt, sie hätten ihr Leben in der DDR »versessen«. Jetzt wollten sie endlich etwas tun.

Samstag, 7. Oktober 1989 Am nächsten Morgen marschierten Soldaten vor dem Palast der Republik auf. Noch einmal zeigte der Sicherheitsapparat einen Ausschnitt seiner Stärke.

Die Nationale Volksarmee der DDR hatte 168 000 Mann, die Volkspolizei 60 000, die Staatssicherheit 91 000, Betriebskampfgruppen 189 000. Zusätzlich gab es die halbmilitärische Gesellschaft für Sport und Technik. Insgesamt hatte die DDR 1,2 Millionen Männer und Frauen unter Waffen, alle dazu da, das Regime mehr nach innen als nach außen abzusichern.

Pünktlich um 10.00 Uhr vormittags verabschiedete sich die DDR mit einer großen Militärparade in die Geschichte. Der anachronistische Zug mit Stechschritt, Panzern und Raketen galt offiziell als machtvolle

Demonstration gegen den Militarismus. »Diese Parade der Nationalen Volksarmee«, kommentierte live das DDR-Fernsehen, »hat nicht das Geringste zu tun mit militärischer Kraftmeierei, sie ist keine Drohgebärde gegen die Nachbarn im europäischen Haus.«

Es war die Abschiedsvorstellung, auch für die pazifistischen Lebenslügen der hochgerüsteten DDR.

Am Rande zeigten sich leichte Auflösungserscheinungen des roten Preußen. Uniformierte Soldaten knutschten ungehemmt vor westlichen Fernsehkameras ihre Freundinnen. Selbst die martialischen Schlachtrufe der Marinetruppen klangen plötzlich vergleichsweise zivil und fast ironisch: »O-he-le-le ... o-ma-lu-e ... o-ma-lu-um.«

Neben dem organisierten Spektakel im Zentrum hatte sich klammheimlich eine eigene Geburtstagskundgebung gebildet. Punkt 17.00 Uhr traf sich wie zufällig eine kleine Menschentraube auf dem Alexanderplatz. Minuten später strömten von allen Seiten her langsam und zunächst unauffällig Hunderte von DDR-Bürgern zusammen.

Sie riefen: »Neues Forum, Neues Forum« und »Wir bleiben hier, wir bleiben hier ...« Das klang wie eine Drohung. Und so war es auch gemeint.

Abmarsch der Parade in Richtung Palast der Republik. Eine real existierende Demonstration vor den Augen der sozialistischen Staatselite und ihrer Gäste aus den Bruderländern. Und während sich draußen vor »Erichs Lampenladen« immer mehr Demonstranten zum Protest versammelten, wurde drinnen vor einer Riesentorte eine Republik aus Sahne und Zuckerguss gefeiert.

Erich Honecker hob das Glas mit Krim-Sekt und rief mit heiserer Stimme: »Unsere Freunde in aller Welt seien versichert, dass der Sozialismus auf deutschem Boden, in der Heimat von Marx und Engels, auf unerschütterlichen Grundlagen steht. Auf die internationale Solidarität und Zusammenarbeit, auf den Frieden und das Glück aller Völker, auf den vierzigsten Jahrestag der Deutschen Demokratischen Republik!«

Es war ein letztes Prosit auf die sozialistische Gemütlichkeit. Wenige Monate später wurden die kommunistischen Führer fast aller Ostblockstaaten vom Wind der Wende hinweggefegt. Einige, wie Rumäniens Diktator Nicolae Ceaușescu, der noch mit Honecker angestoßen hatte, überlebten das Jahr 1989 nicht.

Draußen organisierte sich währenddessen die neue Zeit. Vor westlichen Fernsehkameras betonte die Menge, was sie wollte – und was nicht.

Die einen riefen »Neues Forum«. Die anderen buhten lauthals Geheimdienstler in Zivil aus, die Demonstranten verhafteten. Der Chor der Menge brüllte: »Gorbi, Gorbi ... Demokratie, jetzt oder nie!«

Die Stasi-Leute drängten Kamerateams zur Seite und zeigten, was sie in vierzig Jahren DDR gelernt hatten. An diesem Festtag der DDR wurden Tausende von Menschen »zugeführt«, wie Festnahmen in der DDR-Behördensprache genannt wurden. Nur die westlichen Medien störten. Die Menge skandierte »Stasi raus!«, und die Geheimen legten ihre Hände auf die Objektive der Fernsehkameras.

Auch in anderen Städten der DDR wurde der vierzigste Jahrestag der DDR mit Massenkundgebungen gegen das System gefeiert: in Leipzig, Dresden, Jena, Plauen und Potsdam.

Nach einer kurzen Schrecksekunde schlug die Staatsmacht erbarmungslos zu. Im Schutz der Dunkelheit rückten Volkspolizisten mit schwerem Räumgerät an. Doch die Demonstranten reagierten flexibel. Ihren spontanen Schwenks und Richtungsänderungen konnte der Sicherheitsapparat kaum folgen. »Auf die Straße, auf die Straße ...«, ermunterten sie die Zuschauer in den Fenstern der Wohnhäuser. Polizeiketten wurden umlaufen, und doch konnten die Beamten immer wieder erbarmungslos zuschlagen. Da half auch der Schlachtruf des Wendeherbstes »Keine Gewalt, keine Gewalt ...« nicht.

Die Volkspolizei verkündete: »Ihre Ansammlung ist gesetzwidrig und blockiert den Verkehr.« Doch die Gesetzmäßigkeiten der DDR wurden längst nicht mehr widerspruchslos akzeptiert. Die Demonstranten pfiffen und buhten. Dann artikulierte sich der Geist der Revolte in einem ebenso simplen wie wirkungsvollen Slogan: »Wir sind das Volk, wir sind das Volk.« Die sozialistische Volksdemokratie wurde mit ihrem eigenen Anspruch konfrontiert.

Polizei und Stasi griffen rücksichtslos durch. Allein in Ostberlin wurden an diesem Abend 1047 DDR-Bürger festgenommen. Doch zum äußersten Mittel, dem Einsatz von Schusswaffen, wollte die DDR-Führung auch jetzt nicht greifen.

Am Abend zogen die Demonstranten ab. Das Feuerwerk zu Ehren des vierzigsten Jahrestages der DDR spielte sich in der Luft ab. Hoch über den Köpfen der Menschen.

Sonntag, 8. Oktober 1989 Am nächsten Tag war die DDR nicht mehr dieselbe.

Mühsam versuchte die Ordnungsmacht, das über vierzig Jahre eingeübte Koordinatensystem wiederherzustellen. Auch und vor allem gegenüber den westlichen Kamerateams.

»Sie haben diesen Bereich hier zu verlassen«, ordnete ein Volkspolizist an.

Fernsehreporter, die sich innerhalb weniger Tage fast schon benahmen wie im Westen, wurden handgreiflich in ihre Schranken gewiesen. Volkspolizisten drängten die Teams ab, hielten die Hand vor das Objektiv und begannen Raufereien mit den sich wehrenden Kameraleuten. Ein Journalist wurde abgeführt und später wieder freigelassen.

Stasi-Chef Erich Mielke beurteilte die Lage als »erheblich verschärft«. Zur Unterdrückung aller »Zusammenrottungen« befahl er die »volle Dienstbereitschaft« für alle Angehörigen des MfS und die Bereithaltung ausreichender Reservekräfte, »deren kurzfristiger Einsatz auch zu offensiven Maßnahmen« zu gewährleisten sei. Stasi-Mitarbeiter hatten bis auf Widerruf ihre Dienstwaffe ständig bei sich zu führen. Die Grenzübergänge nach Westberlin wurden gesperrt.

Doch die Wende war nicht mehr zu stoppen.

Am Sonntagabend sendete *Spiegel TV* die Bilder der vier Tage, die den Staat DDR in seinen Grundfesten erschüttert hatten. »Vierzig Jahre DDR, ein sozialistisches Trauerspiel«, eröffnete ich die Sendung. »Ein Jubelfest sollte es werden. Man wollte feiern, als seien nicht fast fünfzigtausend in wenigen Wochen abgehauen, als würde sich die DDR im abtauenden Ostblock nicht immer weiter isolieren. Die regierende jugendbewegte Greisenriege in der DDR-Staatsführung scheint die Signale ihres Volkes nicht zu hören. Dabei müsste sie nur die Ereignisse der vergangenen vier Tage studieren, um zu merken, was in ihrem Machtbereich geschieht.«

Montag, 9. Oktober 1989 Nachdem Bonn gegen die Schließung der Grenzübergänge protestiert hatte, wurden sie um 14.00 Uhr wieder geöffnet.

In Leipzig ließ die DDR-Führung achttausend Sicherheitskräfte zusammenziehen. Abends sollte dort wie auch in vielen anderen Städten die wöchentliche »Montagsdemonstration« stattfinden. Es drohte eine Eskalation der Gewalt. Der Dirigent Kurt Masur, der Kabarettist Lutz Lange und der Theologe Peter Zimmermann verfassten zusammen mit drei Sekretären der SED-Bezirksleitung den Aufruf »Keine Gewalt!«, der, von Masur verlesen, während der Kundgebung mehrmals über Lautsprecher verbreitet wurde. Der Zug von siebzigtausend Demonstranten verlief ohne Ausschreitungen.

Achttausend versammelten sich in vier Leipziger Kirchen, tausend davon waren verdeckte Mitglieder der Staatssicherheit.

Die Teilnehmer des Friedensgebetes in der Marienkirche in Halle wurden von Polizeieinheiten attackiert und verprügelt. Doch die große Zahl der Versammelten brach den Handlungswillen der Sicherheitskräfte.

11. Oktober 1989 Am Ende einer kontroversen zweitägigen Krisensitzung erklärte das Politbüro die Bereitschaft der Partei zu einem Dialog mit der Bevölkerung. Erstmals räumte die SED ein, dass die Ursachen für die Fluchtbewegung auch in der DDR selbst zu suchen seien. »Gemeinsam wollen wir über alle grundlegenden Fragen unserer Gesellschaft beraten, die heute und morgen zu lösen sind.« Egon Krenz hatte diese Erklärung gegen den erbitterten Widerstand Erich Honeckers im Politbüro durchgesetzt.

Die Dinge kommen in Bewegung. Gleichzeitig reißt der Strom der Flüchtlinge nicht ab.

Am 1. November können DDR-Bürger wieder ohne Visum ins Nachbarland ČSSR fahren. Bis 10.00 Uhr morgens sind schon wieder dreihundert Menschen in die bundesdeutsche Botschaft geflüchtet. Die DDR-Botschaft stellt Ausreisepapiere in den Westen aus.

Egon Krenz schildert bei einem Arbeitsbesuch in Moskau dem Generalsekretär der KPdSU die schwierige wirtschaftliche Lage der DDR. Gorbatschow macht ihm unmissverständlich klar, dass sich die Sowjetunion nicht in der Lage sieht, wirtschaftliche Hilfe zu leisten. Für ihn stehe aber »die deutsche Frage nicht auf der Tagesordnung«.

Als der Strom der politischen Flüchtlinge in die Botschaft der Bundesrepublik anhält, verlangt die Regierung der Tschechoslowakei von der DDR, die Flut der Asylsuchenden einzudämmen oder zu einer Abfertigungspraxis überzugehen, die es ermögliche, dass »jeden Tag so viele ehemalige DDR-Bürger aus der ČSSR in die BRD ausreisen können, wie täglich in der BRD-Botschaft neu hinzukommen«.

Am Abend des 3. November betont der neue Staats- und Parteichef Egon Krenz in einer Rundfunkansprache den Erneuerungswillen: »Ein Zurück gibt es nicht.« Er kündigt den Rücktritt von fünf Politbüromitgliedern an, darunter Stasi-Chef Mielke, und verspricht die baldige Veröffentlichung eines Reisegesetzentwurfes.

Einen Tag später, am 4. November, knapp drei Wochen nachdem Erich Honecker durch Egon Krenz ersetzt worden ist, rufen Intellektuelle und Schriftsteller der DDR zu einer Massenkundgebung auf. Es ist der Versuch, den Protest in geordnete – sozialistische – Bahnen zu lenken. Doch die Staatsautorität ist angeschlagen.

Das Kamerateam von *Spiegel TV* filmt einen Demonstranten, der einem Volkspolizisten Bonbons anbietet: »Warum denn nicht? Das ist ein Geschenk von mir. Ich hab das erarbeitet. Ich arbeite auch ganz normal. Willst du nicht doch noch einen nehmen? Oder einen Apfel? Der ist aus der DDR. Schade, ein bisschen verkrampft.« Ein anderer fügt hinzu: »Und morgen geht's wieder mit dem Knüppel los.«

Fast eine Million DDR-Bürger demonstrieren auf dem Alexanderplatz für eine neue Republik. Auf Transparenten wird Egon Krenz als Wolf im Schafspelz karikiert: »Großmutter, warum hast du so große Zähne?«

Und schon zeigte sich, wer im gewendeten SED-Staat eine neue Rolle spielen wollte. Dabei half die schmucke Selbstkritik. Ein Rechtsanwalt, der in den Akten der Stasi als »IM Notar« geführt wurde, brachte sich in Position. Es war der erste Auftritt des Gregor Gysi vor einer großen Menge und den internationalen Medien.

»Wir haben einfach die Rechte und Interessen unserer Mandanten sehr ernst genommen. Vielleicht hätten wir noch mehr tun müssen. Aber dazu hätte fast ein Übermaß an Zivilcourage gehört.«

Und auch ein DDR-Dichter zeigte sich wendewillig. Der greise Stefan Heym verkündete von der Bühne: »Die Macht gehört nicht in die Hände eines Einzelnen oder ein paar weniger.« Beifall brandete auf, und er fuhr fort: »… oder eines Apparates, oder einer Partei.«

Dann war, fünf Tage später, plötzlich über Nacht die Mauer gefallen.

Nach dem Fall   November 1989

Die NVA ist in erhöhter Gefechtsbereitschaft. Der sowjetische Außenminister Schewardnadse lobt die Grenzöffnung als »weise Entscheidung«. Bundeskanzler Helmut Kohl wird vor dem Schöneberger Rathaus ausgepfiffen (10. November). Die DDR-Volkskammer wählt eine neue Regierung unter Ministerpräsident Hans Modrow (18. November).

Am Morgen nach dem Fall der Mauer hatten wir in der Hamburger Redaktion von *Spiegel TV* immer noch nichts von unserem Team in Ostberlin gehört. Telefonverbindungen waren nur nach stundenlanger Voranmeldung möglich. Funktelefone waren selten und in der DDR verboten.

Ich nahm den nächsten Flieger nach Berlin und stellte mich am Grenzübergang Heinrich-Heine-Straße an. So plötzlich die Tore geöffnet worden waren, so plötzlich waren sie am Morgen wieder geschlossen. Alles sollte seinen ordnungsgemäßen sozialistischen Gang gehen. Endlose Schlangen stauten sich auf der östlichen und auf der westlichen Seite des Übergangs. Nach stundenlangem Warten erhielt ich endlich mein Tagesvisum für Ostberlin.

Ich hatte nicht die geringste Ahnung, wo ich unser Team treffen konnte. Doch kaum war ich auf der Ostseite angekommen, erspähte ich unseren Reporter, der ebenfalls in der Schlange stand. Unter dem Arm trug er ein Bündel Videokassetten, die Filmaufnahmen der vergangenen Nacht. Er wollte die Bänder in den Westen bringen, damit wir in Hamburg aus dem Material die Sendung des kommenden Sonntags

47

schneiden konnten. Ich übernahm die Videos und reihte mich wieder in die Schlange ein, jetzt in Richtung Westen. Er durfte gleich wieder zu seinem Kamerateam zurückkehren.

Der Morgen danach. Freitag, 10. November 1989. Diplomatische Aktivität auf allen Kanälen. Damit hatte niemand gerechnet. Jetzt sollte der massenhafte Grenzübertritt von Ost nach West und West nach Ost wieder in geregelte Bahnen gelenkt werden. Die Grenzen waren wieder geschlossen worden. Durchgelassen wurde nur, wer seinen Pass mit einem Visumstempel versehen ließ. Das dauerte. Doch im Schlangestehen war der DDR-Bürger geübt. Ein Zurück zur geschlossenen Gesellschaft gab es nicht mehr. Die war Geschichte.

Es war eine Geschichte, die am 13. August 1961 begonnen hatte. Die DDR, gerade zwölf Jahre alt, hatte sich eingemauert. Eine stetig anwachsende Fluchtwelle in Richtung Westen drohte den »Arbeiter- und Bauernstaat« auszutrocknen. »Niemand hat die Absicht, eine Mauer zu bauen«, hatte noch wenige Wochen zuvor Staats- und Parteichef Walter Ulbricht verkündet.

Der Westen sah hilflos zu, wie der Osten sein Territorium abriegelte. Der Kalte Krieg kannte ein paar Regeln. Eine davon war, niemals im Herrschaftsgebiet des anderen zu intervenieren. Alles andere hätte den Dritten Weltkrieg auslösen können. Die Menschen waren Zuschauer einer Teilung der Welt, die mitten durch Familien verlief. Zementiert für die Ewigkeit, so schien es. Doch achtundzwanzig Jahre danach war sie über Nacht eingestürzt.

Am Morgen des 10. November spielten sich vor den Dienststellen der Volkspolizei groteske Szenen ab, die inzwischen auch vom DDR-Fernsehen gefilmt wurden. Die große Freiheit ergriff in Windeseile sogar bis dahin linientreue Ostjournalisten.

Eine Reporterin stellte sich vor: »Wir kommen vom Fernsehen. Vom DDR-Fernsehen. Wir würden uns gern einmal mit einem von den Genossen unterhalten, weil es noch Unklarheiten gibt, wie die Regelungen nun richtig funktionieren. Können wir das mit Ihnen machen, oder sollen wir lieber reinkommen?«

Der Vopo schüttelte den Kopf: »Nein, das hat wenig Sinn. Ich bin nicht kompetent, Ihnen darüber Auskunft zu geben. Da müssen Sie sich an das Ministerium des Innern wenden.«

Ein Visumstempel in den Personalausweis hatte die Republik verändert, auch wenn er eigentlich sinnlos war. Wenn jeder Antragsteller das Visum bekam, war es im Grunde genommen überflüssig. Das fanden auch einige DDR-Bürger: »So ein Kokolores. Mit einem Stempel, der nicht kontrollierbar ist, kann ich fahren. Dann brauch ich doch den Stempel gar nicht. Ich kann auch ohne Stempel fahren. Warum sollen die Leute hier alle stehen?«

Doch die Zuckeltrabbürokratie wurde schon am Vormittag wieder von der Realität überholt. Wer sich zuvor keinen Visumstempel in seinen Personalausweis hatte drücken lassen, stellte sich einfach ohne Ausreisegenehmigung an. Die Grenzposten stempelten die Papiere dann kurzerhand selbst ab und ließen die Bürger passieren. Ausreise im Akkord.

Der Trabi wurde an diesem Tag Sinnbild der Vereinigung. In schier endlosen Kolonnen dampften die Zweitakter zur Sightseeing-Tour in den Westen.

Am Nachmittag kommentierten Politiker die Situation. Vor dem Schöneberger Rathaus in Westberlin trat Altbundeskanzler Willy Brandt vor eine riesige Menschenmenge. »Meine Überzeugung war es immer, dass die betonierte Teilung und dass die Teilung durch Stacheldraht und Todesstreifen gegen den Strom der Geschichte standen.« Als Regierender Bürgermeister von Berlin hatte Brandt dem Bau der Mauer 1961 tatenlos zusehen müssen. Jetzt versuchte er, die historische Entwicklung auf den Begriff zu bringen: »Berlin wird leben – und die Mauer wird fallen. Übrigens, liebe Freunde, ein Stück von jenem scheußlichen Bauwerk, ein Stück davon könnte man dann von mir aus sogar als ein geschichtliches Monstrum stehen lassen.«

Dann trat der amtierende Bundeskanzler Helmut Kohl ans Mikrophon. Ihm schallten Buhrufe entgegen. Auch einen Tag nach dem Fall der Mauer war die Berliner Linke lautstark. »Liebe Berlinerinnen und Berliner, liebe Landsleute in der DDR und der Bundesrepublik Deutschland«, begann Kohl seine Ansprache in der historischen Stunde seines Landes und seiner Regierung, »hier auf diesem Platz …« Das Pfeifkonzert ließ ihn kurzzeitig verstummen. Dann sagte er hörbar: »Nein, ich mache weiter« und fuhr fort: »Vor dem Schöneberger Rathaus sind seit über vierzig Jahren Berlinerinnen und Berliner zusammengekommen,

49

um für die Freiheit dieser Stadt zu demonstrieren.« Kohl kämpfte sich wacker durch den Rest seiner Rede. Dann wurde die Nationalhymne angestimmt, doch sie ging ebenfalls im Lärm des Massenprotestes unter.

Auf dem Kurfürstendamm probierten unterdessen die Ostberliner ihre neue Freiheit aus. Nach langem Warten an der Grenze mussten sie nun wieder anstehen: für hundert Mark Begrüßungsgeld, das die Bundesrepublik Deutschland jedem DDR-Bürger – einmalig – spendierte.

Die Arbeiterklasse der DDR übernahm die führende Rolle im Einkaufsparadies am Kurfürstendamm.

So konnten die Landsleute aus dem Osten auch die ersten Erfahrungen mit dem bundesdeutschen Ladenschlussgesetz machen. Punkt 18.00 Uhr schlossen die Banken und Sparkassen, und es gab auch kein Begrüßungsgeld mehr.

Auch die Westberliner Polizei stellte sich vor. Mit Helmen, Schlagstöcken und Schilden wurden die Wechselstuben gesichert, als wären jetzt die Kreuzberger Chaoten über den Kurfürstendamm hergefallen.

Ein paar Ostler sangen russische Lieder, als wollten sie zeigen, dass der Einfluss der Sowjets nicht ganz vergebens gewesen war.

Die neue Spitze der DDR befand sich derweil kurzzeitig auf sicherem Boden. Man hatte zu einer Kundgebung von SED-Mitgliedern im Berliner Lustgarten aufgerufen. Mobilmachung der Parteibasis für das letzte Gefecht. Die Genossen sangen tapfer die Parteihymne: »Wir fürchten nicht, ja nicht den Donner der Kanonen … Auf, auf zum Kampf, zum Kampf, zum Kampf sind wir bereit. Dem Karl Liebknecht haben wir's geschworen, der Rosa Luxemburg reichen wir die Hand.«

Lautes Singen im Keller vertreibt die Angst.

In der Menge erschien in dunkelblauem Regenmantel der Mann, der durch ein paar bedacht unbedachte Worte die Mauer vorzeitig geöffnet hatte: Günter Schabowski. Noch wurde ihm zugejubelt. Später galt er den SED-Genossen als Inbegriff des Verräters.

Ihm folgte der Mann, unter dessen Verantwortung die Mauer geöffnet wurde und der dafür, dass sie vorher geschlossen gewesen war, später von einem bundesdeutschen Gericht zu einer hohen Freiheitsstrafe verurteilt wurde: Egon Krenz.

Spiegel-TV-Reporter Georg Mascolo drängte sich durch die Menge an die SED-Führungsgarde heran und streckte Schabowski das Mikrophon entgegen. Der tat überrascht: »Wie erklären Sie sich dieses merkwürdige Interesse für einige?«

Der Reporter antwortete: »Ich gucke seit vier Wochen DDR-Fernsehen und merkte mir einige Gesichter, darunter Ihres.«

»Weil ich einen so großen runden Kopf habe, oder?« Schabowski deutete auf einen Parteigenossen neben ihm: »Hier steht ein interessanter Kollege.«

»Wer ist denn das?«

»Das ist Wolfgang Herger, Mitglied des Politbüros.«

Alle diese Funktionäre wären wenige Tage zuvor niemals spontan vor eine westliche Kamera getreten. Schabowski wandte sich dem Reporter zu: »Sie können sich doch vorstellen, dass die Sache nicht ohne Risiken hätte ablaufen können. Das war eine Demonstration, erlauben Sie mir, das etwas phrasenhaft auszudrücken, von Volkssouveränität. Rüber, und dann kommen wir wieder zurück und sind wieder hier. Ich habe eine Reihe von Fernsehinterviews gesehen, wo junge Menschen auf dem Kudamm gefragt wurden: Wollen Sie denn nun hierbleiben? Die haben gesagt: Nein, wir bleiben nicht hier. Wir gehen wieder zurück. Unser Platz ist da drüben. Es war vielleicht der kühnste Schritt, der in dieser kurzen Zeit zu machen war.« Es gebe keine Alternative zu dieser Politik, davon sei er fest überzeugt. »Und wir sind auch bereit, die Risiken einzugehen, die diese Politik mit sich bringt.«

Am Rande diskutierte Egon Krenz mit SED-Genossen und versuchte, ihnen die plötzliche Öffnung der Mauer zu erklären. »Man kann ja machen, was man will. Bestimmte Leute im Westen haben erst gesagt, ihr seid gegen das Reisen. Und jetzt auf einmal sagen sie, das war zu schnell.«

Ein besorgter Genosse erkundigte sich, worin denn der Unterschied zwischen 1961, dem Jahr des Mauerbaus, und heute bestehe.

»Der Unterschied ist groß«, antwortete Egon Krenz. »Wir sind trotz unserer Probleme, die wir haben, gewachsen. Und wir werden uns nicht ausverkaufen lassen.«

»Wie verhindert man das?«, erkundigte sich ein Genosse, und ein anderer warnte: »Vorsicht mit den Joint Ventures.« Einer erinnerte an die Zeit vor dem Mauerbau, in der einige im Westen arbeiteten und im Osten wohnten.

Krenz flüchtete sich ins Allgemeine. »Natürlich, unsere ganze Arbeit ist schwer, Genossen. Wenn wir uns vornehmen, dass wir politische Probleme nur mit politischer Arbeit lösen, dann steht uns noch viel, viel bevor. Es ist einfacher, etwas anzuordnen, in die Verfassung zu schreiben: Wir haben die führende Rolle. Aber diese führende Rolle gilt es zu verteidigen, Genossen, und zu erringen und neu zu erringen.«

Dann war die Batterie des Aufnahmegerätes leer, und der Rest des Gesprächs konnte vom Team nicht mehr aufgezeichnet werden.

Um 1.00 Uhr morgens begann unter dem Jubel der Berliner der Abriss der Mauer in der Bernauer Straße.

Währenddessen versuchten wiedervereinigungsberauschte Berliner die Grenze der Vernunft zu durchbrechen, indem sie selbst Hand und Hammer anlegten, um die Mauer Stück für Stück abzutragen. Die Unfreiheit starb meterweise. In der Bernauer Straße wurde ein neuer Grenzübergang eingerichtet. Im Gegenzug bauten Westbeamte eine Aussichtsplattform ab, von der aus man bisher die östliche Seite der Schandmauer hatte betrachten können.

Manchen Ostgrenzern war der Widerwille ins Gesicht geschrieben. Einer raunzte Westreporter an: »Ich bin nicht befugt, Ihnen Auskunft zu geben. Das wissen Sie genauso gut wie ich.«

»Auch in so einem Moment nicht?«, wollte der Reporter wissen.

»Nein, auch in so einem Moment nicht.«

Die Abbrucharbeiten an der Mauer zogen sich bis in den frühen Morgen hin, begleitet von einer Menschenmenge, die immer, wenn ein neues Stück Mauer fiel, rief: »Zugabe! Zugabe!«

Samstag, 11. November 1989 Schon bei Anbruch des Tages standen Leute auf der Mauer und neben dem Brandenburger Tor und lauerten darauf, mit DDR-Grenzern ins Gespräch zu kommen oder wenigstens in Streit zu geraten. Eigenmächtig zogen manche mit Drahtseilen an Mauerteilen, bis die Volksarmee mit Wasserwerfern anrollte, um die heißen Köpfe abzukühlen. An manchen Stellen griff die Westberliner Polizei ein und stoppte den Abriss auf ihrer Seite der Mauer.

Ein DDR-Grenzer erprobte das Gespräch mit dem Westen: »Sie können rüberkommen und uns besuchen.« Auf ein paar gehässige Bemer-

52

kungen aus westlicher Richtung antwortete er: »Ich verstehe nicht, dass du uns so beschimpfst. Du hast mich schon teilweise sehr beschimpft. Du hättest mit mir reden können. Das ist sehr traurig.«

An einigen Stellen wurde die in der Nacht demolierte Mauer wiederhergestellt. Sie sollte wenigstens heil auf dem Müllplatz der Geschichte landen.

Am Vormittag dieses Samstags verließ die Bevölkerung von Ostberlin beinahe geschlossen ihre geöffnete Stadt. Es waren Bilder zwischen Völkerwanderung und New-York-Marathon. Auch auf der Glienicker Brücke, wo früher Spione, die aus der Kälte kamen, ausgetauscht worden waren, riss der Menschenstrom nicht ab, der dort eine neue Grenzstelle passierte. Im Westen erwartete die Ostbürger Schokolade, die von Lastwagenladeflächen aus verteilt wurde. Die zarteste Versuchung, seit es Kapitalismus gab.

Und überall ertönte die gesamtdeutsche Hymne dieses Tages: »So ein Tag, so wunderschön wie heute …«

Eingemauerte Geschichte bewegte sich plötzlich im Eiltempo. Drei Tage hatten mehr verändert als vierzig Jahre Nachkriegspolitik.

Am Samstagabend wurde ein weiterer neuer Grenzübergang eingerichtet: am Potsdamer Platz, einst der verkehrsreichste Platz Europas.

Die Woche danach   November 1989

Auf Leipziger Montagsdemonstrationen gibt es eine neue Parole: »Deutschland – einig Vaterland«. Bundeskanzler Kohl gibt sein Zehn-Punkte-Programm zur Entwicklung einer einheitlichen bundesstaatlichen Ordnung bekannt (28. November).

Ein deutsches Wintermärchen war wahr geworden. Doch die Realität nahte in Siebenmeilenstiefeln. Ein halbes Volk hatte seine Ersparnisse, nebst Begrüßungsgeld, an zwei grenz- und verkaufsoffenen Wochenenden auf den Kopf gehauen und der Bundesrepublik einen jähen Konjunkturaufschwung beschert.

Sofort nach Öffnung der Grenzen geriet die sieche DDR-Wirtschaft schutzlos unter den Druck des ökonomischen Muskelprotzes Bundesrepublik. Deren Regierung schraubte ihre Ansprüche auf Gegenleistungen für eine Wirtschaftshilfe immer höher. Offenbar hatte man vierzig Jahre lang von Einheit geredet, gesungen und gequatscht, und jetzt, da die Mauer de facto gefallen war, wusste man nicht mehr so richtig weiter, jedenfalls nicht, solange es etwas kostete.

Bei *Spiegel TV* hatten wir alle Reporter und Kamerateams mobilisiert, um Bilder aus Ostberlin einzufangen. Kameramann Rainer März filmte das Brandenburger Tor, umrahmt von dunklen Wolken. Nur die Westseite glänzte im Scheinwerferlicht der zahlreichen Filmteams aus aller Welt. Die Quadriga, vom Westen her hell erleuchtet. Die Pferde vor der Kutsche traben von West nach Ost gegen den Strom. Auch jetzt war es ein ziemlich symbolisches Tor: die Ostseite im Schatten, die Westseite im funkelnden Fernsehlicht. Man wartete darauf, dass es geöffnet würde, obwohl es bequem umgangen werden konnte. Allzu lange hatte man gefordert: Macht das Tor auf! Jetzt fehlte nur noch die letzte historische Geste, doch die DDR ließ sich Zeit damit.

Vor der Neuen Wache paradierten Soldaten der Volksarmee im Stechschritt. Das rote Preußen in der Woche nach der Revolution. Staatsbesuch aus Norwegen. Statt der Wende wurde das Gewehr präsentiert, man klammerte sich an die Form, wo der Inhalt längst perdu war.

Ein Sicherheitsbeamter schnauzte in sächsischem Dialekt das Fernsehteam an: »Das gibt's nicht! Es gibt hier einen Handlungsspielraum. Dafür sind Sie nicht akkreditiert.« Dann stellte er sich den Reportern in den Weg. Eine Militärkapelle spielte. Nicht jedem schien klar zu sein, dass auch bei Staatsorchestern der Ton die Musik macht. In Ostberlin wechselte der jeweilige Kurs wie an der Börse. Manche waren bei der Wende in der vordersten Reihe, andere hinkten hinterher. Aus westlicher Richtung sahen manche hier schon den Gesamtdeutschen Bundestag sitzen, während man sich im Osten mit der weltpolitischen Tagesordnung nicht so leichttat. Die Grenztruppen der Volksarmee zeigten sich von ihrer besten Seite. Sie nahmen *Spiegel-TV*-Reporter Georg Mascolo und sein Kamerateam mit auf Patrouille im Todesstreifen neben dem Brandenburger Tor. Es war eine Weltpremiere, ein westliches Kamerateam in der Todeszone. Zivilisten waren hier bislang nicht sehr willkommen gewesen.

Einer der beiden Grenzsoldaten zeigte auf einen Spalt in der Mauer und erklärte seine Abscheu vor derart eigenmächtigen Abbruchhandlungen: »An diesem Abschnitt wurde versucht, von Westberliner Bürgern mit Hammer und Meißel die Grenzmauer zu zerstören.«

»Warum sind Sie nicht selbst rüber?«, fragte ihn der Reporter.

»Nein«, wehrte er ab. »Dafür gibt es ja auch Befehle. Das muss ja von irgendjemand geführt werden, die ganze Aktion, da muss ja schließlich der kühle Kopf bewahrt werden.«

Gemeinsam gingen die beiden Grenzsoldaten mit dem Fernsehteam an der Innenseite der Mauer entlang, dem bislang bestbewachten Landstrich der Welt.

»Haben Sie gedacht, dass Sie die Öffnung der Berliner Mauer noch miterleben werden?«

Der Grenzer antwortete: »Von vornherein möchte ich sagen: Nein.«

Sein Genosse pflichtete ihm bei: »Das hat wohl keiner von uns gedacht. Es ging ja alles relativ schnell. Wir waren alle sehr überrascht darüber.«

»Wiedervereinigung ist für uns kein Thema«, sagte der andere Grenzsoldat. »Das ist meine Meinung. Dafür gibt es zu krasse Unterschiede zwischen Sozialismus und Kapitalismus.«

»Ist das früher ein unbeliebter Job gewesen, Mitglied der Grenztruppen zu sein?«, erkundigte sich Mascolo.

»Die Leute, die in den Grundwehrdienst gezogen worden sind, sind hierhergekommen, und andere haben das aus Überzeugung gemacht. Aber ein strenger Dienst war das eigentlich nicht, kann man eigentlich nicht sagen, das ist wie jeder andere bei der Volksarmee.« Der Kamerad nickte zustimmend.

Der Reporter hakte nach: »Es gab ja Zeiten, in denen Sie damit hätten rechnen müssen, auf flüchtende DDR-Bürger zu schießen.«

»Nein«, sagte der eine Grenzsoldat und sein Kollege ergänzte: »Das möchte ich mal widerlegen. Es ist eindeutig festgehalten. Es gibt einen Paragraphen, der unseren Schießbefehl eindeutig erklärt. Der Grundinhalt ist: Da wird nur geschossen, wenn das eigene Leben bedroht ist.

Also wenn jetzt einer kommt, ein Grenzverletzer, und bedroht mich mit dem Messer. Was würden Sie denn da machen? Würden Sie sich abstechen lassen, oder? Das ist eindeutig festgelegt.«

Grenzfälle der Erinnerung. Ein Schießbefehl in der historischen Rückschau.

Seit dem 13. August 1961 waren an der deutsch-deutschen Grenze 188 Menschen durch Schusswaffengebrauch oder Minenexplosionen zu Tode gekommen. Allein an der Mauer zwischen Ost- und Westberlin starben siebenundsiebzig Menschen. 1702-mal war geschossen worden, mit abnehmender Tendenz. Zwölfmal 1986, achtmal 1987.

Unterdessen hatten die Soldaten mit dem Kamerateam das Brandenburger Tor erreicht. Dort fegten Kameraden in Uniform den Boden zwischen den Säulen. Das Symbol der Teilung sollte besenrein an die Zukunft übergeben werden, als Symbol der Öffnung. Die DDR war dabei, sich einen Haupteingang – oder Hauptausgang – zu schaffen, ein Tor zur Welt.

Die beiden Grenzsoldaten stiegen mit Hilfe einer kleinen Leiter auf die Krone der Mauer. Vom Westen aus schauten viele Besucher zu. Es war ein kleiner Schritt für den Menschen in Uniform, aber ein großer Sprung in der Geschichte. Die Reise zum Mond hatte nicht so lange gedauert wie das Dahinsiechen der DDR. Kein Wunder, dass die versammelte Weltpresse auf den historischen Moment lauerte, da die Öffnung der Grenze hier besiegelt würde.

Im Westen brachen englisch- und deutschsprachige Touristen Teile der Mauer als Andenken heraus. Die DDR musste sich beeilen, sonst gab es nicht mehr viel abzubrechen.

Während am Abend in Ostberlin die Volkskammer tagte und sich in immer neuen Wendemanövern selbst überholte, waren andernorts die DDR-Bürger schon wieder auf die Straße gegangen. In die Menge mischte sich Egon Krenz, umringt von Sicherheitsbeamten in Zivil, und rang um eine Erklärung der Massenaufläufe in seinem roten Reich: »Weshalb nun jeder Einzelne dort auf die Straße geht, müssen Sie in Leipzig fragen, aber ich würde sagen, gehen Sie nicht davon aus, dass das eine Opposition gegen die DDR ist. Keine Losung von ihnen wurde gegen die DDR getragen.«

Ein Reporter half nach: »Das ist eine Opposition gegen *Sie*.«

Krenz tat überrascht: »Gegen mich? Das weiß ich nicht, das glaube ich nicht. Fragen Sie doch die Leute.«

Während sich die einen auf den Weg machten, die Zukunft zu bewältigen, versuchten es andere mit der Vergangenheit.

Besuch bei Markus Wolf, dem geheimnisvollen, langjährigen Chef der DDR-Auslandsspionage. Der *Spiegel-TV*-Reporter Georg Mascolo eröffnete das Gespräch mit der Feststellung: »Bei Demonstrationen sind Sie verschiedentlich ausgepfiffen worden.«

»Ja nun«, erwiderte »Mischa« Wolf, »damit muss man ja rechnen, erstens als Mitglied der Partei, deren Führung die große Verantwortung tatsächlich zu tragen hat, dafür, dass es so weit kommen musste. Als Mitarbeiter eines Ministeriums für Staatssicherheit, da reicht schon das Aussprechen des Namens, um ausgepfiffen zu werden. Ich meine schon, dass das nicht in erster Linie meiner Person galt. Obwohl, wenn man an verantwortlicher Stelle gestanden hat, muss man das auch in Kauf nehmen und muss es auch zu tragen wissen.«

Reporter Mascolo erkundigte sich, ob Stasi-Mitarbeiter inzwischen, wie die Opposition es gefordert hatte, in der Produktion beschäftigt seien: »Kennen Sie denn schon ehemalige Kollegen, die heute in der Landwirtschaft oder als Busfahrer unterwegs sind?«

»Ich persönlich kenne sie nicht, aber ich weiß, dass eine ganze Reihe so und auch in der Braunkohle und auf anderen Gebieten schon tätig sind, besonders auch Mediziner, die in medizinischen Einrichtungen arbeiten.« Das bisher exklusiv Stasi-Mitarbeitern und ihren Familien vorbehaltene MfS-Krankenhaus werde in Zukunft auch für andere Patienten zur Verfügung stehen.

Ein zweites Kamerateam von *Spiegel TV* war derweil in Randbezirken der *DDR*-Hauptstadt unterwegs. In Berlin-Röntgental wurden in einem Lager des Staatssicherheitsdienstes Rückkehrer aus dem Westen durchleuchtet: medizinisch und politisch. Draußen stand: »Zutritt verboten«. Doch plötzlich öffneten sich auch hier die Tore für Fernsehleute aus dem Westen.

Ein junger Mann, der von einem Ausflug in die Bundesrepublik zurückgekehrt war, sagte: »Man ist mit bestimmten Erwartungen und bestimmten Zielen rübergemacht, und die haben sich dann teilweise nicht erfüllt.«

»Welche zum Beispiel?«

»Ich würde sagen, man hat ein bisschen Rosinen im Kopf gehabt, da man hat vielleicht gedacht, man ist erst zehn Minuten drüben und kann sich gleich ein Auto kaufen oder solche Scherze.«

An diesem Tag warteten fünfundsechzig Bundesrepublik-Flüchtlinge auf ihre Abfertigung. Nach der Öffnung der Mauer trafen jeden Tag etwa dreißig Aussiedler im Lager ein. Zwischen zwei und fünf Tage dauerte die Wiedereinbürgerung. Manche waren nur wenige Wochen im Westen gewesen und kehrten nun mit bangem Unbehagen zurück.

»Ich erwarte, dass man jetzt nicht von den anderen Leuten ignoriert wird, dass man normal aufgenommen wird, dass alles klargeht und man keinen Repressalien ausgesetzt ist, dass man nicht ausgestoßen wird aus der Bevölkerung. Dass man nicht zu hören bekommt: Der war im Westen und ist da nicht klargekommen, und jetzt will er wieder zurück.«

Vor dem Leben in der neuen alten Heimat stand der Fragebogen: Fluchtgrund, Vorstrafen, Kontakt zu BRD-Dienststellen, mit wem ausgereist, mit wem wieder eingereist und warum. Die Staatsbürokratie hatte ihre Bürger wieder.

Es ertönte eine Lautsprecherdurchsage: »Die Aufnahme-Ersuchenden Rainer mit der Registriernummer 83, Kai mit der Registriernummer 84 und Thomas mit der Registriernummer 78, bitte umgehend in der sechsten Etage zum Gespräch melden.«

Niemand sollte sich bei der Wiedereinbürgerung vordrängeln können. Ordnung musste sein, auch für kurzzeitige Bürger der Bundesrepublik, die sich erneut in der DDR ansiedeln wollten.

Das Kamerateam beobachtete eine Gruppe Männer, die um einen Tisch herum saßen. »Wir sind noch Bundesbürger«, sagte einer. »Wir wollen DDR-Bürger werden.«

Der Reporter fragte: »Ist es schwierig, wieder DDR-Bürger zu werden?«

»Na ja, kommt darauf an. Das wissen wir ja nicht. Wir müssen warten, warten, warten.« Dann fügte er erleichtert hinzu: »Auf jeden Fall haben wir die politische Wende hier.«

»Deshalb sind Sie zurückgekommen?«

»Ja, weil wir uns sagen: gesicherte Verhältnisse.«

»Was fanden Sie denn am schlimmsten drüben im Westen?«

»Na, da möchte ich keinen Kommentar abgeben.«

»Warum nicht?«

»Wir sind Deutsche und bleiben Deutsche.«

Nun saßen die Ostdeutschen aus dem Westen erst einmal fest, in einem Lager. So hatten sich manche die freiwillige Rückkehr nun auch wieder nicht vorgestellt.

Eine Mitarbeiterin der Dienststelle sprach mit einem jungen Heimkehrer, der klagte, dass er sich eingesperrt fühle. Das Kamerateam drehte mit: »Ihr müsst euch das doch irgendwie überlegt haben, als ihr hergekommen seid. Ich kann doch nun nicht, wie es Ihnen gerade gefällt, hier immer hin und her hopsen. Dafür ist das doch eine Dienststelle.«

»Ich habe es mir nicht so vorgestellt, dass ich hier festgenommen werde«, entgegnete der junge Mann.

»Wer hat Sie denn festgenommen? Wir haben Sie doch ganz normal hier aufgenommen. Es geht keiner an Ihre persönliche Freiheit jetzt ran«, sagte die DDR-Vertreterin ganz im neuen Jargon der Wendezeit.

Ein anderer Umsiedler wusste es besser: »Man darf sich hier aber auch nicht frei bewegen. Man darf nicht raus. Das ist doch nicht in Ordnung.«

»Da wird sich sicherlich auch noch eine Möglichkeit finden. Die Situationen sind für uns ja auch neu.«

Der junge Mann stand auf und verließ das Lager.

Niemand stellte sich ihm in den Weg.

Fast zur gleichen Zeit ereilte die kollektive Chefredaktion des *Neuen Deutschland* ein kollektives Missgeschick. Sie wurde abgesetzt. Aus dem *Neuen Deutschland* sollte jetzt ein »ganz Neues Deutschland« werden – wie, war allerdings noch nicht klar. Der Oberkommentator des Blattes durfte bleiben und deutete gegenüber einem *Spiegel-TV*-Team die Richtung an.

»Okay, wie ausgewiesen, im Untertitel sind wir das Organ des Zentralkomitees der Sozialistischen Einheitspartei Deutschlands, das heißt, wir sind eine kommunistische Zeitung, wir werden es auch bleiben. Wir standen unter den Zwängen einer Informations- und Medienpolitik, die uns mehr oder minder stark aufgezwungen wurde. Im Ergebnis dieser Medienpolitik war es eben nicht möglich, die Lebensnähe so herüberzubringen, wie wir es uns selbst gewünscht hätten.«

Eigentlich waren schon immer alle, jedenfalls fast alle gegen diesen Umgang mit den Medien gewesen. Das machte den Kurswechsel leichter. Es war immer das Kollektiv, das schieflag, wohl auch bei jenem denkwürdigen Artikel vom Oktober 1989, in dem behauptet wurde, ein DDR-Bürger sei betäubt und in die Bundesrepublik verschleppt worden.

Der Reporter aus dem Westen fragte: »Haben Sie persönlich geglaubt, dass von bundesdeutschen Sicherheitsbehörden hier ein DDR-Bürger gekidnappt worden ist?«

»Ich will mal sagen, in Einzelfällen war so etwas absolut nicht auszuschließen, aber in einer Zeit, wo Tausende oder Zehntausende Bürger dieses Landes unsere Republik verlassen haben, aus welchen Gründen auch immer, war das zumindest nicht das Typische. Es wurde damit doch der Eindruck erweckt, als seien diese Zehntausende, die damals über Ungarn das Land verlassen haben, mehr oder minder alle gekidnappt worden. Somit, muss ich aus heutiger Sicht sagen, war das eine psychologische Fehlleistung allerersten Ranges, die mit diesem Artikel erreicht worden ist.«

Besuch in der alten Heimat   Dezember 1989

Die Volkskammer streicht den Führungsanspruch der SED aus der Verfassung (1. Dezember). Gorbatschow verhandelt mit US-Präsident Bush auf Malta über die Deutschlandfrage (2. Dezember) und weist kurz darauf Helmut Kohls Zehn-Punkte-Plan als »Diktat« zurück (4. Dezember). Alexander Schalck-Golodkowski flieht aus der DDR (3. Dezember), Egon Krenz tritt zurück (6. Dezember). Am Runden Tisch kommen erstmals Vertreter der SED, der Blockparteien und der Bürgerbewegungen zusammen und beschließen die Auflösung des Ministeriums für Staatssicherheit (7. Dezember).

Nicht nur von Ost nach West bewegten sich die Menschen. Der ausgebürgerte Liedermacher Wolf Biermann trat zum ersten Mal wieder in seiner Heimat auf und besang den Mann, der die Mauer geöffnet hatte. »Hey Krenz, du fröhlicher kalter Krieger, ich glaube dir nichts, kein einziges Wort.« Beifall brandete auf. Biermann sang weiter: »Wir wollen dich nicht ins Verderben stürzen, du bist schon verdorben genug. Nicht Rache, nein, Rente im Wandlitzer Ghetto und Friede deinem letzten Atemzug.«

Nun hatten die Genossen ihn also wieder, ihren Biermann, diese Nervensäge am sozialistischen Gemüt. Der Auftritt dürfte Egon Krenz fast so geschmerzt haben wie der Verzicht auf das Machtmonopol der SED. Immerhin hatte Biermann den kurzzeitigen SED-Chef doch als den miesesten aller möglichen Kandidaten, als versoffenen FDJ-Veteranen, opportunistischen Idioten und als das ewig lachende Gebiss bezeichnet.

Bautzen –
Das Gelbe Elend wird inspiziert   Dezember 1989

Inzwischen hatte die Wende in der DDR sogar die Gefängnisse erreicht. *Spiegel-TV*-Reporter Thomas Schaefer und sein Kameramann Dieter Herfurth durften drehen, wo bis dahin noch niemals ein westliches Team Zugang bekommen hatte: im Gefängnis Bautzen.

Festungsanlagen hatte es dort schon seit fast tausend Jahren gegeben, in der mittelalterlichen Kleinstadt im Südosten der DDR. Doch nicht die Burganlage an der Spree hatte die Stadt bekannt gemacht, sondern das Zuchthaus.

Am Donnerstag, dem 30. November 1989, präsentierte die DDR erstmals eines ihrer berüchtigten Zuchthäuser. Das »Gelbe Elend«, wie es im Volksmund genannt wurde, öffnete für drei Stunden seine Stahlgittertore. Es waren die Tore einer Anstalt, in der zu Beginn der SED-Ära Tausende politische Häftlinge geschlagen, gequält und hingerichtet worden waren. In wilhelminischen Zeiten konzipiert, sollten in der Anstalt ursprünglich dreizehnhundert Gefangene untergebracht werden. Jetzt, im Herbst 1989, war das Zuchthaus Bautzen mit achtzehnhundert Insassen zu einem Drittel überbelegt.

Der Anstaltsleiter führte das Team durch das Gefängnis. Er selbst hatte hier seine Arbeit vor dreißig Jahren als einfacher Schließer begonnen. Damals herrschten unmenschliche Zustände: Ungeheizte Räume, Wassersuppe, feuchtes Brot. Hinrichtungen am laufenden Band, zu denen die Verurteilten nackt anzutreten hatten. Genauso war man hier schon zwischen 1933 und 1945 mit Gefangenen umgegangen.

1989 war die Unterbringung der Gefangen noch immer unter der Grenze des Ertragbaren. Zu vierzehn waren sie in eine Zelle gepfercht worden. Nur drei Briefe durften sie monatlich schreiben. Der Reporter erkundigte sich bei einem Gefangenen nach dem Vollzugsziel.

»Brechen jeglichen Widerstandes«, erklärte der Häftling. »Ein Wort ist ja schon Widerstand. Hier wird schon eine gegenteilige Meinung als Widerstand gehandelt. Und dann geht es los mit Einkommensreduzierungen, Arrest und so weiter.«

»Gibt es Gewalt? Werden Gefangene geschlagen, gefesselt?« Der Häftling schüttelte den Kopf. Gefesselt werde hier keiner, aber er sei

Augenzeuge gewesen, als Anfang Oktober Demonstranten eingeliefert wurden: »Menschen, junge Menschen, mit Händen hinterm Kopf. Im Laufschritt mussten sie sich durch die Anstalt bewegen. Mit einem Gummiknüppel hinterher. Die haben sie ganz schön Maß genommen.«

Der Reporter erkundigte sich, wie er denn das alles vor den Augen des Anstaltsleiters, der hinter dem Kamerateam stand, erzählen könne: »Haben Sie nicht Angst, oder hat sich die Zeit so verändert, dass man keine Angst mehr haben muss?«

»Ich kann das verantworten, was ich sage, weil ich das gesehen habe. Angst, klar, vor den Strafen, die bestanden. Aber es ist auch klargeworden, dass es nicht mehr so geht wie früher.«

Das Ziel der Umerziehung im DDR-Gefängnis lautete, »die Normen des Zusammenlebens« zu begreifen. Dazu zählten Disziplin, Fleiß und Gehorsam.

Das Team wurde in die Küche geführt. Der Koch saß wegen Republikflucht, § 213. Bisher hatte er vergeblich auf seine Entlassung gewartet. Wie viele Andere hatte er weitere Straftaten begangen, um das »Schleusen« zu finanzieren. Er hatte Scheckbetrug begangen, weil er 2500 Mark für die Finanzierung des Fluchthelfers brauchte. »Jetzt ist die Amnestie, und nun warte ich. Dass ich nicht gern hier drin bin, ist klar. Dass ich Schuld habe, dass ich hier drin bin, ist auch klar.« Er hatte schon einmal vier Jahre wegen Republikflucht gesessen.

Nur ein Drittel der Gefangenen befand sich in den Zellen, den sogenannten Verwahrräumen. Sie durften sich von der Nachtschicht ausruhen. Für alle Gefangenen galt Arbeitspflicht. Acht Stunden mussten sie täglich in einem der sieben Betriebe des Zuchthauses arbeiten. Es wurde vor allem für den Export produziert. Das verschaffte dem Staat Devisen.

Während das Team ein Hauskommando bei der Arbeit beobachtete, sprachen vier Gefangene vor den Augen des Gefängnisleiters die Reporter an: »Können wir Sie mal sprechen? Wäre das möglich?«

»Ja, sicher, also wir haben nichts dagegen.«

Ein Gefangener zog ein Papier heraus und erklärte, dass die Insassen Forderungen aufgestellt hätten. Er las sie laut vor: »An alle Strafgefangenen. Wir rufen zum Generalstreik auf. Ab Donnerstag, dem 30.11.1989, nimmt kein Strafgefangener mehr die Arbeit auf und bleibt auf dem Verwahrraum, bis folgende Forderungen erfüllt sind: Generalamnestie, Gespräch mit der Presse und dem Neuen Forum sowie mit Vertretern der Modrow-Regierung. Lasst euch nicht provozieren oder einschüchtern. Wendet bitte keine Gewalt an, denn dann ist alles umsonst. Sollte man unsere Forderungen nicht akzeptieren, dann treten wir in den Hungerstreik.«

Das Kamerateam hatte alles gefilmt. Thomas Schaefer fragte die Sprecher der Gefangenen, ob sie sich darüber bewusst seien, welche Konsequenzen ihr Aufruf haben könnte.

»Da bin ich mir drüber bewusst«, sagte der Gefangene. »Aber ich bin frohen Mutes. Draußen werden Demos gemacht, wo gegen die Leute nicht mehr so vorgegangen wird, wie das jahrelang der Fall war. Aber ich kann mich damit nicht einfach einverstanden erklären, dass ich jahrelang kriminalisiert werde, wo ich im Nachhinein sagen muss, dass ich von Seiten des Staates kriminalisiert wurde und nicht aufgrund meines Verhaltens.«

Das Flugblatt sei auch mit anderen Arbeitskommandos abgestimmt worden. Vom nächsten Tag an würden keine Arbeiten mehr aufgenommen werden, bis sich wirklich etwas geändert habe. »Keine Gewalt sollte angewendet werden, das ist unser Appell an die Strafgefangenen. Keine Gewalt, sonst haben wir nichts erreicht und werden nichts erreichen.«

»Danke schön«, sagte Thomas Schaefer.

»Wir bedanken uns auch. Auf Wiedersehen«, antworteten die Strafgefangenen.

Aus den vergitterten Anstaltsfenstern ertönten Sprechchöre: »Freiheit und Amnestie!« Der Reporter wandte sich an den Anstaltsleiter. Der zuckte mit den Schultern: »Ja, was soll ich dagegen sagen?«

»Aber das ist doch ein unglaublicher Vorgang«, meinte der Reporter aus dem Westen. »Hier rufen vier Gefangene zum Generalstreik auf, und Sie stehen nebenbei. Das wäre doch vor einem halben Jahr mit harten Konsequenzen verbunden worden. Oder läuft das jetzt noch so ab? Werden die vier jetzt in Einzelhaft genommen oder diszipliniert?«

»Es ist nicht das erste Mal, dass sich Strafgefangene in diese Richtung artikulieren«, meinte der Anstaltsleiter. Jetzt müsse man erst einmal mit den Gefangen reden und ihnen klarmachen, dass ein Generalstreik für Strafgefangene nichts bringe: »Wenn sich die Bäcker und Köche mit den streikenden Strafgefangenen solidarisieren, dann gibt es nichts zu essen. Wenn sich die Gefangenen, die hier in dem Fernheizwerk arbeiten, ebenfalls an dem Streik beteiligen, dann gibt es keine Wärme.« Es könne nicht so sein, dass sich eine Gefangenenorganisation bilde, die gegen die Ordnung im Strafvollzug auftrete, erklärte er mit einer hilflosen Geste.

»Fürchten Sie den Aufstand?«

Der Anstaltsleiter blieb ganz ruhig. Er werde mit den Strafgefangenen-Funktionären, Häftlingen »mit besonderen Aufgaben«, sprechen und ihnen deutlich machen, dass die Aktionen nutzlos seien.

Dort, wo früher ein beginnender Häftlingsaufstand brutal im Keim erstickt worden wäre, demonstrierte man jetzt Gelassenheit. Es waren dieselben Beamten, die noch vor wenigen Wochen gehorsam dem SED-Staat gedient hatten.

Am Abend legten alle achtzehnhundert Gefangenen des Zuchthauses Bautzen 1 die Arbeit nieder.

In der Krankenabteilung der Anstalt wollten sich die Ärzte nicht filmen lassen. Sie hatten Angst, in der Bundesrepublik als Zuchthausärzte bekannt zu werden. Mit dem Rücken zur Kamera gaben sie Auskunft über die Ereignisse der vergangenen Wochen.

Am 7. Oktober seien in Bautzen zweiundvierzig festgenommene Demonstranten den Ärzten vorgestellt worden. Fünfzehn von ihnen hätten Blessuren gehabt, drei davon an den Oberarmen. Vermutlich durch das lange Hochhalten oder Überkopfhalten der Arme. Drei hätten Blutergüsse, Schürfungen und Hautunterblutungen gehabt.

Der Gefängnisdirektor beharrte darauf, dass in seiner Anstalt Gefangene niemals misshandelt worden seien. Nicht vor der Wende und auch nicht danach. Dem Neuen allerdings wolle er sich aber nicht verschließen. »Es ist auch für mich notwendig, meine Gedankenwelt auf das Neue einzurichten«, sagte er. Ihm mache es keine Schwierigkeiten, seine »Gedanken zur demokratischen Umgestaltung zu verwenden«. So sei er schon lange dafür, die Strafgefangenen ordentlich zu kleiden: »Ihnen also einen Jeansanzug zu geben, wo sie sich wohlfühlen können, und eine einheitliche Mütze, wo man sagt, die setze ich auch auf.«

Fortschritt hinter Mauern. Der Jeansanzug als Symbol der gesellschaftlichen Umgestaltung.

In diesen ersten Dezembertagen des Jahres 1989 wurden siebenundvierzig politische Häftlinge, vorwiegend Republikflüchtlinge, aus Bautzen entlassen. Achtundsechzig weitere hatten – bis dahin vergeblich – einen Entlassungsantrag gestellt. Bei ihnen war zum Fluchtversuch meistens ein anderes Delikt hinzugekommen. So hatte sich das System seine Straftäter selbst geschaffen.

Der Weg zur Einheit Dezember 1989

Auf dem außerordentlichen Parteitag der SED wird Gregor Gysi zum Vorsitzenden gewählt (8./9. Dezember). Während Kohl und Modrow in Dresden über eine mögliche »Vertragsgemeinschaft« beider Staaten sprechen, bekunden Demonstranten ihren Willen zur deutschen Einheit (19. Dezember).

Auf den Demonstrationen in der auseinanderbrechenden DDR war inzwischen aus der Parole »Wir sind das Volk« die Parole »Wir sind ein Volk« geworden. So schob sich langsam die Wiedervereinigung auf die politische Agenda.

Schon Walter Ulbricht hatte über die Bildung einer »Konföderation als Weg zur Wiedervereinigung« phantasiert. Jetzt übernahm Helmut Kohl die Rolle als Enkel Ulbrichts: »Wir sind auch bereit, noch einen entscheidenden Schritt weiter zu gehen, nämlich konföderative Strukturen zwischen beiden Staaten zu entwickeln, mit dem Ziel, eine Föderation, das heißt eine bundesstaatliche Ordnung zu schaffen.«

In der Halle des Polizei- und Stasi-Sportclubs Dynamo tagte, umringt von Demonstranten, die SED. Ein Sprecher erklärte vom Rednerpult aus den Genossen: »Diese Partei ist hauptverantwortlich für die Gesellschaftsdeformation in unserem Lande. Genosse Gysi, unser Volk erwartet eine Entschuldigung, und wir müssen uns vor diesem Volk entschuldigen für das, was wir ihm angetan haben.«

Die früher allmächtige SED übte sich in gnadenloser Selbstkritik. Ein Parteigenosse, Delegierter der Neptun-Werft, verlangte nichts weniger als die Auflösung der Partei. Ein anderer schlug einen Minimalkonsens vor: »Für Sozialismus und gegen Wiedervereinigung.« Eine Genossin ging ans Mikrophon und übte sich im Betroffenheitsjargon: »Bei allem Schmerzhaften, was in der letzten Zeit auf uns eingedrungen ist, kann ich besonders eine Tatsache niemals vergessen: dass unsere eigene Parteiführung durch ihr Tun selbst einen äußerst fruchtbaren Nährboden für den Antikommunismus geschaffen hat. Wie viel Kraft, wie viel Mut, wie viele Tränen werden wir brauchen, um diesen Boden abzutragen.«

»Mutti ist im Westen« – Die verlassenen Kinder von Ostberlin   Dezember 1989

Nicht nur die Partei löste sich langsam auf. Auch die Gesellschaft der DDR zeigte Zerfallserscheinungen.

Nicht wenige Eltern hatten die offene Grenze genutzt und sich in den Westen abgesetzt. Manche hatten ihre Kinder einfach zurückgelassen. *Spiegel*-TV-Mitarbeiter Cassian von Salomon besuchte ein Heim für verlassene Kinder in Ostberlin. Die zuständige Frau im Magistrat, Abteilung Volksbildung, schilderte einen Fall.

Die Zwillinge Sascha und Sebastian waren vier Jahre alt. Am 13. November sei ihre Mutter nach Westberlin gefahren und habe eine Freundin gebeten, die beiden aus dem Kindergarten abzuholen. In einer Bar wolle sie ein bisschen ihrem Vergnügen nachgehen und am nächsten Tag wieder zurück sein. Seitdem habe man nichts mehr von ihr gehört.

Vier Wochen zuvor war auch im Ostberliner Stadtteil Prenzlauer Berg der jüngere Teil einer Familie zurückgelassen worden.

Drei Jungen im Alter von drei, fünf und acht Jahren blieben allein in einer Zweizimmerwohnung. Die Nachbarn alarmierten die Volkspolizei. Die Kinder wurden abgeholt und in ein Heim gebracht.

Der fünfjährige Steve musste sofort in ein Krankenhaus.

Der Arzt erklärte dem Kamerateam: »Bei dem Größeren, den wir gleich aus der Wohnung bekommen haben, stellten wir fest, dass das

Kind ausgesprochen hungrig war. Hat alles um sich herum gegessen, was er nur bekommen konnte.«

Mark schilderte dem Team, was geschehen war: »Die Mutti ist am Sonnabend um halb zwölf losgegangen und hat uns noch einen Zettel geschrieben. Und da stand drauf, wo die Sachen liegen und dass sie uns was mitbringt. Dann hat sie uns noch ein bisschen Frühstück auf den Schrank gelegt. Waren aber nur acht Stullen. Die haben wir alle gegessen, und mein Bruder hat drei Eier allein gegessen.«

Der kleine Steve wusste, wo die Mutter war: »Westberlin. Und jetzt bin ich nur noch allein.«

Revolte im Politknast – Aufstand in Zeithain   Dezember 1989

Ein anderes Kamerateam von *Spiegel TV* besuchte in diesen Tagen das Gefängnis Zeithain, den angeblich modernsten Knast der DDR. Auch hier hatten die überwiegend politischen Häftlinge mitbekommen, dass die Staatsmacht bröckelte. Vor allem die wegen Republikflucht Verurteilten warteten auf ihre Freilassung.

Reisefreiheit und Haft für Republikflucht passten nicht mehr zusammen. Cassian von Salomon und Georg Mascolo durften Einblick in ein Renommierobjekt sozialistischen Strafvollzugs nehmen.

Haftanstalt Zeithain, Mittwoch, 7. Dezember 1989, 4.00 Uhr früh. Der Knastalltag begann. Das Team drehte, wie sich in den mit jeweils vierzehn Mann belegten Zellen die Gefangenen auf die Zwangsarbeit in dem nahen Stahlwerk vorbereiteten.

Arbeitsverweigerung wurde bestraft. Das Durchschnittsalter der Häftlinge betrug zweiundzwanzig Jahre. Rund fünfzig Prozent der Insassen waren sogenannte Politische, verurteilt nach § 213, Republikflucht. Die anderen waren Sittlichkeitsverbrecher und Kleinkriminelle.

Ziel der Haft, so hieß es, sei die Umerziehung zum sozialistischen Menschen.

Der Anstaltsleiter erklärte den Reportern: »Auch die Wende muss hier erfolgen. Aber das müssen wir mit den Strafgefangenen gemeinsam machen. Da gibt es bereits eine ganze Menge Vorschläge.«

Inzwischen hatte sich herumgesprochen, dass ein westliches Kamerateam zu Besuch war. Spontan verweigerten die Gefangenen die Arbeit. Vor laufender Kamera formulierten sie ihren Protest:»Wir wollen raus.« Dann verlangten sie ein Gespräch mit der Anstaltsleitung. Als der Gefängnisdirektor erschien, erhoben sich die Gefangenen brav. Als das Kamerateam auftauchte, gab es Beifall. Eine Forderung der Häftlinge war seit langem Öffentlichkeit. So erhielt Anstaltsleiter Oberstleutnant Günther Hoffmann zum ersten Mal Einblick in das Innenleben seiner Anstalt, so wie die Gefangenen es sahen.

»Sitzt einer von Ihnen noch wegen Delikten gegen die staatliche Ordnung?«, fragten die Reporter.

Einer der Häftlinge antwortete:»Dreizehn wegen Republikflucht Verurteilte sollten am 4. Dezember nach Hause gehen. Die sind noch hier und konnten bis zum heutigen Zeitpunkt nicht entlassen werden, weil sich die Staatsanwälte ins kapitalistische Ausland abgesetzt haben.«

Die Reporter erkundigten sich, ob es stimme, dass Briefe der Gefangenen abgelichtet wurden.

Der Anstaltsleiter gab dies zu.»Schließlich muss man wissen, welche Probleme die Strafgefangenen auf dem Herzen haben.« Die Häftlinge lachten. Einer der Gefangenen beschwerte sich, dass er vom Wachpersonal misshandelt worden sei.

»Dann geben Sie mir das schriftlich«, sagte der Gefängnisleiter,»wann, von wem geschlagen. Die Bitte hätte ich noch mal.«

In unmittelbarer Nähe des Gefängnisses lag das Rohrkombinat Riesa. Von den 950 Arbeitern kamen 215 aus der Haftanstalt. Seit Jahren hatten sich die Gefangenen über die dortigen Arbeitsbedingungen beschwert. Immer wieder war es zu Unfällen gekommen.

»Hier weiß bestimmt keiner der Strafgefangenen, dass vor vier Jahren dort ein tödlicher Unfall stattgefunden hat«, bemerkte einer der Häftlinge.»Weiß keiner«, stimmten ihm die anderen zu. Die Fabrik werde seit Jahren auf Verschleiß gefahren.

Ein anderer Häftling meinte:»Wir gucken uns mal an, wie die Leute da drüben arbeiten und unter welchen Bedingungen. Das muss abgeschafft werden.«

Die Forderung wurde durchgesetzt. Die Werkshallen durften besichtigt werden. Die Gefangenensprecher erhielten die Erlaubnis, die Führung zu übernehmen. In dem hoffnungslos veralteten Werk arbeiteten die Häftlinge für sieben Mark Ost am Tag. Produziert wurde fast ausschließlich für den Export. An diesem Tag hatten die eingesperrten Werktätigen zum ersten Mal Gelegenheit, sich beim Leiter des Werks zu beschweren. Vor laufender Kamera aus dem Westen.

Verbrennungen, Quetschungen und Knochenbrüche waren hier an der Tagesordnung. Die Werksleitung versprach Besserung.

Gegen 14.00 Uhr hatten die Gefangenen von Zeithain ihre Forderungen bei der Anstaltsleitung durchgesetzt. Auf Beschluss des Häftlingsrates sollte jetzt nur noch eine Erklärung über Lautsprecher vorgelesen werden. Der Anstaltsleiter stellte die Technik und den Raum zur Verfügung. Einer der Sprecher nahm das Mikrophon: »Ohne Gewalt. Das Streikkomitee fordert alle auf, Ruhe und Besonnenheit zu bewahren, keine Gewalt anzuwenden gegen Mitgefangene und Vorgesetzte.«

Am Ende dieses Tages hatten die Gefangenen ihren Knast verändert. Es herrschte wieder Ruhe in Zeithain. Das Kamerateam reiste ab. Wenige Stunden später kam die Amnestie.

Die Rettung der SED   Dezember 1989

In dieser Woche hielt in Ostberlin die Staatspartei SED ihren Parteitag ab. Auf der Straße fragte ein *Spiegel-TV*-Team Passanten nach der Zukunft der Sozialistischen Einheitspartei.

»Ja, die Partei …«, wehrte ein Bürger ab. »Die hat keine Zukunft mehr, deshalb soll sie sich auflösen.«

Ein anderer meinte: »Für mich hat sich das hier erledigt. Ich habe etwas anderes vor.«

Eine DDR-Bürgerin sagte: »Was die Genossen betrifft, bin ich nicht mehr sonderlich interessiert.«

Dann tauchte Günter Schabowski auf, der Mann, der die Öffnung der Mauer bekannt gegeben und damit in Gang gesetzt hatte.

Die Reporter erkundigten sich:»Sind Sie bitter, heute auf diesem Parteitag?«

Doch Schabowski schien schon wieder voll auf Linie zu sein.»Wir haben Parteitag, und ich bin Delegierter des Parteitages und will mich hier konzentriert und diszipliniert verhalten.«

»Können Sie etwas über Ihre Stimmung sagen?«

Schabowski flüchtete sich ins Angelsächsische:»No further comment.«

Auch Egon Krenz wich einer Antwort über die Entwicklung der DDR aus:»Als der Stalinismus sozusagen mit an der Wiege der DDR stand, war ich Schüler der fünften oder sechsten Klasse der Volksschule. Also, für die vierzigjährige Entwicklung fällt es mir wirklich schwer, im Einzelnen meine Meinung zu sagen.«

Da war Altgenosse Kurt Hager genauer:»Ja, man muss alle Schläge hinnehmen. Das ist ja nicht der erste Schlag. Vielleicht war für mich ja der Machtantritt Hitlers schlimmer. Denn da mussten wir von einem Tag zum anderen in die Illegalität gehen. Und die Jahre des Hitlerfaschismus waren für uns sehr, sehr schwer.«

»Was wünschen Sie sich für eine Rolle noch in dieser Gesellschaft?«, wollte der Reporter wissen.

Hager wandte sich zum Gehen.»Ja, wo gibt es denn was zu essen?«

Die Kamera richtete sich wieder auf Egon Krenz:»Wie fühlen Sie sich nach dieser Abrechnung heute Morgen. Was löst das bei Ihnen aus?«

Krenz lächelte sein Lächeln:»Danke sehr, alles Gute.«

Im Saal legte derweil der neue Parteistratege Gregor Gysi die Linie fest.»Um allen Gesichtspunkten gerecht zu werden, haben wir entschieden, vorläufig einen Doppelnamen zu tragen. Bis zu einer anderen Entscheidung heißt die Partei Sozialistische Einheitspartei Deutschlands, Partei des Demokratischen Sozialismus.«

So war plötzlich aus der SED die SED/PDS geworden.

Es war das Ende einer Staatspartei. Man konnte sie noch erblicken, fein geschrotet und in Stücken und dennoch ganz.

Zur Spaltung oder zur Auflösung hatte man sich nicht durchringen wollen. Und das hatte vor allem finanzielle Gründe. Das Parteivermögen der SED sollte möglichst weitgehend in die neue Zeit hinübergerettet werden. So musste die Nachfolgepartei Rechtsnachfolger der SED sein.

Besuch bei der Stasi   Dezember 1989

Schwert und Schild der Partei, der allmächtige Geheimdienst »Ministerium für Staatssicherheit«, liebevoll Stasi genannt, wurde indessen zum Ziel der Vergangenheitsbewältigung in der DDR. Überall zwischen Rügen und Zittau schossen sich Gruppen von Bürgerrechtlern auf das MfS ein.

Allein im Bezirk Dresden hatten sich 2500 Schnüffler um die Linie des Volkes gekümmert. Im Festsaal der dortigen Stasi-Zentrale sollte sich der Bezirkschef Horst Böhm unbequemen Fragen stellen.

Dresdens Bürgermeister Wolfgang Berghofer erklärte dem TV-Team: »Von den Leuten, die hier drinnen waren, ist gefordert worden, Böhm sollte erscheinen. Er ist gekommen und dann angespuckt und geschlagen worden, sodass wir einige Mühe hatten, ihn als Person möglichst heil hinein und wieder hinaus zu bekommen.«

In den ehemaligen Stasi-Büros nahmen jetzt Bürgerräte Hinweise entgegen. In drei Schichten versuchte man die Flut der Anrufe zu bewältigen. Manche der hier eingesetzten Helfer trafen dabei auf ihren eigenen Sachbearbeiter innerhalb des Stasi-Apparates.

Im Keller des Gebäudes durften westliche Reporter die Gefängniszellen besichtigen, in die Menschen wegen kleinster Vergehen eingesperrt worden waren. Da reichte manchmal die Parole: »Wir brauchen dringend Reformen«, um eine Festnahme oder ein Verhör zu riskieren. Während der vordere Teil des Gebäudes von Bürgerrechtlern besetzt war, gingen im hinteren Teil des Hauses die Kader der Staatssicherheit ihren restlichen Geschäften nach. Sie hatten den Nachlass ihres einstigen Brötchengebers zu organisieren.

Ein Pfarrer sorgte sich um die Angehörigen der Stasi-Mitarbeiter, die in der Nachbarschaft wohnten: »Wir hatten in der zurückliegenden Woche manchmal Mühe, in die Frauen und Kinder, auf die in irgendeiner Weise psychologischer Druck ausgeübt wurde, einigermaßen Ruhe reinzubringen. Einige Familien sind auch vorübergehend weggezogen und bei der Großmutter untergekommen, um ihren Kindern das zu ersparen.«

Ein SED-Mann dachte bereits an eine Zukunft ohne Geheimdienstler. »Es ist wichtig für die Demokratie, diese Menschen, die vielfach auch

Spezialisten sind, wieder in vernünftiger Art und Weise in die Volkswirtschaft zu integrieren.«

»Stasi in die Produktion« hieß die Losung der Stunde. Einer der Betroffenen, Oberleutnant Eichler aus Ostberlin, ließ sich von einem *Spiegel-TV*-Team zu seinem späteren Arbeitsplatz begleiten. Die Wende hatte ihn vom Bürosessel im MfS direkt auf den Sitz eines Lkw befördert. Er war neunundzwanzig Jahre alt und davon elf Jahre bei der Stasi gewesen. Jetzt wollte er seine Fähigkeiten am neuen Arbeitsplatz zur Geltung bringen: »Ich hatte keine leitende Funktion, aber eine anleitende Funktion anderen gegenüber, sozusagen. Ein Ausbilder. So in der Richtung liegt das ungefähr.«

Auch das Kombinat Auto-Service Berlin bekam jetzt Verstärkung. Zwei Genossen von der Stasi, beide sechsundzwanzig, waren schon bei ihrem früheren Arbeitgeber zuständig für technische Dienste. Die Stasi-Schlosser hatten in geheimer Mission und bei hoher Bezahlung an Dienstfahrzeugen herumgeschraubt. Sie hatten Angst, von den zukünftigen Kollegen beschimpft oder links liegengelassen zu werden. Doch sie waren auch glücklich darüber, dass ihr Versteckspiel zu Ende ging: »In früheren Zeiten haben wir verschwiegen, wo wir gearbeitet haben. Wir treten öffentlich auf. Wir sind hier auch gleich offiziell als Mitarbeiter des Ministeriums für Staatssicherheit aufgetreten und, ja, auch gleich eingestellt worden.«

Im Magistrat der Stadt gab es inzwischen eine Vermittlungsstelle für ehemalige Stasi-Mitarbeiter. Die zuständige Sachbearbeiterin fand es manchmal deprimierend, in welchem seelischen Zustand die entlassenen Geheimdienstler waren: »Häufig kommen sie auch zu zweit, dass man den Eindruck hat, sei seien ein bisschen ängstlich.« Sie haben immer das Bedürfnis, den Stasi-Mitarbeitern die Scheu zu nehmen. Sie können sich nicht gleich öffnen. Sie versuchen, drum rumzureden, bis sie im Laufe des Gespräches sagen, dass sie ehemalige MfS-Mitarbeiter sind. Man merkt ihnen direkt an, sie tragen einen Schuldkomplex mit sich herum.«

Selbst der Fuhrpark der Staatssicherheit diente jetzt der Volksversorgung. Samt ehemaliger Wachmannschaft wurde mit dem Transporter nun Lebkuchen »Made in GDR« ausgefahren.

Im Dresdener Stasi-Gebäude hatten Bürgerrechtler inzwischen mit den Aufräumarbeiten der vierzigjährigen DDR begonnen. Wie emsig die Staatssicherheit in Dresden noch bis zum Schluss gearbeitet hatte, zeigte ein sichergestelltes Dokument. In den Akten des Amtes fand sich eine Überwachungsliste vom 19. Oktober 1989, einen Tag nach Honeckers Rücktritt. Das Stasi-Bezirksamt Dresden hatte detailliert Orte, Personen und Objekte in der Operation »Wurm« zu beobachten. Zunächst das Hotel Bellevue, dann eine Reihe von Privatpersonen. Und Besichtigungsziele: die Friedhöfe, Kirchen sowie die Zentrale der LDPD, der Liberal-Demokratischen Partei der DDR, und zum Schluss eine Reise nach Karl-Marx-Stadt. Es waren die Stationen einer Besuchergruppe aus dem Westen. Gereist war eine Delegation der FDP unter Führung von Fraktionschef Wolfgang Mischnick – einst in Dresden geboren. Die alte Heimat schlief nicht.

Die braunen Roten   Januar 1990

Auf einer Tagung des Rates für gegenseitige Wirtschaftshilfe (RGW)
beschließen die sozialistischen Länder die Einführung frei konver-
tierbarer Währungen – und leiten damit das Ende der planwirt-
schaftlichen Wirtschaftsgemeinschaft ein (9. Januar). Hans Modrow
erklärt, dass eine Wiedervereinigung nicht auf der Tagesordnung
stehe (11. Januar). In Leipzig werden die Montagsdemonstrationen
fortgesetzt (8. Januar).

Jahrelang wurden sie totgeschwiegen, weil nicht sein konnte, was nicht sein durfte: Neonazis in der DDR. Jetzt war die Mauer gefallen, und die SED entdeckte die braunen Bataillone als Wahlkampfhilfe. Mit dem Schreckgespenst hofften die Genossen, dem Staatssicherheitsdienst der zerfallenden DDR zu neuer Macht zu verhelfen.

Die deutsch-deutsche Euphorie hatte die Jahreswende gerade noch überstanden. Dann zeigte die Partei mit dem modischen Doppelnamen, dass sie immer noch Herr im Hause war. Schmierereien am sowjetischen Ehrenmal in Berlin-Treptow kamen der alten Staatspartei SED/PDS gerade recht. In der Nacht vom 27. auf den 28. Dezember hatten Unbekannte die Skulpturen tapferer Rotarmisten fein säuberlich mit nationalen und antisowjetischen Parolen beschmiert. Etwas gestelzt hieß es dort: »Sprengt das letzte Völkergefängnis, sprengt die UdSSR!« In alter Manier wurde die Gefahr von rechts hochgejubelt. Statt des eingestürzten antifaschistischen Schutzwalls sollte nun eine innere Mauer gegen die angebliche Bedrohung durch Neonazis und rechte Skinheads errichtet werden. Noch vor den Wahlen wollte die Modrow-Regierung einen Verfassungsschutz einrichten. Im Zuge der Demokratisierung sollte so der alte Geheimdienstapparat unter einem neuen Etikett aus den Ruinen des Ministeriums für Staatssicherheit wieder auferstehen. Ausgerechnet die haupt- und nebenamtlichen Spitzel des geheimdienstlichen Unterdrückungsapparates sollten die neuerkämpfte Demokratie schützen. »So viele Böcke auf einmal hat man noch nie in der Rolle des Gärtners gesehen«, schrieb ich in der Moderation der Sendung, für die gleich fünf *Spiegel-TV*-Mitarbeiter in die DDR gereist waren. Sie hatten sich unter Skinheads und Stasi-Leute gemischt.

Vor dem Ehrenmal in Treptow hatten sich getreue SED-Mitglieder versammelt und riefen im Chor: »Nazis raus!«

Dann trat Gregor Gysi, Mobilmacher der gewendeten SED, ans Mikrophon und beschwor die neue Bedrohung. »Unser Land ist in Gefahr, und zwar von rechts.« Beifall von links. »Wie wollen wir demokratisch wählen, wenn die Neonazis alle Freiräume besetzen?«

Eine gewendete Partei hatte zum bewährten Kurs zurückgefunden – der Einheitsfront gegen rechts. Auch die Lösung für das Problem kam per Sprechchor: »Verfassungsschutz, Verfassungsschutz!«

Die Parteiregie funktionierte wieder. Ein Kind, von der rechten Gefahr und alten Kadern alarmiert, erklärte der Menge: »Wir wenden uns an alle Parteien und Gruppen in unserem Land. Im Besonderen an den Runden Tisch. Wir fordern, dass eine Sicherheitsgruppe gebildet wird, die uns vor nazistischen Gruppen schützt.«

Jugend für die Stasi. Die Parteibasis jubelte, als der Parteinachwuchs fortfuhr: »Dass wir in Ruhe leben können. Dass unsere eigenen Genossen nicht mehr bedroht werden. Denkt bei allen Entscheidungen, die ihr trefft, auch mal an uns Kinder, denn wir sind auch das Volk.«

Beifall begleitete den jungen Pionier als Vorhut auf dem Weg zurück.

Der Jugend hatte sich die SED schon immer zu bedienen gewusst. Genau drei Monate war es her, dass Tausende zum vierzigsten Jahrestag der DDR mit Fackeln vor einer greisen Diktatorenriege paradieren durften. Inzwischen waren die Köpfe gefallen, aber die Methoden wurden nach kurzer Schamfrist reaktiviert.

Zwei Monate lang war das Volk in der Offensive. Seit Anfang Dezember wurde fast überall in der DDR vor den Gebäudekomplexen der Staatssicherheit demonstriert. Man forderte die Auflösung des gigantischen Geheimdienstapparates. Und Akteneinsicht. Vielerorts hatten Bürgerrechtler die Burgen des MfS besetzt. Komitees inspizierten die Spitzelzentralen und animierten Staatsanwälte, die Aktenschränke zu versiegeln, um so die Vernichtung von geheimen Materialien zu verhindern. Der einst allmächtige Geheimdienst samt seiner Wachtruppen schien kapituliert zu haben. Die Akten sollten so lange gesichert bleiben, bis sie von ordentlichen Gerichten begutachtet werden konnten. Kein Geheimdienstler sollte sich aus seiner Verantwortung für vierzig Jahre Schnüffelei und Stasi-Terror stehlen können.

Die *Spiegel-TV*-Reporter begleiteten in Leipzig Bürgerrechtler auf ihrem Marsch durch die Institution Stasi: »Wir gehen jetzt in das Zimmer des Chefs, des Leiters des Objektes. Vorwärts!«

So machte man sich selber Mut. Wenige Tage zuvor hatte man noch vor dem Herrn dieses Hauses gezittert. Die Gruppe tastete sich durch das Labyrinth. Niemand stellte sich ihr in den Weg. So verlief sich die gewaltlose Revolution in den Gängen der geheimen Machtzentrale.

In der Stasi-Hochburg in der Ostberliner Normannenstraße herrschte noch normaler Dienst. Nur die Bezeichnung der Behörde war geändert worden. Aus dem »Ministerium für Staatssicherheit« hatte die Modrow-Regierung das »Amt für nationale Sicherheit« gemacht.

Ein Team von *Spiegel TV* baute sich am Eingang auf und filmte Mitarbeiter auf dem Weg zur geheimdienstlichen Arbeit.

»Glauben Sie, dass die DDR einen Verfassungsschutz braucht?«

»Ja, glaube ich«, antwortete eine Stasi-Mitarbeiterin.

»Warum?«, wollten die Reporter wissen.

»Na, irgendwo muss ja rechtlich festgehalten werden, was die DDRler überhaupt machen dürfen«, sagte die Verfassungsschützerin in spe. »Es muss doch untersucht werden, wer dagegen verstößt. Kann doch nicht jeder machen, was er will. Man sieht doch, was dabei rauskommt.« Dann verschwand sie in ihrer Dienststelle.

Ein anderer Stasi-Mitarbeiter war schon voll auf der Erklärungslinie der Partei: »Es wird bei uns mächtig extrem mit den Neonazis. Und das allein ist schon mal ein Grund, dass wir einen brauchen.«

»Wissen Sie denn Genaueres? Ist das wirklich eine so große Bedrohung?«, fragten die Reporter aus dem Westen nach.

»Genaueres weiß ich nicht, aber wenn man sich mal alles anguckt, mit den Schmierereien, dann muss ich sagen, doch.«

»Glauben Sie denn, der neue Verfassungsschutz sollte mit den alten Leuten arbeiten?«

»Teilweise ja«, meinte der MfS-Mitarbeiter. »Es verfügen viele über Erfahrungen in diesen Sachen, sodass man die Leute schon benötigt.«

Der Reporter hakte nach: »Kann man das denn mit den alten Stasi-Leuten machen? Mit den gleichen Leuten, die vorher hier gearbeitet haben?«

»Das ist eine Frage, die kann man so nicht stellen«, sagte der Geheimdienstler. »Alt heißt nicht schlecht.«

Die Reporter wandten sich einem weiteren Stasi-Mitarbeiter zu: »Sind Sie der Meinung, dass die DDR einen Verfassungsschutz braucht?«

»Ja natürlich. Wir wollen doch weiter in Sicherheit bleiben.«

»Was glauben Sie, wo ist zurzeit die große Bedrohung?«

Der Stasi-Mann dachte einen Moment lang nach. »Na, fragen Sie sich mal selbst, was die große Bedrohung ist und warum wir bisher so sicher waren.«

»Sagen Sie es mir«, beharrte der Reporter.

»Na, überlegen Sie mal selbst«, wehrte der Geheimdienstler ab und ging zu seiner Dienststelle.

Der Reporter fing die nächste Stasi-Mitarbeiterin ab und hielt ihr das Mikrophon hin: »Sollte ein neuer Verfassungsschutz mit den alten Stasi-Mitarbeitern weitergeführt werden?«

»Nein«, antwortete sie. »Ein alter Kopf kann sich nicht um hundertachtzig Grad drehen.«

Strahlend in die Zukunft   Januar 1990

Helmut Kohl beschließt, die Verhandlungen über eine Vertrags-
gemeinschaft erst mit einer neu gewählten DDR-Regierung fort-
zuführen (15. Januar).

Die Euphorie der Jahreswende ließ manche vergessen, dass die DDR
immer noch existierte und dass die SED immer noch die Macht hatte.
Zwar hatten sich demokratische Elemente im real existierenden Sozialismus eingenistet, aber Meinungsfreiheit zu haben und sie auch aus-
üben zu können, war zweierlei.

Das merkte die Opposition in der DDR jeden Tag. Der Staatsunter-
nehmer SED verfügte über neunzig Prozent der Auflagen aller DDR-
Tageszeitungen, über neunzig Prozent der Druckereikapazitäten, über
Nachrichtenagenturen, das Fernsehen, sogar über die einzige Werbe-
agentur des Landes.

Das Volk verfügte nur über die Straße. Aber das war ja schon was.

Wären die DDR-Bürger darauf aus gewesen, gegen jeden Missstand
zu demonstrieren, hätten weder vierundzwanzig Stunden am Tag noch
das Wegenetz der Republik ausgereicht.

Ein Bereich, der bis vor kurzem zu den absoluten Staatsgeheimnissen
gehört hatte, war die Atomindustrie der DDR.

Selbst der westdeutsche Atomfreund und Bundesumweltminister
Klaus Töpfer hatte die Kraftwerke als Bedrohung Mitteleuropas bezeichnet. Mitte Januar 1990 wollte er sie in Augenschein nehmen.
Spiegel-TV-Reporter Georg Mascolo und Kameramann Dieter Herfurth
waren schon vorher da – als erstes Fernsehteam überhaupt.

Besuch im KKW Greifswald und im atomaren Endlager Morsleben.
Annäherung an ein Staatsgeheimnis. In Lubmin an der Ostsee, nahe der
polnischen Grenze und zwanzig Kilometer entfernt von Greifswald,
stand das größte Atomkraftwerk Europas.

Um es noch größer zu machen, baute das vereinigte sozialistische Lager seit zehn Jahren an vier neuen Blöcken. Ziel war eine Anlage mit
einer Leistung von insgesamt rund dreitausend Megawatt – dreimal so
groß wie ein durchschnittliches Westkraftwerk.

Schon vorab hatte das Kombinat den Karl-Marx-Orden verliehen bekommen.

Das Volkseigentum wurde streng bewacht. Die Geheimhaltung hatte Weltniveau. Neuerdings war Westbesuch willkommen. Westhilfe noch mehr. Denn den sozialistischen Kernspaltern wurde zunehmend mulmig. Sie wünschten sich westliche Aufrüstung der sowjetischen Urtechnologie aus den sechziger und siebziger Jahren. Seit Tschernobyl wusste man, dass auf die Atomtechnik der ruhmreichen Sowjetunion nicht immer Verlass war.

Der Betriebsleiter des Kernkraftwerks Greifswald ließ sich bereitwillig befragen: »War das denn für Sie so ein Moment, wo Sie gezweifelt haben an der Kernenergie nach Tschernobyl?«

Nein, gezweifelt habe er nie. »Das ist eine Frage der Entwicklung. Als das erste Flugzeug aufgestiegen ist, die Entwicklung davor, da hat es wahrscheinlich auch sehr viele Menschenopfer – na ja, gegeben. Ich will nicht sagen, dass jede Entwicklung mit entsprechenden Opfern gepflastert ist. Aber das ist ein schmerzhafter Erkenntnisstand damals gewesen, der vielleicht nicht sein musste, aus jetziger Sicht.«

Es gebe sicher Kernkraftwerke mit einem höheren Sicherheitsniveau. »Aber wir haben erst mal dieses.«

Die Reporter durften den Sicherheitsbereich des Kraftwerkes filmen und Interviews mit dem Personal machen.

Ein Mitarbeiter war gerade dabei, den Höhenstandsregler zu überprüfen, der bei Leckagen den Speisewasserbehälter mit neuem Wasser versorgen sollte. Reporter Mascolo erkundigte sich, ob denn auch alles in Ordnung sei.

»Den Umständen entsprechend. Mal geht es, mal funktioniert es nicht.«

Und wenn es mal nicht funktionierte, dann gab es ja immer noch den Not-Aus-Knopf. Gleich nebenan, besonders gesichert, lag das betriebseigene Zwischenlager für abgebrannte Brennelemente.

Im Westen wusste man damals noch nicht wohin mit dem heißen und strahlenden Uran. Und wie bei den westlichen Kollegen wurden die Brennstäbe auch in Greifswald erst einmal gebadet, auf unabsehbare Zeit, denn die Sowjets zeigten sich zunehmend zurückhaltend bei der Abnahme alter Brennelemente.

Ausnahmsweise wurde dem Team ein Blick in den strahlenden Swimmingpool erlaubt. Nur das Wasser schirmte die tödliche Strahlung ab. Die Brennelemente mussten mindestens fünf Jahre abklingen, bis sie überhaupt weitertransportiert werden konnten.

Damit es im Zwischenlager keine Zwischenfälle gab, wurden in der Kontrollwarte Wassertemperatur, Radioaktivität, Funktionsfähigkeit der Pumpen usw. von Mensch und Technik überwacht. Nicht immer vertraute der eine dem anderen.

Ein Techniker meinte: »Wir sind hier nicht auf dem Niveau wie die Kraftwerke in Westeuropa, welche Sicherheitseinrichtungen da vorhanden sind. Es ist nichts aus dem Westen hergekommen. Wir haben bloß immer vom großen Bruder alles übernommen.«

Der Reporter fragte: »Und wenn der Umweltminister diese Woche käme und würde Ihnen sagen, Sie arbeiten hier in einem Reaktor, der eine Gefahr für die Menschheit ist?«

Hilflos schaute der Techniker in die Runde: »Das habe ich bis jetzt noch nicht so empfunden. Ich kann dazu leider nichts sagen, weil ich in die Materie nicht so tief eingedrungen bin.«

Dafür saß bei den staatlichen Planern der Glaube an die Zukunft der Kernenergie umso tiefer.

In gemeinsamer, wenn auch nicht immer koordinierter Anstrengung von Atomexperten der ehemals sozialistischen Bruderländer wurden Bauteile verschiedener Nationalitäten zu einem wackligen Ganzen zusammengefügt. Zu einer im Westen selbstverständlichen Sicherheitskuppel aus Stahl und Beton über dem Reaktorkern, dem sogenannten Containment, konnten sich die Planer damals nicht entschließen – trotz Tschernobyl.

Das wussten in Greifswald auch die Bauarbeiter: »Es gibt hier gar kein richtiges Sicherheits-Containment.«

Ein anderer erklärte dem Westreporter: »Also, die ganzen Decken und die Wände, die sind zwei bis drei Meter stark, aber wenn hier eine Bombe drauf fliegt oder ein Jagdflieger abstürzt ...«

»Da ist ein Jagdflugplatz direkt in der Nähe?«

»Ja. Vier, drei Kilometer weg. Peenemünde.«

»Fliegen die hier öfter rüber?«

»Im Sommer, ja.«

Die Ausführung stand der Planung in nichts nach. Einer der Bauarbeiter wusste aus eigener Anschauung:»Beim Bauen wurden auch Fehler gemacht.«

»Fehler?«

»Ja. Hier wird gepfuscht beim Bauen. Wir haben uns schon manchmal beschwert. Aber solange unser Geld stimmt, kann man sich ja nicht aufregen.«

So war es, wenn Kernenergie und sozialistische Planwirtschaft aufeinandertrafen.

Am Ende des Besuches wurde das Kamerateam auf Radioaktivität untersucht. Zur Sicherheit musste noch geduscht werden. Strahlend sauber ging es dann zum Werksdirektor.

Auch nach der Wende blieb er im Amt. Seine Erklärungen waren systemübergreifend.»Unsere Kernkraftwerke werden sicher betrieben, und es werden alle Maßnahmen eingeleitet, um die Sicherheit zu gewährleisten und auch schrittweise ständig zu erhöhen.«

Das wollte der Interviewer dann doch nicht so stehenlassen:»Der bundesdeutsche Umweltminister nennt Ihre Kraftwerke eine Gefahr für Mitteleuropa.«

»Ja, ich habe davon gehört, dass Herr Töpfer solches geäußert hat«, räumte der Direktor ein.»Ich kann mir im Moment nicht erklären, wie er zu solcher Meinung gekommen ist. Sein Besuch in der DDR steht ja noch bevor. Ich habe bisher nirgends eine solche Wertung gehört. Und ich bin, ich muss das sagen, etwas überrascht von dieser Äußerung Herrn Töpfers.«

Damit die Kernkraft nicht zu einer Gefahr für Mitteleuropa wurde, war so gut es ging vorgesorgt.

In einem Trainingsraum wurde jeder erdenkliche Notfall durchgespielt. Man tat, was man konnte. Ob das bei den alten Blöcken 1 bis 4 in puncto Sicherheit ausreichte, wollte auch der zuständige Chefausbilder nicht beschwören.

»In welchem Maße das anderen Vorstellungen, internationalen Vorstellungen, entspricht, das ist natürlich eine Auffassungssache, da hat jeder eine recht unterschiedliche Meinung. Nun wollten Sie hören, ob die Sicherheit ausreicht?«

»Das würde uns natürlich interessieren.«

»Ich sagte, ich kann eine umfassende Einschätzung aus meiner Sicht nicht abgeben. Da müsste ich an den detaillierten Untersuchungen direkt beteiligt sein, um eine ausreichende, umfassende persönliche Meinung zu haben. Ich bin nicht geneigt, über etwas zu urteilen, was ich nicht genau kenne. Und aus diesem Grunde kann ich also eine solche Antwort nicht geben.«

Nur bei den staatlichen Planern war man um Antworten nie verlegen. Seit zwölf Jahren wurde in der Ortschaft Morsleben direkt an der deutsch-deutschen Grenze bei Helmstedt das schwierigste Problem der Kernenergie gelöst. Die Endlagerung strahlenden Mülls im Salzstock Bartensleben.

Der Hauptstrahlenschutzbeauftragte brachte das Team dorthin.

In fünfhundertzwölf Metern Tiefe waren hier die radioaktiven Reste der DDR-Kernindustrie sowie die von fünfhundert weiteren Benutzern strahlender Technik eingelagert. Insgesamt zwölftausend Kubikmeter seit 1978. Das gesamte Hohlraumvolumen des Schachtes beträgt fünf Millionen Kubikmeter. Viel Raum für viel Atommüll. Ob er dort sicher lagerte, war eine andere Frage.

Bis vor zwei Jahren hatte nicht einmal der Stadtdirektor der westlichen Nachbarstadt Helmstedt von dem Atomlager gewusst, obwohl die Grube direkt im Urstromtal der Aller liegt. Havariert der Salzstock, so könnte der kleine Fluss schnell zu einem Atomstrom werden, der in Richtung Westen fließt.

Das Kamerateam ließ sich mit dem Fahrstuhl in die Tiefe, auf einen Streifzug durch die nuklearen Katakomben des Schachtes Bartensleben bringen. Während des Zweiten Weltkrieges lagerten hier ebenfalls hochexplosive Massenvernichtungsmittel, die Raketenbomben vom Typ V1 und V2.

Der museale Charakter des Schachtes war unübersehbar.

Erste Station der unterirdischen Sightseeing-Tour war die Lagerstätte für Atommüllfässer in einer riesigen unterirdischen Halle.

Schicht für Schicht wurde hier strahlender Schutt gestapelt und anschließend zugeschüttet. Dann füllte man die nächste Grotte. Was später aus den rostenden Tonnen sickerte, ging nur die nächsten Generationen etwas an.

Kein Physiker oder Bauingenieur aus dem Westen durfte vor der Wende die Grube von innen sehen. Westliche Experten konnten nur feststellen, dass Grundwasser aus der Umgebung der Grube direkt auf Helmstedts wichtigsten Grundwasserbrunnen zufloss.

Der Reporter erkundigte sich bei dem Strahlenschutzexperten, der das Team durch die Müllgrube führte:»Wie hoch ist jetzt direkt vor den Fässern die Radioaktivität? Welcher Strahlung sind Sie jetzt ausgesetzt?«

»Das ist unterschiedlich«, erklärte der Führer durch die Unterwelt. »Das kommt auf den Inhalt der Fässer an. Das sind im Prinzip alles niedrig aktive Fässer, aber alle noch mit einem etwas breiteren Spektrum von Strahlung. Wir haben hier an verschiedenen Stellen Schilder stehen, auf denen steht, wie hoch diese Strahlung gerade ist. Danach müssen sich dann die Arbeitskräfte, die Arbeiter, richten.«

Er deutete auf ein Schild:»Das kann man da ablesen. Es ist sicherlich nicht ratsam, so unmittelbar an den Fässern einen ganzen Tag lang zu arbeiten, aber für die kurzen Zeitabstände, die hier notwendig sind, ist das ohne Gefahr möglich.«

Ein paar hundert Meter weiter im weitverzweigten Stollensystem wurde der mittelaktive Atommüll eingelagert. Dort wäre nicht einmal einer der mutigen DDR-Strahlenschutzexperten auf Tuchfühlung mit den strahlenden Abfällen gegangen.

In der sogenannten Versturzanlage wurde der Müll maschinell in Löcher gekippt. Über eine Videokamera konnte man einen Blick ins Innere der nuklearen Grabstätte werfen.

Der Müll würde hier für ein paar tausend Jahre vor sich hinstrahlen. Die Arbeiter fühlten sich trotzdem sicher.»Das kommt daher, weil die Abschirmung und die Technologie eigentlich bisher so weit ausgereift sind. Die Behälter sind eben so weit abgeschirmt, dass keine Strahlung freigesetzt werden kann.« Sozialismus hieß eben auch Vertrauen in die Weisheit der Obrigkeit.

Das Elektronenauge übernahm die Beobachtung da, wo der Mensch beim besten Willen nicht mehr hinkonnte. In der unterirdischen Welt der sozialistischen Endlagerung musste Verlass auf die Technik sein.

In einem abgelegenen Stollen zeigten die Müllwerker, wie sehr sie der Zukunft zugewandt waren. Sie führten das Team in ein Höhlenlabor, wo Versuche zwecks Endlagerung heißer Brennelemente angestellt wurden. Einfache Lösung eines gefährlichen Menschheitsproblems. Plötzlich blinkte eine Warnlampe auf: erhöhte Radioaktivität. An dieser Stelle musste die Besichtigung dieses Betriebsteiles abrupt beendet werden.

Kurz vor Schichtende ging es dann noch auf einen Abstecher zum Lager für leicht strahlende atomare Rückstände.

Alles, was für mehr oder weniger ungefährlich gehalten wurde, durfte hier abgekippt werden. Neben leicht strahlendem Unrat wurde hier auch der Hausmüll der Grubenmannschaft endgelagert. Es sah aus wie an einem Sperrmülltag in der Unterwelt.

Der Reporter fragte: »Woher wissen Sie, wie hoch jetzt die Strahlung ist, dass wir da jetzt so dran langgehen können, ohne dass etwas passiert?«

Der Strahlenexperte war wie immer vertrauensselig: »Dass wir das können, leite ich daraus ab, was für Abfälle hier endgelagert werden dürfen. Nämlich nur nieder-radioaktive Abfälle. Ich gehe davon aus, dass unsere Kollegen sich daran gehalten haben.« Um es genauer zu wissen, könne man die Strahlung ja notfalls messen.

Lenins Devise schien hier nicht zu gelten: »Vertrauen ist gut, Kontrolle ist besser.«

Nur nach außen dringen durfte nichts: »Wir mussten ja unterschreiben, dass wir keinem was sagen. Nicht nur unseren Eltern, nicht einmal meiner Ehefrau habe ich erzählen dürfen, was ich hier mache.«

Insgesamt sei er aber mit dem Job zufrieden. »Sonst würde ich ja was anderes machen.«

Bei Schichtende wurden die Atommüllwerker mit einem aus den fünfziger Jahren stammenden Testgerät auf radioaktive Verseuchung untersucht. Die Kleidung wurde abgegeben und vor der Wäsche sicher zwischengelagert. Es folgte die kollektive Reinwaschung unter der Gruppendusche.

Der Deponieleiter war zufrieden: »Es gibt im Grunde genommen keine besseren Agitatoren für die eigene Sache als die Kollegen, die täglich die Arbeit machen und sich dann in ihren Wohngebieten über das äußern, was sie hier erleben und wie sie die Arbeit befriedigt und wie sicher sie die im Grunde genommen finden. Und in diesem Sinne glaube ich auch, dass unsere Kollegen ja einen gerüttelten Beitrag mit geleistet haben, um eine entsprechende Akzeptanz der Atomenergie in der Bevölkerung zu finden.«

Das sollte sich nach der Wende ändern.

Der »Stasi-Staat« Januar 1990

Der stellvertretende Parteivorsitzende Wolfgang Berghofer verlässt die SED, weil der Parteivorstand sich gegen die Auflösung der Partei entschieden hat (20./21. Januar). Auf einer Krisensitzung in Moskau ist die sowjetische Führung unter Gorbatschow sich einig, dass die DDR nicht zu halten ist. Die Idee einer Vier-plus-zwei-Konferenz entsteht (26. Januar). Ministerialrat Thilo Sarrazin legt im Finanzministerium ein Papier zur Währungsunion vor (29. Januar).

Das Ministerium für Staatssicherheit der DDR hatte 85 000 feste und 109 000 freie Mitarbeiter. Das waren insgesamt knapp 200 000 Spitzel und Hilfsspitzel – fast halb so viel, wie damals die Bundeswehr an Soldaten hatte. Kein Wunder, dass die Abschaffung des Geheimdienstes für die Opposition in der DDR oberste Priorität besaß.

Bürgerkomitees überwachten die Auflösung der Stasi-Stützpunkte und sorgten dafür, dass belastende Unterlagen nicht klammheimlich vernichtet werden konnten. Dabei wurden die Kontrolleure nicht selten an der Nase herumgeführt, denn der Geheimdienstapparat war noch immer aktiv.

Die *Spiegel-TV*-Mitarbeiterin Katrin Klocke hatte aus Kreisen der Bürgerrechtsbewegung den Tipp bekommen, man plane eine Besetzung der Geheimdienstzentrale in der Normannenstraße. Unter strengster Geheimhaltung schickten wir die Reporterin mit einem Kamerateam zum Stasi-Zentrum.

Als sie dort ankam, wurde das Gebäude bereits von Demonstranten belagert. Formvollendet begehrte ein Bürger beim Pförtner Einlass: »Wir möchten gerne einen Arbeitsraum hier drinnen haben für die Auflösung dieses Ministeriums durch das Bürgerkomitee. Können Sie das bitte mal in die Reihe kriegen?«

Die Objekte der Observation von gestern übten sich in der Rolle der Kontrolleure.

Das Wachpersonal hatte die Zeichen der Zeit erkannt:»Hier kommen nur Leute vom Bürgerkomitee DDR rein.«

Das Bürgerkomitee, legitimiert vom Runden Tisch, konnte seine Arbeit aufnehmen.

Doch am Abend erschien das Volk persönlich. Die Oppositionsgruppe Neues Forum hatte zur Demonstration aufgerufen, und Hunderttausend kamen. Für manche war es nicht die erste Begegnung mit der Stasi oder ihrer Technik.

Aber das MfS war längst raus aus seinem Hauptquartier. Als letzte Amtshandlung und unfreundliche Geste wurde das Tor geöffnet. Das Volk konnte einmarschieren. Verwundert schaute man sich in der geheimnisumwitterten Hochburg der Staatskontrolleure um.

Geheimdienstliche Utensilien wurden wie Beutestücke präsentiert. Mit revolutionärem Elan stürmte man ein leeres Treppenhaus im Versorgungstrakt des riesenhaften Stasi-Komplexes. Geschlossene Türen beflügelten die Phantasie.

Ein Supermarkt geheimdienstlicher Spezialitäten wurde entdeckt. Hier hatten die Schnüffler unbeobachtet von der Bevölkerung eingekauft. Geheime Akten waren hier längst nicht mehr zu finden.

Ein geheimdiensteigener Friseursalon wurde von den Besetzern erobert. Hier also hatte sich Agenten frisieren lassen. Eine Fundgrube für Interessierte: Wie rasiert der Stasi-Mann? Wie seift er ein?

Das Kamerateam mit der Reporterin Katrin Klocke war inzwischen vom *Spiegel-TV*-Reporter Georg Mascolo aufgespürt worden. Der hatte etwas zu spät von der Besetzung der Behörde erfahren und war hinterhergeeilt. Jetzt übernahm er, engagiert wie immer, das Team von der Kollegin.

Mit den Bürgerrechtlern durchstreifte er das Mammutgebäude. An einer verschlossenen Tür stoppten die Eindringlinge. Das Stasi-Schloss wurde mit Hammer und Meißel bearbeitet. Ohne Erfolg. Das Ganze sah verdächtig nach Beschäftigungstherapie aus.

Die interessanteren Gebäudekomplexe stießen bei den Besetzern auf wenig Interesse. Reporter und das Kamerateam aber machten sich auf die Suche nach dem Büro des Hausherrn.

Auf einem langen Korridor wurden sie fündig und fragten einen Uniformierten: »Ist das hier ist das Büro von Herrn Mielke gewesen?« »Hier ging es rein.«

Und während sich die Demonstranten an Blechtüren, Propagandabroschüren und wertlosen Akten vergingen, saß der kommissarische Chef des Hauses im konspirativen Dunkel des Mielke-Büros. Das Team von *Spiegel TV* besuchte ihn dort und ließ sich seine neue Aufgabe erklären.

Generalmajor Lothar Engelhardt gab bereitwillig Auskunft: »Meine Aufgabe besteht darin, auf Entscheidung der Regierung dieses Amt aufzulösen und die Geschäfte hier abzuwickeln. Es muss ja Leute geben, die hier bestimmte Sach- und Fachkompetenz haben.«

Georg Mascolo erkundigte sich: »Sie sind auch ehemaliger Angehöriger der Staatssicherheit?«

»Ja, ja, sicherlich. Ich bin hier ausschließlich wegen dieser Aufgabe hierher versetzt worden, aus dem Bezirk Frankfurt/Oder. Aus dem ehemaligen Ministerium gibt es natürlich keine Kader mehr, Führungskader. Wie Sie wissen, Herr Mielke sitzt, alle anderen sind entlassen. Und einer muss, sagen wir mal, die Konkursmasse verwalten. Und das bin ich.«

In einem anderen Gebäudeteil hatten Bürgerrechtler inzwischen einen Bereich entdeckt, der entfernt an geheimdienstliche Aktivitäten erinnerte, eine Observationszentrale für das Hauptquartier des Ministeriums für Staatssicherheit. Von hier aus hatten die Geheimdienstler sich selbst überwacht.

»Den Sozialismus in seinem Lauf hält weder Ochs noch Esel auf.« Ein Dichterwort des Genossen Erich Honecker, ausgesprochen von einem Bürgerrechtler über die Mikrophonanlage im großen Vortragssaal der Stasi.

Währenddessen erklärte der Konkursverwalter des MfS, Generalmajor Engelhardt, dem *Spiegel-TV*-Team die Probleme seines Geheimdienstes: »Es gibt bei unseren Menschen sehr wenige Kenntnisse über dieses Organ, aber das kann man den Menschen nicht zum Vorwurf machen, das müssen wir uns zum Vorwurf machen, weil wir aufgrund der Befehlslage einfach keine Möglichkeiten hatten, uns transparenter zu machen.«

Mittlerweile blickten auch einige Demonstranten durch. Angelockt durch einen Lichtschimmer, entdeckten sie die Nachrichtenzentrale des Geheimdienstkomplexes. Freundliche Stasi-Techniker übernahmen die Führung.

»Was ist das hier?«, fragte ein interessierter Bürgerrechtler.

»Das ist der zentrale Netzraum.«

Skeptisch fragte der Besetzer nach: »Bürger haben draußen gesagt, von hier wäre auch abgehört worden.«

»Nein«, wehrte der Geheimdienstler ab. »Also, das kann ich hundertprozentig hier sagen, dass also in diesem Gebäude hier keine Abhörzentralen irgendwo existieren.«

Dabei war die Telefonzentrale des stillgelegten Geheimdienstes deutlich hörbar in voller Aktion. Schalter klickten, Verbindungen wurden automatisch vermittelt. Das geheime Leben ging weiter.

Ein Stasi-Mitarbeiter offenbarte sich den Amtsbesetzern: »Ich bereue nichts. Ich bin sechzehn Jahre dabei. Und insofern habe ich mir auch nichts vorzuwerfen. Sicherlich wird man sich auch in der Zukunft in vielen Fragen neue Gedanken machen müssen, um nicht als Wendehals oder sonst jemand hier abgestempelt zu werden.«

Ein Kollege meinte: »Es ist schwer, nach mehreren Jahrzehnten Arbeit hier alles aufzugeben. Man hängt ja auch dran. Das ist normal.«

»Wie lange haben Sie hier gearbeitet?«

»Über zwanzig Jahre.«

Im Büro des Stasi-Chefs Mielke ging das Gespräch mit dessen Nachfolger weiter. Inzwischen waren einige Bürgerrechtler dazugekommen. Sie hatten das Geheimdiensthauptquartier schon einmal von innen gesehen: »Wir waren ja noch das letzte Mal im Juni hier drin, aber in Haft.«

Überrascht fragte der Reporter nach: »Wann wart ihr das letzte Mal hier drin?«

»Ich bin das erste Mal hier, ich glaube, 1976 in Haft gewesen. Und das letzte Mal im Juni dieses Jahres nach einer Demonstration im Zusammenhang mit dem Wahlbetrug.«

Der Reporter war überrascht: »Weshalb? Wer sind Sie?« Er wandte sich an den zweiten Bürgerrechtler im Büro des Stasi-Chefs:»Und Sie waren auch mal in Haft hier?«

Der Oppositionelle wehrte ab:»Ich hatte immer in anderen Teilen des Gebäudes zu tun, sagen wir mal so.«

Sein Mitstreiter erklärte:»Also, in dem Gebäude haben wir nicht gesessen. Wir haben gegenüber gesessen, das gehört mit zu dem Komplex. Dort gibt es einen speziellen Barackenbereich, wo also auch Gruppenvernehmungen durchgeführt wurden. Das ist jetzt nicht in diesem Komplex, sondern auch außerhalb. Das Ganze dürfte ja hier beinahe ein Kilometer mal ein Kilometer sein.«

Der neue Stasi-Chef mischte sich ein, ganz auf der neuen Linie, aber immer noch im eingeübten Bürokratendeutsch:»Ich muss Sie hier dahingehend aufmerksam machen: Es gab in diesem Ministerium eine Befehlslage. Ich unterstand der ausdrücklichen Befehlsgewalt des Ministers. Und ich hab Befehle und Weisungen des Ministers durchgeführt, von denen ich mich natürlich, oder zumindest von einigen, die sich insbesondere mit den Andersdenkenden beschäftigten, natürlich aus meiner heutigen Sicht voll distanziere.«

Kurz vor Mitternacht war die Invasion beendet. Stasi-Aktenbestände flatterten auf die Straße. Eine revolutionäre Konfettiparade. Das Stasi-Gebäude stand noch, der Geheimdienst konnte zufrieden sein.

Das Ministerium für Staatssicherheit war genauso alt wie die DDR. Schild und Schwert der Partei sollte der Geheimdienst sein, ein Ausführungsorgan der sozialistischen Einparteienherrschaft. Jetzt in der Wendezeit war die Stasi von SED-Strategen praktisch zum Abschuss freigegeben. Der Zorn des Volkes sollte gegen die Geheimdienstler gerichtet werden, die praktisch einen Staat im Staate DDR gebildet hatten. Mielke und seinen Mannen, dazu der Greisenriege um Honecker, sollte die gesamte Schuld am Desaster DDR in die Schuhe geschoben werden.

Derweil bereitete sich die zweite Ebene der Einheitspartei darauf vor, wenigstens Teile ihrer Macht in die neue Zeit hinüberzuretten. Dabei war die Stasi unverzichtbar. So fanden sich in allen gewendeten oder neu gegründeten Parteien an der Spitze Inoffizielle Mitarbeiter des Ministeriums für Staatssicherheit. Doch ohne die Rückendeckung aus

Moskau war auch ihre politische Zukunft – und damit die der DDR – höchst unsicher.

Von Anfang an beruhte die gesamte staatliche Autorität in der DDR auf geliehener Macht. Nur die Sowjetunion garantierte Eigenstaatlichkeit und die Parteiherrschaft der SED. Schon vor der Gründung der DDR hatten sowjetische KGB-Offiziere in der von ihnen beherrschten Zone einen neuen deutschen Geheimdienst aufgebaut.

Der Staatssicherheitsdienst war aus zwei Vorläufern gebildet worden: dem politischen Kommissariat K 5 und dem Ausschuss zum Schutze des Volkseigentums. Erster Minister für Staatssicherheit wurde 1950 Wilhelm Zaisser.

Nach dem Aufstand vom 17. Juni löste ihn Ernst Wollweber ab. Doch schon 1957 übernahm ein Mann die Macht, der von Anfang an dabei gewesen war: Erich Mielke. Geheimdienst und Justizterror in den frühen Jahren der DDR sind untrennbar mit seinem Namen verbunden. Angst sollte den Staat regieren. Deshalb wurden Schauprozesse gegen angebliche Westagenten geführt und in Propagandafilmen der Bevölkerung zur Einschüchterung vorgeführt.

»Im Namen des Volkes ergeht das folgende Urteil: Wegen Verbrechens gegen Artikel 6 der Verfassung der Deutschen Demokratischen Republik werden verurteilt: Der Angeklagte Lehmann zum Tode.«

»Van Ackern zu lebenslänglich Zuchthaus. Koch zum Tode. Eich zu lebenslänglich Zuchthaus. Schneising zwölf Jahre Zuchthaus. Baumgart fünfzehn Jahre Zuchthaus. Schominsky fünfzehn Jahre Zuchthaus.«

»Es gilt heute, den Agentenzentralen des Westens ihr verbrecherisches Handwerk zu legen, ihnen eine verstärkte Massenwachsamkeit entgegenzustellen, unsere Staatsorgane bei der Sicherung und beim Schutz unseres friedlichen Lebens zu unterstützen.«

Nach militärischem Muster organisiert, unterhielt das Ministerium für Staatssicherheit nebenbei noch eine eigene Armeeeinheit: das Wachregiment Feliks Dzierzynski, 1967 benannt nach dem Leiter des sowjetischen Geheimdienstes Tscheka, des späteren KGB. Das Wachbataillon wuchs im Laufe der Jahre auf eine Stärke von achtzehntausend Mann. Eine Eliteeinheit unter dem persönlichen Befehl des Stasi-Generals Erich Mielke, der ständig an die Kampfbereitschaft seiner Sondertruppe appellierte und sie auf die ruhmreiche Geschichte des sowjetischen Geheimdienstes einschwor. Immer, wenn es galt, die Errungenschaften des Sozialismus zu sichern, seien die Tschekisten zur Stelle gewesen. »Dort gab es keine Zweifel und keine Gnade. Diese große und entscheidende Lehre aus dem Kampf der Bolschewiki und der Tscheka haben die deutschen Kommunisten und die deutschen Tschekisten nicht vergessen und werden sie niemals vergessen. Es erfüllt uns deshalb mit besonderem Stolz, die Verleihung des Namens Feliks Edmundowitsch Dzierzynski an das Wachregiment Berlin des Ministeriums für Staatssicherheit am Vorabend des fünfzigsten Jahrestages der Gründung der Tscheka vornehmen zu können.«

Gut zwanzig Jahre später war Mielke in seiner eigenen Partei in die Defensive geraten. In der Volkskammer, dem Parlament der DDR, hatte er im November 1989 seinen letzten großen Auftritt. Nur mühsam konnte er sich durch die lauten Missfallenskundgebungen der Parteigenossen Gehör verschaffen.

»Wir haben, Genossen, liebe Abgeordnete, einen außerordentlich hohen Kontakt mit allen werktätigen Menschen, in überall, ja, wir haben einen Kontakt, ja, wir haben einen Kontakt, ihr werdet gleich hören, ihr werdet gleich hören, warum. Ich liebe, ich liebe doch alle! Alle Menschen! Na, ich liebe doch, ich setze mich doch dafür ein …«

So schaffte es Mielke, sich mit seinem letzten Auftritt ein Denkmal zu setzen: »Ich liebe euch doch alle …«

Wie sehr sich das Amt des liebenden Genossen Mielke für die Belange des Volkes interessierte, wurde erst jetzt Schritt für Schritt deutlich.

Ein Kamerateam von *Spiegel TV* durfte im Hauptpostamt Berlin-Ost drehen. So wie in allen größeren Postämtern der DDR verfügte die Staatssicherheit auch hier über eigene geheime Kontrollräume.

Ein Mitarbeiter zeigte der Reporterin Christiane Meier den Weg: »Ja, das ist also der Eingang zu den Räumen, die das ehemalige Ministerium für Staatssicherheit genutzt hat. Mitarbeiter des Hauptpostamtes oder der Deutschen Post überhaupt haben diese Räume nie betreten.«

In drei Schichten rund um die Uhr saßen hier Hunderte von Stasi-Beamten und öffneten über Wasserdampf die Briefe ihrer Untertanen.

»Man konnte es vielleicht ahnen, aber gewusst hat keiner was«, meinte der Mann von der Post.

»Ist denn jeder einzelne Brief, der durch Ihr Postamt gegangen ist, hier durchgelaufen?«

»Im Prinzip eigentlich ja.«

Bisher waren in Ostberlin nur die Ereignisse vom 7. und 8. Oktober untersucht worden, als Stasi und Volkspolizei Demonstranten niedergeknüppelt hatten. Die Routinearbeit des Geheimdienstes stand noch nicht auf der Tagesordnung.

Doch immer wieder wurde die neue Führungsmannschaft der DDR, die gerade seit vierundvierzig Tagen im Amt war, nach den Verantwortlichkeiten im geheimen Machtapparat der SED befragt – und immer lief es auf zwei Personen hinaus.

Selbst Egon Krenz schob alles auf die Alten: »Die Befehlslinie war eindeutig. Es war immer die Befehlslinie Erich Honecker – Erich Mielke, und die offizielle Informationslinie war auch immer die von Erich Mielke zurück an Erich Honecker. Ich kann mich an mehrere Besprechungen erinnern, wo gerade dieses Prinzip von Erich Mielke immer wieder betont und unterstrichen worden ist.«

Der Sozialismus als Zweimannbetrieb. Zu ihrer persönlichen Rolle im Räderwerk des organisierten Staatsterrors wollten sich die ehemaligen SED-Strategen auch nach der Wende nicht bekennen, höchstens ganz allgemein und eher philosophisch.

»Das gemeinsame Anliegen«, meinte Krenz, »bestand natürlich darin, den Sozialismus nach der damaligen Vorstellung in diesem Lande zu sichern. Das war das gemeinsame Anliegen der Partei, des Staates und als Teil des Staates natürlich auch der Staatssicherheitsdienst.«

Der Sicherheitsapparat habe natürlich von Anfang an das Konzept gehabt, »möglichst flächendeckend zu wirken«. Das war die Funktion dieser Institution gewesen. »In welchem Maße danach die Sache noch flächendeckender ausgebaut wurde, das korrespondiert ja alles mit politischen Entwicklungen. In dem Augenblick, wo sich die Widersprüche im Land verschärfen, wo Proteste laut werden, werden natürlich solche Sicherheitsapparate quasi gesetzmäßig sich immer intensiver etablieren und meinetwegen auch extensivieren.«

Die extensive Bespitzelung eines ganzen Volkes war bezirksweise

organisiert. So gab es allein in Ostberlin neben dem gigantischen Ministerium für Staatssicherheit auch noch die Stasi-Bezirksverwaltung mit
zweitausendfünfhundert Mitarbeitern.

Auch dieser Komplex wurde unter Aufsicht von Staatsanwälten und
Bürgerkomitees aufgelöst. Die materielle Stasi-Erbschaft aus Büromö-
beln wanderte auf den Müll oder als mildtätige Spende an andere Behörden. Und bei den Aufräumarbeiten entwirrte sich Stück für Stück
das geheime Spitzelnetz der Staatssicherheit.

Ein Land, in dem das öffentliche Telefonsystem nur mühsam funktionierte, leistete sich bei der Lauscharbeit erhebliche Überkapazitäten.

Reporter von *Spiegel TV* filmten ein Schaltzentrum, in dem Telefon-
leitungen angezapft und in die eigentliche Abhörzentrale Johannistal
umgeschaltet worden waren.

Einen Tag nach der Abrüstung gab der Militärstaatsanwalt die Räume
zur Besichtigung frei: »Hier war einer der Abhörstützpunkte. Insgesamt gab es sechs in Berlin. Die Kapazität war aber in Gesamtberlin auf
tausend Teilnehmer ausgerichtet. Soweit wir das hier mitgekriegt haben, waren Überkapazitäten vorhanden.«

Aus personellen Gründen konnten nur zweihundertfünfzig Gespräche
gleichzeitig abgehört werden. Bei sechs solchen Ämtern, allein in Berlin,
kamen so täglich mehrere zehntausend abgehörte Telefonate zusammen.

Auch das Waffenlager durfte besichtigt werden. »Bitte, wir haben
nichts zu verbergen. Sie können gehen.«

Einen Tag nach der Räumung war die Öffentlichkeit willkommen.
»Die deutsche Volkspolizei hat sämtliche Bestände übernommen. Es
wurde ordnungsgemäß übergeben und übernommen laut den Einnahme-
und Ausgabebelegen. Und das Ergebnis sind die geleerten Räume. Die
Herren vom Bürgerkomitee sind seinerzeit mit den einzelnen Transpor-
ten mitgefahren und haben sich von der Verbringung der entsprechenden Bewaffnung und der Munition überzeugt.«

Das Bürgerkomitee hatte die Kammer kurz vor dem Abtransport der
Waffen fotografiert. Eine Bestandsaufnahme beim gesamten Staatssicherheitsdienst der DDR ergab 124 593 Pistolen, 76 592 Maschinenpistolen
und Gewehre sowie Panzer und Flugabwehrgeräte. Eine Armee außerhalb der Armee – ein bewaffneter Staat im Staate.

Viel zu tun für die Bürgerkomitees. Berlin, Rotes Rathaus, Freitag früh. Der Grüne Tisch tagte. Nach einer Vereinbarung zwischen Opposition und DDR-Regierung kontrollierten Bürgerkomitees gemeinsam mit zivilen und Militärstaatsanwälten die Auflösung der einzelnen Stasi-Stützpunkte.

An diesem Tag waren von insgesamt sechshundert im Computer aufgelisteten Objekten in Berlin hundertzwanzig zur Begutachtung ausgewählt worden. Arbeitsgruppen wurden gebildet. Entweder ein ziviler oder ein Militärstaatsanwalt verlieh den Bürgerkomitees bei ihren Stasi-Kontrollen die notwendige Autorität. Das nötige Fachwissen konnten sie ihnen nicht vermitteln. So standen die Geheimdienstkontrolleure bei passivem Widerstand ihrer Kontrollobjekte oft auf verlorenem Posten.

Ein Beispiel war das Stasi-Verwaltungszentrum in Berlin-Hohenschönhausen. Hier war noch alles beim Alten.

Ein *Spiegel-TV*-Reporter erkundigte sich:»Sind Sie denn noch bewaffnet?«

Der Wachposten war erstaunt:»Bewaffnet? Ich bin Waffenträger, ja, klar.«

»Aber die Waffen sollten doch alle abgezogen werden?«

»Ja, klar sind die abgezogen.«

»Aber Sie haben doch auch noch eine.«

»Ja, klar, habe ich eine Waffe bei mir. Warum soll ich keine haben?«

»Ich dachte, die Waffen sollten alle weg.«

»Ja, die Waffen kommen auch weg.«

»Aber Sie sind noch nicht entwaffnet, das ganze Wachregiment?«

»Warum sollten wir entwaffnet sein?«

»Ja, offiziell sollte das doch so sein.«

»Ich wüsste nicht, worauf Sie jetzt rauswollen. Aber das ist immerhin noch eine militärische Einheit. Zu einer militärischen Einheit, dazu gehört auch eine Waffe, würde ich zumindest sagen. Ich weiß nicht, wie Sie das sehen. Aber das ist meine Meinung, und dabei bleibe ich auch.«

Nach Anordnung der Regierung Modrow sollten alle Stasi-Mitarbeiter schon seit Wochen entwaffnet sein.

Das Bürgerkomitee wollte das berüchtigte Stasi-Gefängnis Berlin-Hohenschönhausen besichtigen. Ein Kamerateam war dabei. Doch als man drin war, wusste man nicht, was man dort eigentlich wollte.

Dann machte man sich auf die Suche nach der Nachrichtenzentrale. Die Bürgerkontrolle irrte in Begleitung eines Stasi-Beamten durch die Flure.»Wo ist denn die Nachrichtenzentrale?«

Der Geheimdienstler zuckte mit den Schultern:»Sie fragen mich zu viel. Ich weiß es in der Tat nicht.«

Dann fand man zumindest eine verschlossene Tür. Ein Hausmechaniker wurde gerufen und öffnete das Schloss. Dahinter allerhand Technik und eine weitere Tür.

Schließlich gelang es einem technisch versierten Mitglied des Bürgerkomitees, die geheimnisvolle Tür mittels eines Schraubenziehers und seines eigenen Haustürschlüssels zu öffnen. Man besichtigte das geheimnisvolle Büro und stieß – neben Topfpflanzen – auf einen Computer.

Eine Mülltüte wurde inspiziert – und tatsächlich fanden sich zerrissene Papiere. Doch auch eine Rekonstruktion ergab wenig Erhellendes. Die Frustration der Bürgerkontrolleure stieg.»Es dauert und dauert und dauert, das geht den ganzen Tag.«

Den Vorwurf der Hinhaltetaktik wollte man auf Stasi-Seite nicht stehenlassen.

»Schauen Sie mal, jetzt ist es 17.00 Uhr. Seit wann sind Sie hier?«

»Seit halb zwei.«

»Wir haben ja in der Zeit ständig telefoniert mit dem Runden Tisch und so weiter.«

»Ja, wir haben ja die Anrufe gekriegt.«

»Das habe ich doch nicht veranlasst«, erwiderte der Stasi-Mann.»Das ist ein völliges Missverständnis. Ich bitte darum, das auch so aufzufassen. Es will Sie keiner in Ihrer Arbeit behindern.«

Ein Abstecher in die Provinz. Frankfurt an der Oder. Das Bezirksamt des Staatssicherheitsdienstes stand schon seit Wochen und als eines der ersten in der Republik unter der Verwaltung eines Bürgerkomitees.

Die Aktenräume waren versiegelt, und die Bürger achteten darauf, dass niemand Dokumente vernichtete. Auf die Dauer eine eher ermüdende Tätigkeit.

Wenig Abwechslung bot auch die Besichtigung des sogenannten Traditionszimmers der Geheimdienstfiliale. Stasi-Kitsch zeugte dort von der ruhmreichen Vergangenheit der Schnüffelbehörde.

Hier hingen auch die Porträts der führenden örtlichen Stasi-Köpfe der vergangenen vierzig Jahre. Der letzte von ihnen, Generalmajor Engelhardt, löste gerade in Berlin das MfS auf.

Rückblick.

Die Stasi-Bezirksverwaltung Frankfurt/Oder hatte zweitausenddreihundert Mitarbeiter. Beruhigend erklärte der Geheimdienstler, dass darunter natürlich nicht nur operative Mitarbeiter gewesen seien, sondern auch Sekretärinnen.»In etwa, ich möchte das vorsichtig ausdrücken, zehn Prozent dieses Mitarbeiterbestandes haben sich mit Andersdenkenden, nennen wir es so, beschäftigt.«

»Wie viel Andersdenkende hat jeder Mitarbeiter sozusagen geführt, kann man das so ungefähr sagen?«, wollte der Reporter wissen.

»Nein, das kann man nicht sagen. Es gab – wie Sie wissen – eine spezielle Abteilung, die sich mit dieser Problematik beschäftigt hat, die Abteilung XX. Und die hatte in Frankfurt/Oder um die fünfzig Mitarbeiter.«

So wurde jetzt schon an Legenden gestrickt. Etwa an der, dass die Stasi sich primär um Faschisten gekümmert und nicht die eigenen Bürger verfolgt habe.

Dabei saßen in den Zellen der Stasi-Gefängnisse in Frankfurt und anderswo fast ausschließlich Andersdenkende, deren einzige Verbrechen das Verteilen von Flugblättern, Ausreiseversuche oder auch nur allzu intensive Westkontakte waren.

Wie viele Bürger in den Zellen der Stasi-Gefängnisse einsaßen, wie lange, warum und wie sie behandelt wurden, darüber konnten nicht einmal Schätzungen abgegeben werden. Der Terror war allgegenwärtig – und allgegenwärtig war die Angst.

Ein Beispiel nur aus Frankfurt an der Oder. Der Fall Horst Lademann, zwanzig Jahre SED-Mitglied und Direktor einer volkseigenen Metallbaufirma. Er wurde beschuldigt, seine Firma durch Misswirtschaft geschädigt und zu viele Westkontakte unterhalten zu haben. Nach eineinhalb Jahren Stasi-Haft legte er ein falsches Geständnis ab.

Dem *Spiegel-TV*-Team schilderte er seine Erfahrungen:»Wenn man denn in so einem Mehrzweckraum, so einer Zelle von zehn Quadratmetern, mit zwei Personen, ohne Licht, Luft und Sonne dort eingesperrt ist elf Monate lang, außer am Wochenende täglich von früh bis abends verhört wird, sich permanenten Unterstellungen widersetzen muss und dann gesagt kriegt nach einem Vierteljahr: Merken Sie sich mal eins, länger als sechs Monate hat das hier gesundheitlich noch keiner durchgestanden, und als diese sechs Monate dann überschritten waren, gesagt wurde: Für Sie ist es Ihr Leben, und für uns ist es unser Beruf, und wenn Sie nicht zu den Aussagen kommen, die wir von Ihnen erwarten, dann verdoppelt sich eben die U-Haftzeit für Sie, dann hat das schon an und für sich eine recht ausreichende psychologische Wirkung. Dann braucht man nicht zusätzlich geprügelt werden.«

Die Welt des Staatssicherheitsdienstes. Ein Imperium für sich – von den Folterkellern bis zur Zuchtanstalt für Parteiblumen.

Die Reporter befragten den Gärtner des Dienstes über geheimdienstliche Vorlieben: »Farben wurden nicht gefordert. Aber es war lediglich so, dass natürlich rote Nelken, wie es bei uns üblich war, bevorzugt wurden. Bei Auszeichnungen und bestimmten Anlässen. Die rote Nelke hatte Symbolwert. Und die wurde natürlich gewünscht. War gar nicht so im Sinne der Gärtner, weil die rote Nelke ja doch ein bisschen tot ist.«

Die Stasi-Gärtner hatten sich schon umgestellt. Rote Nelken – ein auslaufendes Modell.

Die Kinder von Espenhain – Expedition in den schmutzigsten Ort der Republik   Januar/Februar 1990

Hans Modrow wirbt mit seinem Konzept »Deutschland – einig Vaterland« bei Gorbatschow für eine Annäherung der beiden deutschen Staaten bei militärischer Neutralität. Nach seiner Rückkehr präsentiert er überraschend einen Vierstufenplan zur Bildung einer Konföderation beider deutscher Staaten (1. Februar). Finanzminister Theo Waigel schlägt daraufhin die Einführung der D-Mark in der DDR vor (2. Februar).

Jeden Tag zogen graue Abgaswolken über ihre Häuser hinweg, und es regnete schwarz-braune Asche. Zurück blieben lungen- und hautkranke Kinder. Alle im Ort wussten, woher der Wind wehte, aber es änderte sich nichts. Denn ohne die nahegelegene Dreckschleuder wären sie zwar gesund, aber auch arbeitslos.

Die *Spiegel-TV*-Reporterin Katrin Klocke hatte sich Ende Januar 1990 an einem klaren Wintertag ins sächsische Industrierevier südlich von Leipzig aufgemacht. Gemächlich trieb der Wind die Abgasschwaden des volkseigenen Betriebes Braunkohleveredelung auf das Dorf Espenhain zu. Es war der dreckigste Ort der Republik. Jeden Morgen kehrte dort ein polnischer Arbeiter vor dem Kindergarten den Niederschlag der Nacht zusammen. Schwarz-braune Asche, vom schmutziggrauen Schnee kaum verdeckt.

Eintausendsechshundert Einwohner lebten hier in einem Gebiet, das die Uno-Umweltkommission schon Jahre zuvor für eigentlich unbewohnbar erklärt hatte. Und Espenhain wurde immer mehr zum Geisterdorf. Schon jetzt stand jedes dritte Haus leer. Die Menschen flohen vor den Emissionen der Schornsteine in ihrer Nachbarschaft. Täglich gingen zwanzig Tonnen Schwefeldioxid und vier Tonnen Schwefelwasserstoff auf den verkommenen Ort nieder. Und es waren die Espenhainer selbst, die den Verfall ihres Dorfes beschleunigen halfen. Fast alle arbeiteten in der Kohle.

Saubere Industrie gab es in dieser Gegend nicht. Im VEB Braunkohleveredelung Espenhain brannten die Öfen vierundzwanzig Stunden am Tag. Ein Jahr zuvor durfte das Werk fünfzigjähriges Jubiläum feiern.

Vierzig Jahre Volkseigentum hatten den Betrieb geprägt. Eine sächsische Industriehölle. Museumsreif. Doch nach wie vor mit Volldampf im Dauerbetrieb. Das allmächtige Plansoll vor Augen, wurde die Anlage jahrzehntelang auf Verschleiß gefahren. Für Umweltschutz war da weder Geld noch Zeit. Und auch nicht für die Opfer dieser schrottreifen Technik.

Man nannte sie die Gaskinder. Das Kamerateam filmte den zweijährigen Matthias. Die Espenhainer Luft hatte seine Haut regelrecht verätzt. Seit frühester Kindheit war er Dauerpatient der Universitätsklinik von Leipzig. Doch in der DDR war seine Krankheit nicht zu heilen.

Die Erzieherin der örtlichen Kinderkrippe konnte ihm nur helfen, die Symptome zu lindern, mit einer Feuchtigkeitscreme gegen den Juckreiz. »Wir fangen früh um sechs hier an und erleben das oft, dass es nachts so geschüttet hat, dass wir sagen, heute haben sie wieder alle Register gezogen«, erzählte sie. »Da sind sie dann in der Brikettfabrik ohne Schieber gefahren, so nennt man das. Und da kann man ja schon mit dem Handfeger den Dreck wegfegen. Und wenn der Wind ungünstig ist, dann wird es auch hier noch dreckig. Wir müssen in der Frühe erst mal durchwischen, sonst sind unsere Kinder nach einer Stunde schmutzig.«

Ein Umzug, weg von Espenhain, hätte Matthias vielleicht noch helfen können. Doch seine Eltern hatten ihren Arbeitsplatz in der Brikettfabrik. Und so blieben sie hier an einem Ort, in dem ein Drittel aller Kinder unter Hautkrankheiten zu leiden hatte.

Jetzt in der Wendezeit begann man sich Gedanken über die Umwelt zu machen.

»Wir hätten uns schon viel eher dafür interessieren müssen und uns ins Zeug legen müssen, damit sich was ändert«, meinte die Erzieherin. »Aber an wen sollten wir uns wenden? Wenn man hier in der Kinderkrippe einen hohen Krankenstand hatte, da wurde uns noch die Prämie abgezogen. Wir konnten nichts machen.«

Schon Anfang der siebziger Jahre sollte die veraltete Technologie der Kohleverschwelung in Espenhain abgelöst werden. Doch die staatliche Plankommission entschied anders. Der marode Gigant qualmte weiter.

An manchen Tagen wurde es gar nicht erst hell in dieser sächsischen Tristesse. Die Menschen trauten sich nicht auf die Straße. Fenster und

Türen blieben geschlossen. Ein beißender Gestank lag in der Luft. Die Sicht war gleich null. Südwind. Schlechte Zeiten für die Gaskinder.

Die sieben Kinder der Familie Krautkrämer litten alle unter einer Erkrankung der Atemwege. Husten, Bronchitis, Pseudokrupp. Jahrelang schwiegen die Ärzte über die Ursachen der Krankheit.

Die Mutter: »Man kann es genau spüren, wenn der Wind dreht, und wir bekommen alles ab, ist eigentlich am nächsten Tag das Wartezimmer voll bei der Ärztin. Alle denselben Husten, Ohrenschmerzen. Da braucht eigentlich niemand mehr was zu sagen. Wir haben alles Mögliche versucht – ans Werk ranzugehen, die Gemeinde einzuschalten, die Umweltgottesdienste sind in Gang gekommen. Aber es durfte ja nicht mal gesagt werden, dass es Umweltschäden sind.«

Die Lebenserwartung in Espenhain lag sieben Jahre unter dem DDR-Durchschnitt.

Der rote Meiler   Februar 1990

Vom schmutzigsten Ort der Republik ging es zum gefährlichsten Ort der DDR. Das Kernkraftwerk Greifswald war 1976 nur knapp einem GAU entgangen. Erst jetzt in der Wendezeit wurde das bekannt. Durch einen Turbinenbrand im Block 1 waren alle Hauptumwälzpumpen ausgefallen. Die Notkühlpumpen hatten ebenfalls versagt, bis auf eine. Sie bekam ihren Strom durch Zufall aus Block 2. Nur weil diese Pumpe durchhielt, konnte eine Kernschmelze gerade noch verhindert werden.

Bis dahin geheime Protokolle, die *Spiegel*-TV-Reporter einsehen konnten, bewiesen, wie lange die Zeitbombe Greifswald schon tickte.

Erstmals forderten jetzt auch die Mitarbeiter die einzig mögliche Konsequenz: abschalten.

Georg Mascolo und Cassian von Salomon waren zum zweiten Mal nach Greifswald gefahren und erzählten die Geschichte des nuklearen Abenteuers an der Ostsee. Eine alte DDR-Wochenschau eröffnete den Film.

Die FDJ hatte mitgebaut. Die Jugend der DDR für eine junge Technik. Lubmin bei Greifswald an der Ostsee, 1973: Der erste Block des Atomkraftwerkes »Bruno Leuschner« ging ans Netz.

Ministerpräsident Willi Stoph – inzwischen im Gefängnis – hatte das Startsignal gegeben: »Hiermit erteile ich an den Schichtleiter, Genossen Hans-Dieter Wulf, den Befehl, die Inbetriebnahmehandlung durchzuführen.«

Ein Befehl mit unabsehbaren Folgen. An diesem Tag nahm ein Atomkraftwerk seinen Betrieb auf, das jederzeit hätte in die Luft fliegen können.

Der Genosse Schichtleiter meldete: »Nukleare Dampferzeugungsanlage bereit zur Aufnahme des Leistungsbetriebes.«

Noch stand er, der sozialistische Leistungsbetrieb. Doch das war reine Glückssache. Fast wäre es drei Jahr später zur Kernschmelze gekommen, Modell Tschernobyl. Doch das war nicht der einzige höchst gefährliche Zwischenfall im Meiler Greifswald.

Der Leiter erklärte den *Spiegel-TV*-Reportern: »Die Anzahl der unplanmäßigen Ereignisse ist hoch. Das hängt damit zusammen, dass die Anlage sehr lange schon für ein Kernkraftwerk in Betrieb ist und dass wir dringend rekonstruieren müssen. Wir haben entsprechende Vorbereitungsarbeiten schon durchgeführt und werden diese Rekonstruktionen in den nächsten Jahren sehr intensiv realisieren müssen.«

Als 1986 das sowjetische Atomkraftwerk Tschernobyl explodierte und weite Teile der Sowjetunion und Mitteleuropas verseuchte, wurden im Greifswalder Kernkraftwerk notdürftige Reparaturen vorgenommen. Dennoch nannten Eingeweihte das AKW eine nukleare Zeitbombe, »Tschernobyl Nord«. Unter welchen haarsträubenden Bedingungen das marode Riesenkraftwerk am Netz gehalten wurde, kam erst jetzt ans Licht. Jahrelang wurden schwerste Störfälle vertuscht. Nicht einmal die im Betrieb arbeitenden Techniker wurden darüber unterrichtet, auf welchem Sprengsatz sie arbeiteten.

Störfallberichte wurden streng geheim gehalten. Jetzt lagen die offiziellen Mängelberichte der Greifswalder Blöcke 1 bis 4 vor. Die Auflistung der unplanmäßigen Ereignisse und Störungen allein im Jahr 1988 – eine Chronik des Schreckens.

Der Bericht verzeichnet 242 unplanmäßige Ereignisse und 122 Störungen. Und darunter waren allein achtzehn Schnellabschaltungen, also

echte Notfälle, die zum Teil monatelange Stillstände und Reparatur-
arbeiten nach sich zogen.

Außer auf konstruktionsbedingte Mängel einer veralteten sowjetischen Nukleartechnik gingen die tagtäglichen Zwischenfälle auch auf
schlecht ausgebildetes Personal, Schlampereien bei Bau und Betrieb
sowie systembedingten Materialmangel zurück. Im Greifswalder Kernkraftwerk leckte, rostete und bröckelte es an allen Ecken und Enden.
Ein nukleares Horrorkabinett.

Der Kombinatsleiter betrieb vor der Kamera Schadensbegrenzung:
»Es hat keine Störung gegeben, in deren Resultat Radioaktivität freigesetzt worden wäre. Es hat keine Verletzung von Menschen gegeben.«

Seit der Wende wollten die Techniker und Ingenieure nicht mehr
schweigen. Zum ersten Mal ging ein Sicherheitsfachmann des Kern-
kraftwerkes Greifswald vor die Kamera. Er forderte die Abschaltung
aller vier Blöcke: »Da gibt es mindestens drei Gründe dafür. Wahrscheinlich noch mehr. Der erste Grund besteht darin, dass diese Blöcke
total überaltert sind und in keiner Weise dem nationalen, auch nicht
internationalen Sicherheitsanspruch entsprechen.« Leckagen im Kühl-
kreislauf könnten nicht abgefangen werden. Es gebe »Versprödungs-
prozesse« am Reaktor und Korrosionsschäden im Bereich der Dampf-
erzeugung.

Die Reporter wollten es ganz genau wissen: »Das heißt, Sie haben da
größtenteils Schrott rund um die Reaktoren? Und wenn es bei irgendei-
nem dieser Reaktoren mal zum Abreißen dieses Dampferzeugers
kommt oder zum Abreißen einer Speisewasserleitung, dann muss man
mit dem größten anzunehmenden Unfall, dem GAU, rechnen?«

Das ging dem Techniker dann doch zu weit: »Also, mit dem Begriff
Schrott kann ich mich nicht anfreunden. Aber es ist so, dass wesentliche
Bauteile, sicherheitsrelevante Bauteile, einen Schädigungsgrad haben,
der zu Störungen führen könnte, die nicht beherrschbar sind.«

In einem normalen Kraftwerk würde man sich darum nicht weiter
scheren. »Aber wir haben nun ein Kernkraftwerk, und dort bestehen
besonders hohe Risiken. Und dort darf kein einziger dieser Störfälle
eintreten.«

Greifswald liegt zweihundert Kilometer Luftlinie von Hamburg entfernt.

König im Anmarsch   Februar 1990

*Bürgerkomitees und Staatsanwaltschaften kontrollieren die
MfS-Gebäude, um Aktenvernichtung zu verhindern (8. Februar).
Zur Überwindung von Versorgungsengpässen stellt die Bundesrepublik der Sowjetunion 220 Millionen D-Mark zur Verfügung
(9. Februar). In Moskau erhält Kohl von Gorbatschow die
grundsätzliche Zustimmung zur deutschen Einheit. Die Frage
der Bündniszugehörigkeit bleibt noch offen (10. Februar).*

Montag war in der noch real existierenden DDR Demo-Tag. Bürgerrechtler zogen zu Tausenden durch die Städte und demonstrierten, wer
hier das Volk war. Die Massenbewegung ließ die Machtbasis der SED
weiter erodieren. Übertragen vom DDR-Fernsehen, lockte der Protest
auch Bürger aus dem Westen an. An diesem Montag war in Dresden
hoher Besuch angesagt. Dr. Albert Herzog zu Sachsen nebst Gemahlin
flanierten über heimischen Boden, gefeiert vom gemeinen Volk.

Aus dem bayerischen Exil angereist, konnte der Monarch endlich
wieder zu seinen Untertanen sprechen.

Ein Team von *Spiegel TV* drehte mit: »Wir wünschen besonders, dass
in absehbarer Zeit wiederum ein Land Sachsen, wie es neunhundert
Jahre durch meine Familie regiert wurde, wiederhergestellt werden
kann.«

Begeistertes Klatschen der DDR-Bürger. Hier suchte ein Volk offenbar einen neuen Regenten.

Als der Großvater des so überschwänglich Gefeierten, Friedrich August III., letzter König von Sachsen, im November 1918 abgedankt hatte und sich auf eine Zugfahrt durch die gerade ausgerufene Republik
begab, huldigte ihm ein Kriegerverein auf einem Bahnhof.

Der sächsische Exkönig darauf auf Sächsisch: »Ihr seid mir ja schee-
ne Republikaner.«

Rotes Blutgeschäft   Februar 1990

Blut ist bekanntlich ein ganz besonderer Saft und blaues Blut allemal. Doch auch das ganz normale rote hat seinen Wert. Das erkannte auch die Regierung der DDR vor der Wende. Sie entdeckte eine nie versiegende Devisenquelle, mit deren Hilfe man dem maroden Gesundheitssystem der DDR Finanzspritzen verpassen konnte.

Das Volk ließ sich gegen Ehre und manchmal Ost-Mark zur Ader lassen, und Blutbestandteile wie Plasma und Präparate aus roten Blutkörperchen wurden in den Westen verkauft. Ein Exportschlager mit zweistelligem Millionenumsatz.

Der findige *Spiegel-TV*-Reporter Georg Mascolo hatte den Bluthandel entdeckt und untersucht.

Blut zu spenden hatte Tradition in der DDR. Angeregt durch sozialistische Solidarität und motivierende Propagandafilme, ließ sich das Volk der Arbeiter und Bauern gern zum Aderlass rufen.

Auch nach der Wende war rotes Blut gefragt. Vom Roten Kreuz der DDR genauso wie von staatlichen Blutzapfstellen.

Doch die Spendebereitschaft der Bürger ging rapide zurück, denn das Blutspendewesen der DDR war ins Gerede gekommen. Das abgelieferte Blut blieb, wie jetzt bekannt wurde, nicht immer im Lande. Mit Ehrentalern, Anstecknadeln und Orden prämiert wurde – zumeist ohne Wissen der Ausgezeichneten – eine besondere Leistung für den Export. Einer der beteiligten Ärzte meinte: »Der Spender fragt wenig danach. Er geht davon aus, dass er mit seinem Blut, das er spendet, hilft.«

Auch bei den staatlichen Blutsammelstellen wusste man bisher kaum, in welche Kanäle die rote Flut floss. Nur die Richtung war klar: gen Westen.

Im Institut für Transfusion wurde aus Spenderblut, bezahlt mit 77,00 Mark Ost, vorwiegend Blutplasma hergestellt. Wertvoller Rohstoff für die Pharmaindustrie im Westen. Manchen Ärzten war dabei unwohl: »Ich habe also kein gutes Gefühl, weil man das, was man nun jetzt von einem unentgeltlich bekommen hat, verkauft.«

Im Kühlwagen wurde das Blutplasma auf die Westreise geschickt. In Gegenrichtung erreichte die DDR notwendiges medizinisches Gerät.

Doch nur fünfzig Prozent des Nettoerlöses im Bluthandel flossen direkt über das Exportbüro zurück ins Gesundheitswesen. »Die anderen fünfzig Prozent«, so ein Beteiligter am Blutgeschäft, »sind über den Außenhandelsbetrieb dem Staatshaushalt zugeführt worden.«

Offizielle Rechtfertigung für das staatliche Absahnen beim Export von Blutplasma: Die Regierung würde schließlich das gesamte Gesundheitswesen finanzieren. Es war ein typischer Erfolgsdeal des DDR-Devisenzauberers Alexander Schalck-Golodkowski, Stasi-Oberst und inzwischen im Westen und in Freiheit.

Eine seiner Firmen hatte den Blutstrom von Ost nach West organisiert. Es war die Berliner Import und Export GmbH in der Ostberliner Bruno-Taut-Straße. In der gut gesicherten und repräsentativen Schalck-Stelle wollte sich allerdings niemand zum Handel mit dem Blut der DDR-Bürger äußern. Auf die Medien war man hier ohnehin nicht gut zu sprechen.

Ein beleidigter Mitarbeiter Schalck-Golodkowskis beklagte sich: »Die Veröffentlichungen in der Presse haben uns sehr wehgetan, weil unsere Mitarbeiter hier tatsächlich im Interesse des Volkes unseres Landes eben Devisen erkämpft haben.«

So verhalf auch der Schalck'sche Bluthandel zu jenen Kapitalspritzen, mit denen die anämische DDR-Wirtschaft notdürftig am Leben erhalten wurde.

Doch allein mit Orden und guten Worten wollten sich die DDR-Bürger nach der Wende nicht mehr abspeisen lassen. Jetzt reisten sie in den Westen und spendeten ihr Blut im Tausch gegen harte D-Mark.

So kam es, dass die für die medizinische Versorgung der eigenen Bevölkerung dringend notwendigen Blutkonserven dramatisch zur Neige gingen. Ausverkauf der DDR. Aderlass im wahrsten Sinne des Wortes.

Die Flucht geht weiter   Februar 1990

Um die drohende Zahlungsunfähigkeit der DDR abzuwenden,
bittet Hans Modrow Bundeskanzler Kohl um einen sofortigen
Solidarbeitrag in Höhe von zehn bis fünfzehn Milliarden D-Mark
(13./14. Februar).

Es war ein Staat auf Abruf, mit einem Konkursverwalter im Amt des Ministerpräsidenten, mit einer Bevölkerung, die auf gepackten Koffern saß – wenn sie nicht schon über alle Berge war.

Irgendwie hatte man sich den Prozess der Wiedervereinigung anders vorgestellt, feierlicher. Und nicht als Erste-Hilfe-Kommando mit wirtschaftlicher und politischer Mund-zu-Mund-Beatmung.

Jetzt sollte die Einführung der D-Mark West retten, was zu retten war. Und schon bangte der eine oder andere um seinen Wohlstand. Allzu teuer durfte das Vaterland dann doch nicht sein. Doch jeder Blick über die löcherige Grenze zeigte, dass der Staat DDR in den letzten Zügen lag. Man musste sich beeilen, wenn der totale Kollaps abgewendet werden sollte.

Jede Woche reisten mehrere Expeditionsteams von *Spiegel TV* in die DDR, um die dramatischen Veränderungen dort zu dokumentieren. Diese Woche waren es Maria Gresz, Gunther Latsch und Beate Schwarz.

Ihr Beitrag begann mit einer S-Bahnfahrt nach Ostberlin. Freie Fahrt in historischer Zeit. Grenzverkehr ohne Visumspflicht und ohne Orientierung. Ein Volk pendelte zwischen Freiheit, Währung und Wiedervereinigung. Am Rand standen einige, die dafür bezahlten. Eine junge Frau, Mutter, deren Ehemann sich in den Westen abgesetzt hatte, klagte den Reportern ihr Schicksal: »Ich möchte, dass er dafür bestraft wird, dass er auch wirklich für seine Kinder zahlen muss. Dass er sich dort nicht nur ein flottes Leben machen kann, wie er es sich vorstellt.«

Zwei anderen Frauen war dasselbe passiert. Anlaufstelle für die Zurückgelassenen der DDR war das Deutsche Rote Kreuz in Ostberlin. In der Mauerstraße 53 versuchte man sich in der neudeutschen Familienzusammenführung.

Ein Mitarbeiter führte das Team in den vierten Stock: »Hier befinden sich unsere Karteien, mit denen wir die einzelnen Suchanfragen erst mal prüfen und feststellen müssen, ob bereits eine Karteikarte vorhanden ist oder ob eine neue ausgestellt werden muss.« Die Karteikästen mit den Daten verschwundener DDR-Bürger zogen sich durch das gesamte Stockwerk. Es war eine Einrichtung mit Tradition. Zu den Karteileichen von 1945 kamen nun die Opfer des 9. November.

Schicksale, die selbst erfahrene Mitarbeiter bewegten.

»Man ist arg betroffen, wenn man mitbekommt, wie sie bitten und flehen, wie Kinder hier verlassen werden oder wie die Männer keinen Unterhalt mehr zahlen. Man ist wirklich erschüttert drüber.«

Die Mitarbeiter des DRK-Suchdienstes hatten schon jetzt den Überblick verloren. Täglich gingen Briefe aus der gesamten Republik ein. Einer kam aus Karl-Marx-Stadt, geschrieben von der verlassenen Mutter zweier Kinder. Jetzt saß sie vor dem Sachbearbeiter.

»Wir haben nicht gewusst, dass er uns verlassen würde. An dem Tag, wo er bei uns hier ausgeräumt hat, war ich auf Arbeit. Die Kinder hat er früh gefragt, ob die Mutti da ist, und die haben angenommen, er kommt wieder zurück zu uns. In Wirklichkeit hat er hier ausgeräumt und ist dann abgehauen damit.«

»Was heißt ausgeräumt?«

»Na, er hat Wertgegenstände mitgenommen. Kassettenrecorder. Das Konto abgeräumt. Noch Überziehungen gemacht. Er hat das Auto mitgenommen.«

Jetzt lebten die Zurückgelassenen nur noch mit Hilfe eines staatlichen Kredites. Mit acht Jahren war auch der Kleinste der Familie groß genug, um zu begreifen. Er weinte.

Der Ältere sagte: »Ich kann das auch nicht begreifen, dass er fort ist, weil der ja hier alles gehabt hat. Aber wir haben ja unsere Oma, die kümmert sich meistens um uns.«

Ein Ehepaar in Ostberlin suchte den dreiundzwanzigjährigen Sohn, der in Richtung Westen verschwunden war. Die Mutter machte sich Sorgen: »Ich gucke ja auch Fernsehen, und ich lese auch Zeitung. Und ich sehe auch, was drüben los ist. Nicht bloß Sonnenseiten. Das Rauschgift und das alles. Und unser Mario ist vielleicht auch nicht der stärkste Mensch auf dieser Erde, gerade nicht. Vielleicht mag er zum Guten übergeschlagen sein, vielleicht auch zum Schlechten …«

Das letzte Lebenszeichen von Mario war eine Karte aus Hamburg.
Die Flucht aus der DDR, die eine historische Wende herbeigeführt
hatte, ging unvermindert weiter.

Die Reporter fuhren nach Halle an der Saale. Rund eine Viertelmillion Menschen lebte einmal hier. Tausende hatten inzwischen die Stadt
verlassen. Die Zurückgebliebenen lebten in heruntergekommenen Neubauten oder den Ruinen alter Bürgerhäuser. Viele Dächer waren nur
notdürftig geflickt worden. Manche Häuser standen leer und wurden
nur noch von Ratten und Tauben bewohnt. Ein besonders heruntergekommenes Haus hatte die typische Geschichte einer DDR-Villa. Nach
dem Tod des privaten Eigentümers übernahm die kommunale Verwaltung das Gebäude. Jetzt war es in den Besitz von Tauben übergegangen.

Die Stadt Halle sollte Hauptstadt des alten, neu zu gründenden Bundeslandes Sachsen-Anhalt werden. Doch bis zur Auferstehung aus Ruinen würde noch einiges Wasser die bläulich verdreckte Saale hinunterfließen.

Eine Anwohnerin sagte dem Kamerateam: »Die Straße nachts ist tot,
dunkel, da sehen sie nicht die Hand vor den Augen. Nichts los, überhaupt
nichts.« Sie seufzte: »Das war mal eine schöne Straße, alles bewohnt,
alles voll Menschen.«

»Und warum ist die so runtergekommen?«

»Die Leute sind alle ausgezogen und nie wieder eingezogen. Da
sind die Dächer kaputt, die Schornsteine kaputt, alles. Das sind ja
Wohnungen, da können Sie nicht einmal Betten reinstellen, so klein
sind die Zimmer. Da sollen die Leute drin schlafen. Da laufen Ratten
rum.«

Die Hinterlassenschaft der Führung eines Arbeiter- und Bauernstaates an ihre zurückgebliebenen Bürger: Ruinen.

Viele Menschen begriffen erst jetzt, woran sie sich jahrzehntelang gewöhnt hatten, und packten ihre Koffer – jeden Tag ein paar Tausend.

Auch der Inhaber eines Fleischerladens hatte vor vierzehn Tagen
alles stehen und liegen lassen und war in den Westen gegangen. Der
Gemüsehändler nebenan übernahm die zurückgelassenen Broiler. »Der
Fleischer hat sich abgesetzt nach drüben. Und wir haben keine Leute.«

»Wissen Sie, warum der rübergegangen ist?«

»Sein Sohn ist vor der Wende nach drüben. Und die Frau hat einen Nervenzusammenbruch gekriegt. War vollkommen fertig. Es war der einzige Junge. Die Frau hat es nicht mehr ausgehalten hier und hat nur noch geheult. Und da haben sie sich ins Auto gesetzt und ihn ein paar Mal besucht drüben. Da waren ja die Grenzen offen. Und dann sind sie drüben geblieben. Schön, was?«

An den Segen der kommenden freien Marktwirtschaft mochten manche auch nicht glauben: »Dann kommt ein unheimlicher Wirtschaftsaufschwung, und da kann die Arbeitslosigkeit einfach nicht kommen, weil es ja viel zu tun gibt, sagen die Leute. Und die sehen natürlich nicht, dass sie vielleicht betroffen sein können, wenn hier das Kapital voll angreift. Dagegen sind wir, glaube ich, auch psychisch, physisch und auch von der Ausbildung her nicht gewappnet.«

Da blieb für einige nur, auf ein Wunder zu hoffen, ein Wirtschaftswunder, am besten eines nach Plan. Doch bei vielen wollte sich Aufbruchsstimmung nur in einer Hinsicht einstellen: Ab in den Westen.

Der Verkaufsstellenleiter eines HO-Supermarktes hatte beide Kinder bereits an die Bundesrepublik verloren: »Der Große ist letztes Jahr im Juni offiziell ausgereist. Und unser Kleiner, unser jüngerer Sohn, ist seit September, also kurz bevor die Grenze geöffnet wurde, noch über Prag in die BRD gegangen mit seiner Freundin. Sie möchten, dass wir auch rüberkommen.«

Der Ladenchef hatte Glück. Im Westen warteten ein Job in einer Kaufhauskette und eine Wohnung auf ihn. »In acht Tagen übergeben wir das Geschäft. Ich bin auch traurig darüber.«

Die Privatisierung der Genossen Februar 1990

US-Präsident Bush und Bundeskanzler Helmut Kohl kommen in
Camp David über den »Zwei-plus-vier-Prozess« überein.
Man will einen Konsens zwischen der Bundesrepublik und den
drei Westmächten erzielen, bevor man mit der Sowjetunion in
Verhandlungen tritt (24. Februar).

Weitab von den zerfallenen Hauptstädten eines verrotteten Landes besuchte ein Team von *Spiegel TV* die Oberlausitz, von der tschechischen
Grenze nur ein paar Kilometer entfernt.

Burkau war der Stützpunkt einer LPG, einer Landwirtschaftlichen
Produktionsgenossenschaft für Tier- und Pflanzenproduktion. 328 Kol-
lektivbauern bewirtschafteten fünftausend Hektar Land. Noch ging
hier alles seinen sozialistischen Gang. Die Genossenschaftler züchteten
Rindvieh und Schweine, bauten Getreide, Kartoffeln und Rüben nach
Planvorgaben an.

»Gar nichts hat sich geändert hier in den letzten Jahren«, meinte ei-
ner von ihnen. »In diesen alten Waschbecken müssen wir uns waschen.
Werkzeug, primitives Werkzeug haben wir. Wir haben ja nichts. Keine
Ersatzteile. Aus nichts müssen wir was machen. Seit der Wende ist die
Schlamperei noch größer geworden hier. Es tut sich nichts hier.«

Der LPG-Chef war optimistischer: »Das Wesentlichste ist, dass sich
im Denken unserer Menschen viel geändert hat. Dass sie plötzlich mit-
bestimmen und mitreden wollen, wie wir also unsere landwirtschaftliche Produktionsgenossenschaft für die Zukunft entwickeln wollen. Das
ist ein sehr schwieriger Prozess, weil wir den bestehen müssen an sich
unter den Bedingungen der Landwirtschaftökonomie der Bundesrepublik. Wir gehen jetzt davon aus, dass unter unseren Mitgliedern erst
mal ein starkes Eigentümerbewusstsein wieder herausgebildet werden
muss, also eine unmittelbare Beteiligung am Gewinn der LPG. Das war
bisher nicht so.«

Jetzt sollten die Genossenschaftsbauern Aktionäre werden. Beteiligt
an Gewinn und Verlust. Doch bei den neuen Menschen der Wendezeit
wollte sich die rechte Zukunftsphantasie noch nicht einfinden. »Es geht
alles zu langsam.«

Alles sollte irgendwie anders werden. Wer wollte, sollte sein Eigentum zurückerhalten und allein weiterwirtschaften.

Aber nur einer von mehr als hundertfünfzig LPG-Bauern traute sich, die Zukunft auf eigene Rechnung zu bewältigen.

»Glauben Sie, dass es auf privatwirtschaftlicher Basis besser geht als hier?«

»Ich hoffe, dass es mindestens genauso gut geht und dass man wieder ein freier Mann ist.«

Der Vorreiter des Kapitals   Februar 1990

Andere hatten in der Konkursmasse der maroden Republik längst gefunden, was sie gesucht haben.

Erfurt, vier Stunden vor Sonnenaufgang. In der Karl-Marx-Allee hatte der Kapitalismus schon Fuß gefasst. Bannerträger des Fortschritts: ein Gemüsehändler.

Alle zwei Tage startete Peter Voigt in Richtung Bundesrepublik. Den Transporter hatte er sich von Verwandten im Westen geliehen, um im Westen einzukaufen. Westobst für Ostkundschaft. Besondere Objekte seiner Begierde: ausgerechnet Bananen. Die Rechnung zahlte Peter Voigt in D-Mark. Der westliche Großhändler hatte ihm Kredit gegeben.

Ob Kiwis oder Champignons, Erdnüsse oder Pfirsiche, die Erfurter Kundschaft wollte jetzt alles frisch.

»Also, was ich jetzt mache, ist total illegal.«

Doch längst war den Organen der sich auflösenden Republik die Kontrolle über den aufkeimenden Kapitalismus entglitten. Der Fruchthunger seiner Kundschaft brachte den Händler auf eine raffinierte Idee. Er verkaufte im Osten nur gegen Westmark. Davon hatten viele DDR-Bürger etwas liegen. Manche tauschten auch Ostmark gegen D-Mark, das machte Obst und Gemüse für sie sehr teuer. Aber immerhin gab es etwas.

Doch das Leben eines Gemüsehändlers in dieser unruhigen Zeit war gefährlich. »Wir haben Morddrohungen gekriegt und anonyme Anrufe,

111

anonyme Briefe und Beleidigungen, gröblichste Beleidigungen. Aber damit müssen wir leben.«

Auf einem Flugblatt stand: »Achtung, Leute, kauft nichts hier. Der Ladenbesitzer ist ein Wendehals. Er will sich an euch bereichern.« Die Aufsichtsorgane verboten den Verkauf gegen D-Mark. Vergeblich. Der Abmarsch in den Kapitalismus war nicht aufzuhalten.

Blühende Landschaften Februar 1990

Im Vorfeld der Volkskammerwahl reisen die führenden Politiker der Westparteien zu Wahlkampfauftritten in die DDR (2. März). Modrow fliegt nach Moskau, um von Gorbatschow Unterstützung bei der Sicherung der Eigentumsverhältnisse in der DDR zu erhalten (5.–6. März).

»Helmut, Helmut ...«, riefen die Massen in Dresden. Der Kanzler aus der Bundesrepublik war im Osten angekommen. Viele DDR-Bürger hofften, dass Kohl auch bald ihr Kanzler werden würde. Sie riefen: »Deutschland einig Vaterland, Deutschland einig Vaterland ...« Und Helmut Kohl machte ihnen mit einem Bandwurmsatz Mut zur Wende: »Wenn die Bundesrepublik Deutschland heute Exportland Nummer eins in der Welt ist, wenn wir vor den Amerikanern, die eine vierfache Bevölkerungszahl haben, und wenn wir vor den Japanern, die die doppelte Bevölkerungszahl haben, das geschafft haben, dann werden wir gemeinsam mit Ihnen auch schaffen, dass das, was jetzt hier zu machen ist, gemeinsam auch für die Zukunft gestaltet wird.«

Ein Bürger erahnte, dass da eine Zweckehe angebahnt wurde: »Fragen Sie mich bitte nicht, wer da der Bräutigam sein wird und wer die Braut. Sollte die DDR der zweite Teil sein, möchte ich doch um eine hochanständige und gute Behandlung bitten.«

Dann stimmten DDR-Bürger das Deutschlandlied an, immerhin die offizielle dritte Strophe: »Einigkeit und Recht und Freiheit ...«

Deutschland zwischen Liebesheirat und Geldehe. Die DDR als gekaufte Braut, die Bundesrepublik als zahlungskräftiger Freier. So entstanden Metaphern und Missgeburten.

Herauskommen sollte nun nach Wunsch des Kanzlers ein Wirtschaftsraum, der Japan und den USA Paroli bieten konnte. So schaffte man sich Freunde in Ost und West.

Mauer zu verkaufen   März 1990

Auf ihrer letzten Tagung verabschiedet die Volkskammer Gesetze zur Bildung der Treuhand und zur Gründung privater Unternehmen (7. März).

Während die Bevölkerung der DDR sich immer noch in Richtung Westen bewegte, war das Kapital bereits auf Gegenkurs. Die DDR stand zum Verkauf, und wer zuerst zulangte, bekam die besten Stücke. Wieder schwärmten *Spiegel-TV*-Reporter aus, um sich in der neuen Ostzone der Bundesrepublik umzusehen. Das Kapital griff an. Oder: die Urbarmachung der DDR.

Das am besten bewachte Baugrundstück der Welt lag zwischen Ost- und Westberlin. Ein Todesstreifen, bebaut mit einer Mauer, die jetzt Stück für Stück abgetragen wurde. Die großen L-förmigen Betonstücke standen jetzt, wie fast alles in der DDR, zum Verkauf. Seitdem die DDR-Wirtschaft in den letzten Zügen lag, war Winterschlussverkauf. Die DDR exportierte sogar ihr Markenzeichen.

Im volkseigenen Betrieb Limex-Bau hatte eine Arbeitsgruppe »Mauer« die Vermarktung übernommen.

Vertriebsleiter Helge Möbius erklärte: »Wir haben, ja, wie soll ich das mal sagen, deutschen Unternehmungsgeist. Wir haben ja schon mal ein Wirtschaftswunder gehabt in Deutschland. Wir haben keine Angst vor den Dingen, die auf uns zukommen. Das muss man eben lernen, das ist richtig.«

Es gab viel zu exportieren. Die Mauer war hundertachtundsechzig Kilometer lang. Jedes Teilstück von 1,20 Meter Länge wog 2,7 Tonnen, der Preis variierte, wie immer bei Immobilien ging es vor allem nach Lage, Lage, Lage.

»Das erste Stück, das wir aus der Mauer genommen haben am Brandenburger Tor«, schätzte der Mauerhändler, »das müsste mindestens eine dreiviertel Million bringen.« Abbruchort und -zeit und die Dekoration bestimmten den Wert. Auch nach dem Kaufmotiv wurde gefragt. Museen erhielten Rabatt, Kapitalisten wurden geschröpft. Anonyme Künstler, die mit Spraydosen die Mauer auf westlicher Seite verschönert hatten, gingen leer aus.

Die ersten Segmente – inklusive Zertifikat – kauften Westberliner Künstler. Über den Preis mussten sie – vertraglich festgelegt – Stillschweigen wahren.

Der Musiker Karl Winkler sah sich als Zwischenträger der Geschichte: »Die ersten Stücke, die wir kaufen und dann noch mal drei, die wollen wir dann nach Korea schicken, nach Südkorea in ein Museum.«

»Wieso nach Südkorea?«

»Ja, ich meine, die haben ja noch die Mauer dort, und wir denken, wenn wir da jetzt hingehen mit den ganzen Videos, wie sich die Leute so in den Arm gefallen sind, dass wir dann da vielleicht auch so etwas bewirken können.«

Wie jedes Ding hatte auch die Mauer zwei Seiten: Die Westseite war zumeist mit Graffiti bunt besprüht, die Ostseite war weiß gestrichen, damit man besser auf Flüchtlinge zielen konnte. Ein Mauerteil mit Originalblutflecken wäre sicher unbezahlbar gewesen.

Historischer Raritätenhandel. Schon die Hälfte der hier ausgestellten Mauerstücke war verkauft. So wurde aus der ruhmreichen Vergangenheit eine Devisenquelle.

Das Kapital greift an   März 1990

Spiegel TV begleitete auch eine Expedition von hundert bundesdeutschen Unternehmern in die neue Ostzone der BRD. Die Dresdner Bank hatte in die Stadt eingeladen, der sie ihren Namen verdankte.
Man schaute sich um. Das DDR-Volk schaute zurück. Besucher aus dem Westen waren auf den ersten Blick zu erkennen. Vor der Bewältigung der Zukunft sollte ein Blick auf die Probleme der Vergangenheit geworfen werden. Die Reiseführerin informierte ihre Gäste über das Investitionsgebaren des sächsischen Königs: »August der Starke wollte den Zwinger bis zur Elbe hin bauen und wollte ein neues Schloss in diesem Innenhof errichten. Aber, meine Herren, so was gab es schon immer. Das Geld war alle.«
Schon waren strategische Brückenköpfe markiert. Hier sollte aus den Ruinen des ehemaligen Taschenbergpalais die Dresdner Bank auferstehen. Später wurde ein Hotel daraus.
Die unternehmerische Dreitagetournee hieß: »DDR-Realitäten und Perspektiven«. Auf dem Programm standen auch Begegnungen mit Ostmanagern. Man tauschte sich aus zwischen sozialistischer Plan- und kapitalistischer Marktwirtschaft.
Ein Ostmanager war schon dabei, die Grundfrage zu klären: »Wie effektiv muss ich denn sein, um mich unter marktwirtschaftlichen Bedingungen zu erhalten?« Er habe seine Eltern daran gesetzt, das einmal durchzurechnen. Dankenswerterweise habe ihm die Dresdner Bank ein Fachbuch ausgeliehen. Heute Morgen beim Besuch des Kombinats »7. Oktober« habe die Geschäftsführung noch nicht einmal gewusst, wie groß das Werkgelände sei.
Ein Westmanager ahnte: »Das ist vermutlich zu groß. Der kannte auch seine Kosten nicht.«
Doch die Zeit drängte. Bevor die DDR zum Raum ohne Volk wurde, musste die Wirtschaft in Schwung kommen.
Die Ostberliner Volksbühne spielte derweil das Stück *Zeit der Wölfe*. Gleich nebenan, im volkseigenen Amt für Arbeit, war die Zeit der Schlange angebrochen. Anstehen für einen Arbeitsplatz.
In der DDR-Verfassung war das Recht auf Arbeit festgeschrieben. Eine Bestimmung, für die sich niemand etwas kaufen konnte. Bisher wurden

Arbeitslose nicht entlassen. Doch mit der neuen Zeit kam die Realität ins sozialistische Wirtschaftssystem. Die Öffnung der Grenzen hatte offene Stellen hinterlassen, aber noch mehr Menschen arbeitslos gemacht. Westwaren hatten die Ostwaren über Nacht zu Ladenhütern degradiert.

Ein Mann in der Warteschleife der Arbeitsuchenden: »Es war uns schon irgendwie klar, dass die Einführung der Marktwirtschaft einen Einschnitt bedeutet, aber dass es einen selber trifft, da hat man natürlich nicht dran gedacht. Also in dieser Härte nicht.«

Das Amt für Arbeit hatte keine Arbeit mehr zu vergeben. Stattdessen wurden Anträge auf Arbeitslosenunterstützung ausgeteilt – in der gewohnten planerischen Geschwindigkeit. Manche der wenigen freien Arbeitsstellen waren schon bei der Ausschreibung vergeben.

Eine Arbeitsuchende: »Wir sind es eben nicht gewöhnt, sonst konnte man doch ein bisschen wählen, wenn man was gesucht hat. Es sind aber offensichtlich doch zu viele Leute auf Arbeitsuche jetzt.«

Volkseigene Betriebe, noch vor kurzem auf ständiger Suche nach Mitarbeitern, um die Fluchtlücken zu füllen, hatten ihre Produktion notgedrungen reduziert. Kaum jemand wollte ihre Waren noch kaufen.

Bei Bero-Kaffee in Ostberlin führte die neue Westkonkurrenz zum Notstand. Die Qualität des Bohnenkaffees Marke Mona-Rondo, Kosta oder Wiener Melange hielt der Konkurrenz westlicher Kaffeesorten stand. Wegen der altertümlichen Herstellungsmethoden und des hohen Personalaufwands kostete Bero-Kaffee stramme siebzig Ostmark pro Kilogramm.

»Man weiß ja nicht, ob unser Kaffee noch gebraucht wird, ob der überhaupt noch gefragt ist«, seufzte eine Angestellte. »Wenn der Kaffee von drüben kommt und alles hierherkommt ... An und für sich ist das ja schön ... aber ...«

Bisher hatte sich das Management nicht die Bohne für die westliche Konkurrenz interessiert. Jetzt hätte der Direktor Heinz Luhn vom VEB Bero gern einen westlichen Partner gehabt. Das Denken hatte er schon auf kapitalistisch umgestellt: »Die langjährigen und guten Mitarbeiter werde ich natürlich versuchen zu erhalten. Und wir haben leider auch noch einige Arbeitskräfte, die es mit der Arbeitsdisziplin nicht so genau nehmen. Und diese werden dann selbstverständlich zuerst sich einen neuen Arbeitsplatz suchen müssen.«

Pünktlich zum fünfundvierzigjährigen Jubiläum der Zerstörung Dresdens durch englische und amerikanische Bomber war die Elbmetropole in den Fokus westlicher Kapitalstrategen gerückt. Man begann, in den Ruinen zu stochern, um die günstigsten Investitionspunkte zu ergründen. Die neuen Herren schätzten vor allem die alte Pracht. Überall in der Stadt gerieten volkseigene Immobilien ins westliche Visier. Die Verwaltung leistete Vermessungshilfe.

Objekte besonderer Begierde waren die alten Häuser der inneren Neustadt. Mehr als tausend Anträge auf Nutzungsrechte westlicher Interessenten lagen beim Rat der Stadt vor. Geplant wurde schon jetzt.

Ein Westbesucher erklärte den *Spiegel-TV*-Reportern seine Vorgehensweise: erst einmal »optisch sondieren«, dann eine Vorauswahl treffen. Manche Bürger sahen das nicht gern und schrieben Parolen an die Wände:

»Nicht legitimierter Stadtrat verschachert unsere Häuser.«

»Heute Coca, morgen Koma.«

»Der Reichtum der einen ist die Armut der anderen.«

Eine westliche Besuchergruppe verabschiedete sich standesgemäß mit einem Hubschrauberrundflug über Dresden.

Auch in Ostberlin hatte sich die Dresdner Bank bereits niedergelassen. Im vierten Stock des Palasthotels betrieb man Kundenpflege. Der Leiter der Ostmission, Sektor Berlin, erklärte den Reportern die Marschroute: »Natürlich haben wir Interessen. Das ist kindisch. Also, das Geschäft besteht darin, dass man Interessen ausgleicht. Und ein Geschäft ist für uns dann ein Geschäft, wenn es für den, mit dem wir es machen, auch ein Geschäft ist.«

Der Mann hatte Hoffnung. Schon die Anwesenheit potenter Kapitalgeber war ihm Beleg für wirtschaftliche Zukunft an sich. Das Land musste nur noch urbar gemacht werden: »Wenn eine Sache ganz zerstört ist, dann ist sie ein Thema für die Caritas oder für die Entwicklungshilfe und nicht fürs Bankgeschäft. Das Bankgeschäft hat mit Wohltätigkeit nicht viel zu tun. Das ist ein Geschäft. Und für ein Geschäft brauchen sie einen Partner, der gleichwertig ist.«

So sollten aus Klassenfeinden Geschäftsfreunde werden. Am weitesten war die ost-westliche Kooperation im Druckgewerbe gediehen. Vor allem auf den VEB Graphische Großbetriebe »Völkerfreundschaft« in

Dresden hatten es westliche Verlage abgesehen. Allein sechs Groß-
verlage hatten bereits Angebote auf eine Kapitalbeteiligung abgegeben.
Alle fünf am Ort erscheinenden Zeitungen wurden hier gedruckt. Wer
die Druckerei besaß, beherrschte in Dresden den Zeitungsmarkt. Wer
die nötigen zweihundert Millionen West investierte, hatte das Monopol.
Auch für die Dresdner Zeitungen gab es Interessenten.

Der stellvertretende Chefredakteur der *Sächsischen Zeitung* hatte einige davon kennengelernt. »Es hat auch Leute gegeben, die sind hier
ins Haus gekommen und haben so sinngemäß ihren Colt gezogen und
gesagt: Entweder mit uns, oder ihr müsst in Zukunft gegen uns arbeiten,
und da werdet ihr in zwei Jahren nicht mehr existieren. Fragen Sie mal
in Hamburg, da sind solche Namen bekannt.«

Gründerjahre. Aus einem alten Monopol wurden neue Monopole ge-
schmiedet.

Mit voller Fahrt ins Abseits geriet das Symbolauto der Wendezeit, der
Trabi. Der Fluchthelfer mit Zweitaktmotor hatte nur noch eine kurze
Gnadenfrist. Verrotten konnte er immerhin nicht, denn die Karosserie
aus Duroplast hält ewig – wie schon der Name sagt. Jetzt nahte der
echte Volkswagen, der VW.

Nur der Geruch der Rauchfahne aus dem Auspuff des Zweitakters
blieb in Erinnerung. Eine historische Duftmarke, der Geruch von Freiheit und Abenteuer. Es gab tatsächlich noch Kunden.

Ein Mann, der seit Jahren auf die Lieferung des Trabi gewartet hatte,
erklärte dem *Spiegel-TV*-Reporter Wolfram Bortfeldt: »Es haben mich
viele Kollegen gewarnt. Ich soll doch das Alte nicht kaufen, das hat sowieso keinen Wert mehr, aber ich habe den gekauft. Ich bin mit dem
Trabant zufrieden. Ein Mercedes ist natürlich was anderes. Aber wir
sind ja zurzeit noch in der DDR, da sind wir eben mit dem Trabant zufrieden.«

Solche Markentreue hatte schon Seltenheitswert. Doch wer vierzehn
Jahre gewartet und 12 919 Mark und sechzehn Pfennige gespart hatte,
schaltete nicht so schnell um.

In wenigen Wochen sollte im Werk Zwickau der letzte Trabi gebaut
werden. Doch unverdrossen bereitete man sich auf die Lieferung des
dreimillionsten Trabi vor. Das Jubiläum sollte unbedingt noch erreicht

werden. So lange wollte man noch durchhalten, auch wenn niemand das Paradestück der ostdeutschen Automobilindustrie mehr kaufen wollte. Zwölftausend Werktätige montierten jährlich hundertfünfzigtausend Trabis in achtzig Jahre alten Hallen. Wenn VW kommt, sollte redlich geteilt werden. Fünfzig Prozent des Werks blieben im Volkseigentum, fünfzig Prozent der Arbeiter würden entlassen.

Die Zukunftsformel aus Wolfsburg hieß: CKD, »complete knockdown«. Die Produktion des Trabant wurde vollständig eingestellt. Dafür rollte vom Westen her der Polo an – in Einzelteilen. Die DDR-Werker durften auspacken und zusammensetzen. Ein Prototyp zum Üben war schon angeliefert, wurde aber nicht gezeigt. Zunächst musste der Trabi ausverkauft werden. Das Team durfte die Fertigstellung mitfilmen. Arbeiter bearbeiteten die Plastiktüren mit dem Hammer, damit sie passten. Es war Autoherstellung aus dem vergangenen Jahrhundert.

So grausam konnte Kapitalismus sein. Kaum hatte der Trabi ihm legal und illegal grenzüberschreitend den Weg geebnet, war es auch schon um ihn geschehen. Der Mohr hatte seine Schuldigkeit getan, der Mohr konnte fahren dahin. Nur die Frage der Entsorgung seiner unsterblichen Kunststoffhülle blieb einstweilen ungelöst.

Auch andere Industriezweige in der DDR waren im Begriff, den Weg alles Irdischen zu gehen. Selbst zur letzten Ruhe mochte sich der östliche Konsument neuerdings lieber in westlicher Schale begeben.

Schlechte Zeiten für das volkseigene Beerdigungswesen. Die *Spiegel-TV*-Reporterin Claudia Bissinger drehte in einem Werk, das sogenannte Erdmöbel herstellte – DDR-Fachausdruck für den Sarg. Der VEB fertigte als Nebenprodukt seiner holzverarbeitenden Industrie jährlich hundertsiebzigtausend Stücke des endgültigen Mobiliars. Sparsam, wie man war, wurden die Kisten aus Abfallholz hergestellt. Entsprechend war das Resultat. Das jämmerliche Produkt wurde den wachsenden Ansprüchen des DDR-Konsumenten immer weniger gerecht. Der Westsarg drängte auf den Markt. Trotz akkurater Planerfüllung war die Branche in Not. Speziell die Außengestaltung entsprach nicht mehr den Käuferwünschen. Neuerdings musste das Holz echt sein.

Bereitwillig führte der Direktor das Team durch seine Sargwerkstatt. »Wir befinden uns hier in der Abteilung Oberfläche. Hier werden die

Särge oberflächenbehandelt, die aus Spanplatte und aus Abfaserplatte hergestellt werden. Es gibt also hier verschiedene Dekore, aber vom Grundprinzip her eine sogenannte Papier-Laminat-Tapete.«

Auch der Zwischenhandel war mit dem Produkt unzufrieden. Achtzig Kilometer weiter, im Halberstadt, wurde das Rohprodukt Erdmöbel vom Stadtwirtschaftskombinat zum Endprodukt veredelt.

Der zuständige Betriebsdirektor für das Bestattungswesen hatte die permanenten Querelen mit den Endverbrauchern und deren Angehörigen satt. Seine Geduld mit den Genossen vom VEB Erdmöbel war zu Ende. Empört wies er auf die Verarbeitungsmängel hin:»Wenn man das so sieht hier, das hat doch mit Qualität nichts mehr zu tun. Wenn dann die Trauergäste sitzen und gucken zum Sarg, wo ein Angehöriger drin liegt, und sehen dann einen Fetzen Tapete da hängen ...« In der Gegend sei das Erdreich besonders schwer. Da brauche man schon einen stabilen Sarg.»Meinen Kollegen, die eine ausgehobene Gruft zuschütten müssen, kann es passieren, dass gleich zu Anfang der Deckel zusammenbricht.«

Auch Verzierungen aus Pappe könnten nicht über Grundmängel hinwegtäuschen. Der Direktor deutete auf einen Griff am Sarg.»Die Griffe haben ihren Zweck. Der Zweck ist, dass daran getragen wird. Wenn hier ein Verstorbener drin liegt, biegt sich dieser Griff aufgrund der schlechten Qualität nach oben hoch, so dass die Kollegen mit der Hand zwischen Kante und Griff hängen und wahrhaftig den Sarg mit großen Schmerzen tragen müssen.«

Nicht nur der dekorative Überbau war schlampig hergerichtet, auch die Basis hing zuweilen durch. Der Direktor hatte schlimme Erfahrungen gemacht:»Bei einem Menschen, der ein bisschen schwerer ist, kann es passieren, dass das Unterteil sich durchbiegt und wir mit irgendwelchen Mitteln versuchen müssen, im Nachhinein noch den Sarg wieder so zurechtzumachen, dass es im geringsten Sinne ansprechend ist für die Bevölkerung.«

Der Direktor aber hatte den Trend »weg vom Ostsarg« rechtzeitig erkannt. Ein Probemodell aus kapitalistischer Produktion stand den Kunden ansichtsweise zur Verfügung. Schwarze Zeiten für rote Särge. Die Konkurrenz aus dem Westen sollte neben den heimischen Erdmöbeln ausgestellt werden. So schaufelte sich die DDR-Wirtschaft ein weiteres volkseigenes Grab.

Liebevoll streichelte der Direktor einen Westsarg. »Das ist natürlich schon vom äußeren Anblick und auch von der Qualität was ganz anderes. Ich muss ehrlich sagen, ich bin stolz darauf, dass unsere Bürger so was geboten bekommen.«

Honecker privat März 1990

Am 18. September sollte zum ersten und letzten Mal ein DDR-Parlament frei gewählt werden. Mit Ergebnissen über neunzig Prozent wie zu Zeiten Erich Honeckers konnte keine Partei rechnen. In der Woche davor hatte ein Kamerateam das Leben des Großen Vorsitzenden ausgeleuchtet. Im Zentralkomitee erkundigte sich ein Reporter, wo Honecker denn in der Mittagspause gesessen und gegessen habe.

»Links, an der Tafel.«

»Hat er besondere Wünsche gehabt?«

»Das ist kein Geheimnis. Makkaroni hat er gegessen. Grillwürste hat er gegessen. Klops. Ganz normale Hausmannskost. Nichts Besonderes.«

Während sich der Generalsekretär in der Kantine mit normaler Hausmannskost zufrieden gab, wurden in seiner Datscha ganz andere Dinge entdeckt. Durchsuchungsprotokolle gaben Auskunft über den geheimen Schatz des Erich Honecker. Es waren Juwelen im Bereich der visuellen Animation, *Eine Frau nimmt Rache* oder *Die schwarze Nymphomanin*, Filme zur Entspannung von der anstrengenden Arbeit am Sozialismus. Vor dem Fernseher fand der Parteichef offenbar die Befriedigung, die ihm sonst versagt blieb. Seine letzten Begleiter auf dem Weg in den Untergang waren *Der Babysitter*, *Der Geisha-Boy* und *Die schwarze Manuela*.

So hatte sich der Generalsekretär von der Diktatur des Proletariats erholt.

Demokratischer Abbruch   März 1990

Erholung brauchte damals auch der Chef der neugegründeten Partei »Demokratischer Aufbruch«, Wolfgang Schnur. Nach einem Kreislaufkollaps lag er im Krankenhaus und entzog sich der Realität mit Hilfe von Beruhigungsmitteln.

Eine Woche vor der Wahl war der dringende Verdacht aufgekommen, dass der Wendepolitiker, mit dem Kanzler Kohl mehrmals gemeinsam aufgetreten war, als Inoffizieller Mitarbeiter für die Stasi gearbeitet hatte. Obwohl noch nichts bewiesen war, schien der Mann des Aufbruchs am Ende, und die konservative »Allianz für Deutschland« war in Not geraten. Eine westöstliche Männerfreundschaft wurde zur politischen Geisterbahnfahrt. Noch stand Kohl zu seinem Wahlpartner – womöglich zu lange.

Der *Spiegel-TV*-Reporter Georg Mascolo ging den Verdächtigungen gegen den ehemaligen DDR-Anwalt nach.

In mehreren Pressekonferenzen stellte sich Schnurs Stellvertreter Eppelmann hinter seinen Vorsitzenden. Schnur sei sauber, die Akten müssten gefälscht sein. An einen Rücktritt sei nicht zu denken.

Pfarrer Eppelmann glaubte fest daran, dass die Dokumente gefälscht waren. Der Stasi, das wusste er aus eigener Erfahrung, war alles zuzutrauen. Treuherzig versicherte er: »Selbst wenn man hier eine Urkunde findet, von Erich Mielke unterschrieben, wo der bürgerliche Name Wolfgang Schnur drinsteht, beweist das gar nichts, sondern der hat die Dinger blanko unterschrieben. Und da kann jede Dienststelle nachher irgendeinen Namen eingesetzt haben.«

Die Enthüllung war ein schwerer Schlag für die Bürgerbewegung in der DDR. In Rostock hatten fast alle prominenten Oppositionellen vor der Wende bei Schnur Rat und Hilfe bekommen. Schnur besaß das Vertrauen höchster Kirchenkreise. Falls die Vorwürfe stimmten, war er eine erstklassige Quelle für den Staatssicherheitsdienst.

Noch eine Woche zuvor hatte Schnur selbst versucht, die Beschuldigungen aus der Welt zu schaffen. Der Untersuchungsausschuss in Rostock hatte ihn geladen und mit den Vorwürfen konfrontiert. Nicht lange danach war er mit Kreislaufkollaps ins Krankenhaus eingeliefert worden.

Doch die Schnur-Materialien waren hieb- und stichfest. Aktenzeichen: I 1628 83, Suchkartei F 22.

Sein Büroleiter glaubte an eine Intrige: »Wir vermuten hier eine Kampagne der Gegenseite, ganz einfach unter dem Hintergrund, weil Wolfgang Schnur für die Wahl ein ernst zu nehmender Kandidat ist.«
»Was ist die Gegenseite? SPD, SED oder ...«
»Sicherlich die alten Kräfte, die nach wie vor noch am Wirken sind. Dazu zählen auch Kräfte des Ministeriums für Staatssicherheit, des Ministeriums des Inneren.«

Ein fremdbestimmter Wahlkampf deutete sich an. Die neu gegründeten DDR-Parteien am Tropf der Freunde aus dem Westen und am Kanthaken der Vergangenheit.

Der Fall Schnur war die erste einer ganzen Reihe von Enthüllungen über Politiker der neuen oder gewendeten DDR-Parteien. Das Ministerium für Staatssicherheit hatte seine Leute überall in Spitzenpositionen gehievt. Über den »Demokratischen Aufbruch« war man bestens informiert. Er gab genaue Spitzelberichte über den Aufbau der Partei im Jahr zuvor.

Die Akte wurde im Stasi-Bezirksamt Berlin von dem dort tätigen Bürgerkomitee gefunden. Darin waren sogar Vieraugengespräche an den unterschiedlichsten Orten im Detail festgehalten. Einer, der die Akte gesehen hatte, sagte: »Dreiergespräche, Zweiergespräche, Eppelmann sagt, Schnur sagt, Neubert sagt.«

»Waren es denn Gespräche, die aus Ihrer Erinnerung alle an einem Ort stattgefunden haben?«

»Nein. Sehr unterschiedlich. Gibt zwei Möglichkeiten: Entweder eine undichte Stelle, oder jeder Raum, wo sie sich getroffen haben, war verwanzt.«

Die Materialien wurden der Ostberliner Staatsanwaltschaft übergeben. Darunter war eine Verpflichtungserklärung von Wolfgang Schnur als Inoffizieller Mitarbeiter des Staatssicherheitsdienstes vom 4. Juni 1965.

Später kamen noch ganz andere Dinge über Schnur ans Tageslicht. Er war auf Anweisung des Ministeriums für Staatssicherheit von Rostock nach Berlin umgezogen und bekam dort von dem Kirchenjuristen Manfred Stolpe, bei der Stasi als »IM Sekretär« geführt, eine Villa am See zugeschanzt.

Die Randgruppen der Wende   März 1990

In der DDR herrschte Untergangsstimmung – besonders bei denen, die nach der glücklichen Wende nur noch Pech hatten. Die Euphorie war vorbei, und die Unsicherheit rückte nach.

Alle fanden das Gewesene schlecht, aber viele fürchteten nun, dass das Kommende auch nicht viel besser sein würde. Für viele war der Zerfall des Sozialismus auch das Ende ihrer Existenz. Manche verstanden die Welt nicht mehr und verließen sie deshalb lieber.

Die Euphorie des Herbstes 89, der Taumel von Freiheit und Abenteuer, wich bei manchen zunehmender Depression. Mit der Öffnung der Mauer kamen die Probleme. Die Randgruppen bekamen das zuerst zu spüren, die Alten und die Jungen.

Ein Team von *Spiegel TV* besuchte ein staatliches Heim in Ostberlin, Stadtteil Treptow. Hier lebten dreißig Mädchen zwischen vierzehn und achtzehn – elternlose Fürsorgezöglinge, Problemkinder.

Der sozialistische Obrigkeitsstaat hatte ihnen Geborgenheit gegeben. Linientreue, Anpassung und Gehorsam wurden belohnt – mit Sicherheit. Es gab einen Ausbildungsplatz, einen Arbeitsplatz, ein Zimmer. Sie wurden gegängelt, aber an die Hand genommen. Als sich die Grenzen öffneten, da testeten sie den Westen aus. Stippvisiten in die persönliche und politische Freiheit. Und alle kamen zurück. Um ein paar Ostmark ärmer und um Erfahrungen reicher.

Hortensia berichtete: »Zum Anfang, als wir rübergegangen sind, da waren die Leute ziemlich nett. Aber dann habe ich so den Eindruck gehabt, als ob sie Hass dann auf uns haben, dass wir Ostler denen vielleicht was wegkaufen könnten oder so.«

Im Heim hatte die SED/PDS noch eine Basis. Vivian begann, sich nach der Vergangenheit zurückzusehnen: »Man brauchte nie Angst zu haben, unterzugehen. Gut, man konnte auch nicht hoch hinauf, aber man konnte auch nicht untergehen.«

Tod einer Genossin   März 1990

Mit der Freiheit kam die Angst. Und die Freiheit zum letzten Schritt. Es waren nicht wenige, die sich dazu entschlossen. Die Toten einer Revolution ohne Gewalt.

Herta Ritter war achtundsechzig, als sie in den Tod ging. Eine verdiente Parteigenossin von der Basis. Seit Kriegsende lebte sie in dem Dreihundert-Seelen-Dorf Göhlen bei Ludwigslust. Der Partei hatte sie alles zu verdanken. Das war nicht eben viel, aber sie gab der Partei dafür alles, was sie hatte.

Ihr Sohn sagte dem *Spiegel-TV*-Team: »Sie war auf dem Gebiet der Frauenarbeit tätig und kümmerte sich, wenn es Probleme gab …« Die Schwiegertochter ergänzte: »Um Kinderkrippen, um Kindergärten und dann Schulspeisungen. Und eben auch um die Veteranen, die sie betreut hat.«

Eine Funktionärin auf unterster Ebene, Parteikader in der Provinz, überzeugt von der Fortschrittlichkeit des Sozialismus.

»Mutter ist nie in die Partei gegangen, um irgendwelche Funktionen zu bekommen oder Karriere zu machen«, meinte der Sohn, »sondern weil sie wirklich dachte, du kämpfst für die gerechteste Sache der Welt.«

Die Wende entzog ihr den Boden unter den Füßen.

Eine Verkäuferin, die sie gut kannte: »Sie konnte es nicht begreifen. Vorher war sie für alle da. Sie hatte eine kleine Gemüseanlage. Sie brachte mir den ersten Salat, die ersten Radieschen zum Verkauf. Und alles, was sie übrig hatte, was der Güteklasse nicht entsprach, das brachte sie Leuten mit vielen Kindern, das stellte sie morgens vor die Tür. Das war alles selbstverständlich für sie.«

Aber Sozialismus war für sie auch Treue zum System. Ihr Sohn diente zehn Jahre lang bei der Stasi. Die SED belohnte Herta Ritters Einsatz mit Orden und Auszeichnungen. Doch ihr größter Wunsch ging nicht in Erfüllung: einmal an einem Parteitag teilzunehmen.

»Das hat sie also nie geschafft«, sagte die örtliche Schulleiterin, »also mit den Genossen, die sie ja nun wirklich verehrt hat, damals einmal persönlich zu sprechen. Ich glaube, das wäre für sie eine große Auszeichnung gewesen. Das hätte sie so empfunden.« Als die SED abdankte, war es auch mit diesem Traum vorbei. Für Herta Ritter ging die Welt unter. »Ich glaube, die Befürchtung, dass es in der DDR jetzt keinen Sozialismus mehr gibt, war für sie völlig unvorstellbar«, meinte die Schulleiterin.

Und mit der Wende kam der Hass auf jene, die dem System gedient hatten, in welcher Weise auch immer.

Die Verkäuferin blickte zurück: »Wir hatten alle zum Schluss so eine Wut auf unseren Vater Staat. Wir haben diese Leute immer mehr hassen gelernt, als dass wir sie lieben lernten. Da war keine Liebe mehr zu diesen Menschen. Und da gehörte sie zu.«

Nach und nach musste Herta Ritter begreifen, wie ihre Partei das Volk betrogen hatte. Und dass sie selbst Täter war und Opfer zugleich. Eine Nachbarin: »Es sollten wohl nachts welche bei ihr am Fenster schon geklopft haben und haben immer geschrien: ›Du rote Sau‹ und so. Sie hat dann oft geweint. Und auch ihr Sohn, der war ja nun auch bei der Stasi und wurde dann rausgeschmissen. Der hat dann keine Arbeit gekriegt. Damit wurde sie nicht fertig.«

Und nicht nur sie, auch ihre Enkel wurden Zielscheiben der Volkswut. Als es hieß, die Kinderkrippen würden geschlossen, sagte Herta Ritter der Verkäuferin: »Für was habe ich dann überhaupt gekämpft, wenn all das, was ich gemacht habe, umsonst war.« Besonders zu schaffen machte ihr, wie die Enkelkinder beschimpft wurden. »Wenn sie zur Disco kamen, hieß es: Was suchst du hier? Du hast eine Großmutter, die war in der Partei, und das sind unsere Feinde.«

Am Ende ihres sozialistischen Traums stand Herta Ritter allein. Sie wollte niemanden mehr sehen. Am Nachmittag des 10. Februar 1990 schloss sie sich in ihrem Haus am Dorfrand ein. Sie, die nie Alkohol getrunken hatte, betäubte sich mit einer Flasche Schnaps und einer Handvoll Schlaftabletten. Am späten Abend wurde sie gefunden. Neben der Leiche lag ein Abschiedsbrief: »Verzeiht mir, ich kann nicht mehr.«

Ihr Sohn sagte: »Mutter hat, um es ganz einfach zu sagen, die Welt nicht mehr verstanden. Aufgrund dessen hat sie wohl diesen Schritt begangen.«

Ende einer Sozialistin. Sie hatte ihre Partei um wenige Wochen überlebt. Der Trauerflor vom Kreisverband Ludwigslust trug schon das neue Kürzel PDS.

Das Elend der Freiheit   März 1990

Die Depression schwappte über die Grenze. Ein Team fuhr in den Erholungsort Bad Brückenau bei Schweinfurt. Der Goldene Westen in Form einer Fünfhundert-Einwohner-Gemeinde mit Heilquellen und unbelegten Kurgastbetten. Hundertzwanzig Übersiedler waren hier untergebracht. Die letzte Welle aus der DDR war über einen Ort hereingebrochen.

Hier endete der Weg eines jungen Mannes aus Leipzig. In der Leichenhalle wurde er aufgebahrt. Nach einem Wirtshausstreit war er von Landsleuten aus der DDR zusammengeschlagen worden. Tödlicher Ausgang eines kollektiven Lagerkollers. Frustration und Verzweiflung, zunächst ertränkt in Alkohol, explodierten in Gewalt. Der Leichenbestatter erklärte sachlich: »Mit blauen Flecken übersät. Typische Prügelschläge.«

Der Name des Toten war Thomas Hoffmann, Elektromonteur, seit Dezember im Westen und arbeitslos. Nach Hause schickte er Erfolgsmeldungen. Seine Schwester: »Er hat immer bloß geschrieben: Mir geht es gut. Habe Arbeit, habe ein Auto, habe auch eine neue Freundin kennengelernt. Und er ist ganz glücklich. Was ich ihm nicht abgenommen habe, muss ich dazusagen.«

Die Realität im Aussiedlerhotel sah anders aus. Langeweile, Suff, Aggression. Eine Zukunft ohne Aussicht. Ein Streit in der Wirtschaft wurde auf der Straße fortgesetzt. Zwei gegen einen – und niemand ging dazwischen. Ein Zeuge: »Da waren Leute dabei, die haben zugeguckt. Und bloß, weil das zwei solche Hirsche waren, hat sich da keiner rangetraut.« Die Täter schleppten Thomas Hoffmann in den Aufenthaltsraum der Pension und schlugen weiter auf ihn ein – bis er starb.

Bei der Polizei gaben sie später an, sie hätten sich geärgert, weil Hoffmann die Zeche geprellt habe. Sie hätten das rächen wollen, damit man nicht schlecht von Übersiedlern spreche.

Die Demokratische Republik – eine Woche nach der Wahl   März 1990

Die »Allianz für Deutschland« erzielt einen überraschenden Sieg: Das Bündnis aus CDU-Ost, DSU und Demokratischer Aufbruch gewinnt 47,8 Prozent der Stimmen. Die SPD folgt mit 21,8 Prozent, die PDS erhält 16,3 Prozent der Stimmen. Das »Bündnis 90« der Bürgerrechtsbewegungen kommt nur auf 2,3 Prozent. Die Wahlbeteiligung liegt bei 93 Prozent.

Die Vergangenheit der DDR war immer noch gegenwärtig. Vor einer Woche war zum ersten Mal frei, geheim und demokratisch gewählt worden. Geheime Wahlen waren es aber auch in ganz anderem Sinne. Mancher Wähler wusste nicht, wem er tatsächlich seine Stimme gegeben hatte. Es mehrten sich die Zeichen, dass so mancher ehemalige Stasi-Spitzel unter demokratischer Flagge gesegelt war, und zwar manchmal ganz weit vorn.

Die *Spiegel-TV*-Reporter Katrin Klocke, Georg Mascolo und Cassian von Salomon untersuchten, wer da alles Einzug hielt in die neue gewählte Volkskammer.

Die PDS war ganz vorn dabei, wenn es darum ging, die Vergangenheitsbewältigung als abgeschlossen zu betrachten. Der Namenswechsel genügte. Ganz so leicht wie die Gysi-Genossen taten sich die anderen DDR-Parteien nicht. Die neuen nicht und auch nicht die alten Blockparteien.

Mit den neuen Volkskammerabgeordneten zog die Vergangenheit in den Palast der Republik ein. Der perfekteste Überwachungsstaat aller Zeiten hatte noch nicht abgedankt. Auch wenn die Videokameras vor »Erichs Lampenladen« inzwischen nicht mehr für die Stasi aufzeichneten, wer sich vor dem Parlamentsgebäude herumtrieb. Die *Spiegel-TV*-Reporter hatten ein altes Video aufgetrieben, auf dem zu sehen und zu hören war, wie Stasi-Mitarbeiter den Bereich vor dem Palast der Republik überwachten.

»Jetzt gehen sie rein. Jetzt müssen wir sie von drinnen kriegen. Jetzt sind sie drinnen, jawohl. Jetzt haben wir eine Chance. Det is er. Der kleene Mokel.«

Das technische und menschliche Spitzelsystem übte eine fast flächendeckende Kontrolle aus.

»Jetzt kommen sie rein ...«

Die Stimmen auf diesem Band gehörten Stasi-Mitarbeitern, die ihrer Aufgabe mit offenkundiger Begeisterung nachgingen.

Fast so perfekt wie die Observationstechnik funktionierte das Personal des Schnüffelstaates. Knapp hunderttausend feste und noch mehr inoffizielle Mitarbeiter hatte das Ministerium für Staatssicherheit.

In den Blöcken sieben und acht des Stasi-Hauptquartiers in der Ostberliner Normannenstraße lagen unter anderem die Personalakten der Stasi. Sprengstoff für die frisch gewendete Republik. Denn viele Jungdemokraten waren dem alten Regime auf vielfältige Weise zu Diensten gewesen. Die Akten waren unter Verschluss. Doch Duplikate lagerten auch anderswo, und das Erinnerungsvermögen nicht gewendeter Ex-kollegen war nur allzu gut.

Schon ein frischgebackener DDR-Demokrat an der Spitze einer neugegründeten Partei war, wie geschildert, seiner Vergangenheit im Dienste der Stasi zum Opfer gefallen – Rechtsanwalt Wolfgang Schnur, Chef des »Demokratischen Aufbruchs«. Jetzt geriet auch der CDU-Chef Lothar de Maizière wegen angeblicher Stasi-Mitarbeit ins Gerede. Ebenso der Chef der DDR-SPD Ibrahim Böhme. Beide bestritten vehement, Stasi-Spitzel gewesen zu sein.

Aus Erfurt kam der erste konkrete Verdacht, dass die neugewählte Volkskammer von Stasi-Leuten durchsetzt war. Das Bürgerkomitee hatte Hinweise in der örtlichen Stasi-Kartei gefunden. Ein Mann vom Bürgerkomitee erklärte: »Wir sind durch einen Zufall darauf gekommen, als wir versucht haben, die Struktur dieses Ministeriums aufzudecken. In dem Zusammenhang sind uns Namen aufgefallen, die hier registriert waren. Es handelte sich um die Spitzenkandidaten des Bezirks Erfurt für die Volkskammerwahl.«

Bevor Bürger die Stasi-Zentrale Erfurt im Dezember gestürmt hatten, waren tonnenweise Akten zerkleinert worden. In den erhalten gebliebenen Beständen fand das Bürgerkomitee die Namen von vierzig Kandidaten für die erste demokratische Volkskammerwahl. Davon hatten mindestens vier als Stasi-Spitzel regelmäßig Berichte geliefert.

Unter den entdeckten Dokumenten befand sich auch ein Papier, auf dem die Stasi-Strategie gegenüber den neuen politischen Gruppierungen festgehalten war. Am 27. September 1989 hatte der Leiter der Stasi-Bezirksverwaltung Erfurt verfügt, wie die Oppositionsgruppen und -parteien von Geheimdienstagenten zu unterwandern seien. Zitat: »Dabei sind vor allem solche IM zu schaffen, die in Führungsgremien der feindlich-negativen Kräfte eingeschleust werden können ...«

Nachdem das Bürgerkomitee seine Erkenntnisse über Stasi-Spitzel im ersten demokratisch gewählten Parlament der DDR veröffentlicht hatte, gingen alle Türen zu. Die Geheimdienstkontrolleure durften keine einzige Akte mehr einsehen. Das Erfurter Stasi-Archiv stand unter Verschluss. Darüber hinaus ermittelte jetzt der Staatsanwalt gegen die Mitglieder des Komitees wegen angeblicher Verletzung des Datenschutzes, obwohl sie keine Namen genannt hatten.

Der Alleingang der Erfurter erzwang eine Diskussion um die generelle Überprüfung aller neugewählten Volkskammerabgeordneten. Ein Mitglied des Komitees: »Ich halte das für sehr wesentlich für die weitere demokratische Entwicklung in diesem Land, dass die Bevölkerung darüber aufgeklärt wird, wen sie dort in die Volkskammer gewählt hat.«

Wie dringend notwendig ein Abgeordneten-Check war, zeigte sich deutlich am Beispiel Greifswald. Die dort einst residierende Kreisdienststelle der Staatssicherheit wurde als eine der ersten von Bürgern besetzt. Das Komitee verhinderte, dass alle Akten verschwanden, und sichtete die Bestände. In seinem Untersuchungsbericht verzeichnete es, wie viele Stasi-Spitzel in die neuen Parteien eingeschleust worden waren. Bauernpartei: neun, NDPD: sieben, CDU: sieben, LDPD: drei, Neues Forum: vier, SDP: einer, USK: einer.

»In den Informantenberichten sind Berichte zur Lage gegeben worden«, stellte das Bürgerkomitee fest. »Es ging so weit, dass Äußerungen von einzelnen Personen auch in diesen Berichten aufgeführt sind.«

Das Komitee unterrichtete die Parteien und auch das Neue Forum über die Zahl und die Decknamen der Stasi-Spitzel. Auf einer Versammlung des Neuen Forums wurden die Spitzel gebeten, sich zu erkennen zu geben. Nur einer kam der Aufforderung nach. Die Übrigen blieben unerkannt. »Wir haben denjenigen dann gebeten, vorläufig keine Wahlfunktion innerhalb des Neuen Forums hier bei uns wahrzunehmen, sondern als normales Mitglied bei uns weiter mitzuarbeiten«, erklärte ein Sprecher.

Auch beim Bürgerkomitee Neubrandenburg deuteten konkrete Spuren darauf hin, dass in jeder Oppositionspartei schon bei der Gründung inoffizielle Mitarbeiter der Stasi eingesetzt worden waren. Ein Sprecher der Gruppe sagte:»Die SED als Machtorgan in der DDR hat absolut alles unterwandert, was ihrem Einfluss in irgendeiner Weise auch nur annähernd hätte schaden können.«

Hinweise auf Stasi-Informanten in der Spitze der DDR-SPD stammten auch von ehemaligen Stasi-Offizieren aus Neubrandenburg. Danach sollte der SPD-Vorsitzende Ibrahim Böhme Stasi-Informant gewesen sein. Er sei zwar ein wichtiger Aktivist in der illegalen Opposition gewesen und nicht selten von der Stasi tätlich angegriffen worden, doch zugleich habe er Informationen geliefert. Böhme bestritt die Vorwürfe entschieden. Erst später stellte sich heraus, dass er tatsächlich als inoffizieller Mitarbeiter für das MfS gearbeitet hatte.

Ebenfalls in Bedrängnis geriet der Wahlsieger Lothar de Maizière von der ehemaligen Blockpartei CDU. Als einer der höchsten Kirchenvertreter der DDR sollte er regelmäßig Berichte an den Staatssicherheitsdienst, Abteilung Kirchenfragen, geliefert haben.

In einem geheim gehaltenen anonymen Brief behauptet ein angeblicher Stasi-Mann:»Ich weiß seit Jahren aus persönlichen Gesprächen mit operativen Mitarbeitern des MfS sowie von Berichten, die ich selbst gelesen habe, dass Dr. Lothar de Maizière inoffiziell für das MfS arbeitet. Sein Deckname ist ›Czerni‹.« Und weiter:»Mir ist bekannt, dass nach jeder bedeutenden kirchlichen Tagung bzw. Zusammenkunft von oppositionellen Gruppen, an der Rechtsanwalt de Maizière teilnahm, sofort ein konspiratives Treffen zwischen Major Hasse und ›Czerni‹ stattfand.«

Ein Mann, der ansetzte zum Sprung an die DDR-Spitze, von seiner Vergangenheit eingeholt? Oder Opfer eines infamen anonymen Denunzianten? Wenige Tage nach der Wahl gab Lothar de Maizière von sich aus eine Erklärung zu den Gerüchten ab. Es war das Übliche:»Meine Kontakte zu dem MfS gingen nicht über das im Rahmen anwaltlicher Tätigkeiten Notwendige hinaus. Ich habe zu keiner Zeit eine Verpflichtungserklärung unterschrieben, Geld oder sonstige Vergünstigungen er-

131

halten. Eine weitergehende Erklärung dazu wird es von mir nicht mehr geben.«

Die in dem Schreiben genannten angeblichen Führungsoffiziere des angeblichen inoffiziellen Stasi-Mitarbeiters »Czerni« mit dem Namen Major Hasse und Major Dohmeyer existierten tatsächlich. Und beide hatten für die Stasi-Abteilung XX 4, Kirchenfragen, in der Bezirksverwaltung Berlin gearbeitet. Allein im Jahr 1989 sollte es bis zum Frühherbst fünf Treffen in konspirativen Wohnungen gegeben haben, bei denen de Maizière über Interna der DDR-Kirche berichtet haben sollte. Besonderes Interesse hatte der Staatssicherheitsdienst an Einzelheiten der Zusammenarbeit zwischen Ost- und Westkirche. »Czerni« sollte kein Geld bekommen und auch nicht aus seiner Tätigkeit als Rechtsanwalt berichtet haben.

Der lange Arm der Stasi – er war noch längst nicht gekappt.

Eines schien sicher: Wenn die Akten, Karteien und Datenbänder des Staatssicherheitsdienstes nicht zügig offengelegt würden, dann sickerten sie langsam heraus über Jahre und Jahrzehnte mit den entsprechenden Begleiterscheinungen. Dann wirkte der Stasi-Apparat über sein Ende hinaus mit Erpressungen, Verleumdungen und Denunziationen. An einer Öffnung der Akten führte kein Weg vorbei.

Cighid – Expedition nach Rumänien   März 1990

Inzwischen waren auch die übrigen kommunistischen Diktaturen Osteuropas ins Wanken geraten. Auch dort konnten nun die Hinterlassenschaften von vierzig Jahren Misswirtschaft und Unterdrückung der Bevölkerung besichtigt werden.

Ein junger Mann aus Hannover namens Thilo Thielke, der gerade Abitur gemacht hatte, war mit einem Hilfstransport nach Rumänien gefahren und hatte dort ein Kinderheim besucht, in dem unfassbare Zustände herrschten. Er kaufte einem rumänischen Kamerateam für zweihundert Mark ein Video ab und wandte sich damit und mit seinen Fotos und einer Geschichte nach seiner Rückkehr an die *Tagesthemen*. Dort schickte man ihn weiter zu *Spiegel TV*, die jungen Kollegen dort seien eher an derartigen Themen interessiert. Unterwegs machte Thilo Thielke beim *Stern* Station. Der zuständige Ressortleiter behielt die Fotos erst einmal dort, konnte sich aber nicht so recht entscheiden, ob man sie drucken wollte. Daraufhin nahm Thielke Kontakt zum *Spiegel* auf. Nach einigem Hin und Her landete er bei der Reporterin Ariane Barth, die erkannte, welch ungeheuerliche Geschichte der junge Mann aus Rumänien mitgebracht hatte. Als ich wenige Tage später von einer Reise zurückkehrte, rief Ariane mich an, und wir beschlossen, die Geschichte gemeinsam für das Heft und das Fernsehmagazin zu machen.

Reporter Gunther Latsch fuhr gemeinsam mit Ariane Barth, Thilo Thielke, dem Kameramann Rainer März und dem deutsch-rumänischen Fotografen Detlev Konnerth in den Ort Cighid an der ungarisch-rumänischen Grenze. Es war eine Reise in die Hölle des Ceauşescu-Staates. Der Horror einer Diktatur hatte ihren Machthaber überlebt. In einem Heim für angeblich geistig behinderte Kinder wurden die Insassen systematisch durch Hunger, Dreck und Elend vernichtet.

Als ich am Samstag vor der Sendung Gunther Latsch im Schneideraum aufsuchte, saß der unter Tränen vor den Bildern seines Films. Und tatsächlich waren die Aufnahmen kaum zu ertragen. Es waren Bilder, die an die Zeit vor 1945 erinnerten und doch erst wenige Tage zuvor aufgenommen worden waren.

Der Film begann mit den Aufnahmen dreier verwahrloster Kinder auf einer verstaubten Landstraße. Dann setzte der Text ein: »Immer, wenn sie es nicht mehr aushalten, machen sie sich auf den Weg. Dann gehen Margit, Mindra und Daniel zur Bahnstation Cighid. Dort gibt es Musik aus dem Radio, dort können sie tanzen. Tanzen, um dem Grauen zu entfliehen – für zwei Stunden nur.«

Ihre Hölle war nur eine Viertelstunde Fußweg entfernt. Am Ende einer sechs Kilometer langen Schotterpiste lag das ehemalige Jagdschloss des Grafen Tissa. Doch der war schon lange nicht mehr hier gewesen. In diesem Waldstück im Nordwesten Rumäniens endete die Zivilisation. Seit drei Jahren war in dem gräflichen Palais ein Heim für angeblich behinderte Kinder und Jugendliche untergebracht. Die Dezember-Revolution hatte diesen Ort nie erreicht. Der einzige Fortschritt: Die Verwahrstation durfte jetzt besichtigt werden. Unter Füh-

133

rung einer Ärztin aus der nahegelegenen Kreisstadt Oradea erhielt das Team von *Spiegel TV* einen Ortstermin im Wartezimmer des Todes. Wer hier nicht wahnsinnig war, musste es werden.

Einhundertneun Kinder vegetierten unbeaufsichtigt vor sich hin. Auf Matratzen, durchnässt von Urin, nackt in unbeheizten klammen Räumen. Endlager für die Ausgestoßenen einer maroden Diktatur.

Moder, Fäulnis und Verwesung lagen in der Luft. Hier mischte sich der Dreck von Jahrzehnten mit dem Gestank von Kot und Erbrochenem. Eine Badewanne und zwei Toiletten für mehr als hundert Menschen. Auf dem Gang zwischen den sogenannten Salons: ein Käfig, Behausung für zwei Mädchen. Beide galten als aggressiv, also wurden sie weggeschlossen – Tag und Nacht.

Maria Deutsch war damals fünfzehn Jahre alt. Ihre Mutter hatte sie hierhergebracht. Sie war mit dem Kind nicht mehr fertiggeworden.

Angela Fechete, das elfte Kind einer Analphabetin, der Vater geistesgestört. In der Krankenakte der Dreizehnjährigen ein Vermerk: Das Kind braucht besondere Pflege und psychologische Betreuung. Was die entsetzten Reporter sahen, war Menschenhaltung unter dem Niveau eines Hundezwingers. Mit Lebensbedingungen, die zur Todesursache wurden.

Die Ärztin las aus der Totenakte des Lagers vor: »Ein Bursche, drei Jahre, schwerbehindert mit gelähmten Beinen, Koma gefallen. Mädchen, drei Jahre, schwerbehindert, Koma gefallen. Mädchen, sieben Jahre, schwerbehindert, Koma gefallen. Ein Bursche von neun Jahren, Lungenentzündung. Ein Bursche von vierzehn Jahren, Lungenentzündung. Ein Mädchen von sechs Jahren, Doppellungenentzündung.«

In Dreck und Elend erfroren, verhungert oder nach Infektionskrankheiten verendet. Cighid war ein Kindervernichtungsheim mit eigenem Friedhof. Vierundfünfzig tote Kinder 1988, zweiundsechzig tote Kinder im letzten Ceauşescu-Jahr. Und das Sterben nahm kein Ende.

Dr. Anka Cartis arbeitete nur zwei Monate im Gulag von Cighid. Länger hielt sie es nicht aus. Sie sagte den Reportern aus dem Westen: »Ich habe alles versucht. Ich wollte, dass sich in Cighid etwas ändert. Aber ich habe es nicht geschafft. Cighid hat mich zerstört. Ich hatte dauernd Streit mit dem Personal. Keiner wollte begreifen, dass man diesen Kindern auch mit wenig Geld helfen kann. Was sie brauchen, ist Menschlichkeit. Aber diese Menschen dort haben nur nach Vorschrift gearbeitet. Nicht einen Handgriff mehr. Ich habe die Kinder jeden Tag gewickelt und angezogen. Das hätten die Pflegerinnen doch auch tun können. Aber die kannten noch nicht mal die Namen der Kinder – nach zwei Jahren.«

»Also lag es nicht nur am System. Auch an den Menschen?«

Dr. Cartis antwortete:»Jeder Ort ist so, wie die Menschen sind.«

Unheilbar geistesgestört. Dieses Verdikt schwebte über den Insassen des Schreckensschlosses. Aber wer konnte schon sagen, was bei den Kindern von Cighid auf das Konto ihrer Krankheit ging und was auf das Konto ihrer kranken Umgebung.

Die einzige Aufmerksamkeit, die den Kindern von Seiten des Personals zuteil wurde, war die tägliche Abfütterung. Eine schmierige Pampe aus Bohnen, Mais und ranzigem Fett. Schweinefraß aus dem Blecheimer, unbekömmlich selbst für Erwachsene. Die einzige Sensation im Einerlei der Tage – für den siebenjährigen Tiberius Varga war sie ohne Reiz. Mit einer hilflosen Handbewegung wies er das Essen zurück. Er aß schon seit langem nichts mehr. Als ob er abgeschlossen hätte mit diesem Leben.

Das Personal gab sich ratlos:»Was sollen wir machen? Ich weiß es nicht.«

»Also einfach abwarten, bis sie sterben?«

»Man hätte sie gleich nach der Geburt töten müssen. Dann wäre es gar nicht erst so weit gekommen. Wir haben doch gar keine andere Möglichkeit, als sie sterben zu lassen.«

Eine Zentralheizung wäre gut und in jedem Zimmer warmes Wasser. Aber unter den jetzigen Bedingungen gehe es nicht anders:»Wir müssen das Wasser Eimer für Eimer aus der Küche holen.«

Doch das Personal in diesem Horrorkabinett menschlicher Erniedrigung tat noch nicht einmal das, was man tun konnte. In einem abgelegenen Winkel des heruntergekommenen Schlosses lagerten Hilfsgüter aus dem Westen, Windeln und Babynahrung, seit Wochen unberührt. Den Schlüssel für die Kammer hatte der Lagerverwalter. Keiner wusste, wo er sich aufhielt. Und der zuständige Mann von der Sozialbehörde war schon zufrieden, wenn noch alles da war:»Wo Lebensmittel sind, wird auch gestohlen. Nicht nur hier. Überall in Rumänien. So war das immer. Eine Revolution ändert nicht die Mentalität.«

Der Schlüssel für die Kleiderkammer fand sich nach längerer Suche. Überall verstreut Kinderkleidung und Wolldecken. Spenden aus Österreich und der Bundesrepublik. Doch die Kinder saßen nackt auf verrosteten Bettgestellen. Und niemand kümmerte sich um sie. Niemand nahm sich die Zeit, die kotverschmierten Laken zu wechseln. Niemand befreite die Hilfsbedürftigen von ihren Exkrementen.

Die Kinder waren abgeschrieben und aufgegeben, nicht nur vom Pflegepersonal in Cighid. Auch vom zuständigen Kinderarzt im Krankenhaus von Salonta.

»Wir konnten nichts tun«, sagte Dr. Szabo den Reportern.

»Sie haben doch gewusst, dass Sie die Kinder in den Tod schicken?«

Dr. Szabo antwortete: »Die akuten Krankheiten haben wir doch geheilt. Aber wir wussten, wenn sie zurückgehen, werden sie wieder krank. Verstehen Sie mich? Es gab keinen Ausweg. Diese Bedingungen dort – wie in Katanga, habe ich immer gesagt, Katanga oder Nigeria, wie Sie wollen, das ist nicht Europa, das ist Afrika.«

»Und wer ist schuld?«, fragte Reporter Gunther Latsch.

»Na, wer schon? Das Regime. Ceauşescu, wer sonst?«, sagte der Arzt.

Doch hinter der verriegelten Tür im Kinderheim Cighid begann nicht die Dritte Welt. Hier herrschte die Nacht der Zivilisation – mitten in Europa. Im Monat drei nach Ceauşescu.

Im ständigen Halbdunkel des finstersten und schmutzigsten Winkels der Hölle von Cighid vegetierten fünfzehn Kinder im Alter von sechs bis sechzehn Jahren. Der Kachelofen mit dem zerbrochenen Schutzgitter war nicht geheizt. Ein Feuer wäre zu gefährlich für die Gefangenen in dem unbeaufsichtigten Verlies, Isolator genannt. Dieser Raum der Hoffnungslosigkeit war die Endstation eines langen Weges in den Tod.

Begonnen hatte er für die meisten im Waisenhaus von Oradea, Ausgangspunkt der Selektionsmaschinerie einer gnadenlosen Diktatur. Im Hungerland Ceauşescus, wo selbst kranke Frauen ihren kranken Nachwuchs gegen ihren Willen zur Welt bringen mussten, war die Produktion von Kindern ohne Zukunft zwangsläufig. Im ersten Lebensjahr wurde alles getan, um die Kinder am Leben zu erhalten. Der »Conducator« wollte eine geringe Säuglingssterblichkeit, um jeden Preis. Sie galt in den Statistiken der Weltgesundheitsorganisation als Maß für die

136

Zivilisiertheit einer Nation. Und dieser Schein sollte gewahrt bleiben. Wenn die Kinder das erste Lebensjahr überstanden hatten, war ihr statistischer Zweck erfüllt. Danach war alles egal.

Auch der Arzt Dr. Nagy schob die Schuld auf das System: »Unter solchen Bedingungen müssen die Kinder einfach zurückbleiben. Sie können sich nicht normal entwickeln. Wir haben viel zu wenig Personal. Vier Schwestern für sechzig Kinder. Und kaum eine ist richtig ausgebildet. Die meisten sind ungelernte Hilfskräfte.«

Schwierigkeiten im Umgang mit der Konkursmasse eines wahnhaften Diktators.

Manche dieser Kinder haben die ersten drei Jahre ihres Lebens im Bett verbringen müssen. Sie konnten weder laufen noch sprechen. Es war niemand da, der sich um sie hätte kümmern können.

Stufe zwei der Selektion: Wenn die Kinder das dritte Lebensjahr erreicht hatten, wurden sie von einer Kommission, bestehend aus Jugendpsychiatern und Verwaltungsbeamten, begutachtet. Wer als zurückgeblieben und damit als nutzlos eingestuft wurde, den schob man ab in Lager wie Cighid.

Das bedauerte auch Dr. Kekometi: »Also, es gibt leider keine Möglichkeit, in normalen Kinderheimen solche Kinder zu behandeln und zu besorgen. Das ist überall in der Welt so. Es gibt Heime für solche Kinder, die schwerstbehindert sind, wo man ärztlich nicht helfen kann. Nur versorgen. Menschlich versorgen.«

Wer das Glück hatte, als lebenswert erachtet zu werden, der kam in staatlich kontrollierte Waisenhäuser wie das in der Ortschaft Tinka, von der Hölle in Cighid nur dreißig Kilometer weit entfernt. Hier blieben die Kinder bis zum sechsten Lebensjahr – in ärmlichen, aber sauberen Zimmern. Für rumänische Verhältnisse ein Paradies. Danach folgte die nächste Stufe der Selektion. Die Kräftigen und Aufgeweckten wurden von den Menschenjägern des Geheimdienstes in die Kaderschmieden der Securitate verschleppt. Die anderen kamen in normale Waisenhäuser, überall im Land.

Und wer den sogenannten Psychiatern des Systems als nicht tauglich erschien für ein Leben im Dienste der Diktatur, der wurde in den Tod geschickt.

Eine Schwester: »Die Unheilbaren und Zurückgebliebenen, sie sind nach Cighid gekommen. Wir hatten hier einen Jungen, der konnte mit sieben Jahren noch nicht sprechen. Er hat nur gestammelt. Er war geistig vollkommen zurückgeblieben.«

»Wie war sein Name?«

»Keresturi. Was aus ihm geworden ist, weiß ich nicht.«

Der Leidensweg des Kindes Radu Tibor Keresturi endete auf dem Friedhof von Cighid. Er war gestorben an den Folgen seiner Unterernährung – nach zweiundsechzig Tagen Aufenthalt in diesem Hinrichtungsschloss.

Am zweiten Tag des Aufenthalts eines Kamerateams aus dem Westen in Cighid schien sich das Palais des Todes über Nacht verwandelt zu haben. Der Boden in den »Salons« genannten Ställen, noch am Vortag mit glitschigem Schleim bedeckt, war feucht gewischt worden. Die Kinder waren gewaschen und neu eingekleidet. Intaktes Spielzeug machte die Illusion fast perfekt. Doch der schöne Schein des Lebens hielt nur bis zum Abend.

Dann begann für Maria Deutsch der alltägliche Leidensweg. Nach zwölf Stunden in ihrem Käfig wurde sie präpariert für die Nacht. Damit das Wachpersonal seine Ruhe hatte, spritzte man ihr ein starkes Betäubungsmittel: Chlorpromazinhydrochlorid. Ein Psychopharmakon der ersten Generation – im Westen längst aus dem Verkehr gezogen.

Und am nächsten Tag würden sich Margit, Mindra und Daniel wieder auf den Weg zum Bahnhof machen. Sie würden Musik hören und wieder tanzen. Eine kurze Zeit. Tanzen, um Cighid zu überleben.

Es war eine der bewegendsten Sendungen, die wir bei *Spiegel TV* jemals gemacht hatten. Thilo Thielke, der das unmenschliche Heim entdeckt hatte, wurde bei *Spiegel TV* als Jungreporter eingestellt. Er blieb dort viele Jahre und wechselte dann zum *Spiegel*. Dort berichtete er jahrelang aus Afrika, begab sich in die gefährlichsten Situationen, fuhr auf der Ladefläche eines Pick-up mit den Rebellen nach Darfur, schrieb Reportagen über Kriege, Katastrophen und Entwicklungshilfe. Er blieb das, was er schon als Schüler gewesen war: ein aufmerksamer unbeirrbarer Reporter.

Am Tag nach der Sendung klingelte das Telefon fast ununterbrochen. Zuschauer wollten für die Kinder von Cighid spenden. Wir versuchten, sie auf die üblichen Hilfsorganisationen zu verweisen. Doch sie wollten für die Verlorenen des Kinderheims an der ungarisch-rumänischen Grenze spenden. Daraufhin gründeten wir mit Hilfe der *Spiegel*-Justiziarin Brigitte Rolofs eine Hilfsorganisation für Cighid. Um die drei Millionen Mark gingen ein, von denen das Heim saniert wurde. Ein großer Teil davon, eine Summe in Millionenhöhe, stammte von einer einzigen Spenderin, die anonym bleiben wollte.

Über viele Jahre hinweg konnte man dank der Gelder, die immer wieder eintrafen, das Leben der Kinder erträglich machen. Die Sterberate sank, manche der behinderten Kinder konnten eine Ausbildung machen. Einige, die fälschlicherweise unter die körperlich und geistig Behinderten geraten waren, konnten eine Schule besuchen, einige sogar Abitur machen und studieren. Wenn *Spiegel TV* irgendetwas Gutes bewirkt hat, dann die Aktion »Cighid«.

Lager für den Ernstfall – die Stasi-Vorbereitungen für den Mobilisierungsfall   April 1990

Bundeskanzler Kohl drängt auf baldige Verhandlungen über eine Währungsunion (4. April). Die Volkskammer erteilt Lothar de Maizière (CDU) den Auftrag zur Regierungsbildung (5. April).

In der DDR war man schon ziemlich weit fortgeschritten auf dem Weg zurück. Ausgerechnet am 1. April enthüllte *Spiegel TV* in einem Beitrag, dass der SED-Staat allen Ernstes Pläne vorbereitet hatte, Oppositionelle in Internierungslager einzusperren. Es handelte sich nicht nur um allgemeine Überlegungen, sondern um ganz konkrete Absichten. Das ging aus Unterlagen hervor, die Maria Gresz aus Leipzig mitbrachte. Die Namen der zukünftigen Lagerinsassen standen schon fest.

Seit kurzem herrschte wieder Ordnung im Stasi-Gebäude von Leipzig. Die Volkspolizei hatte dort die Staatsmacht zurückgewonnen. Bürgerkomitees hatten nicht mehr viel zu melden. Das zentrale Aktenarchiv der Staatssicherheit durfte nur noch im Beisein von Uniformträgern betreten werden. Unbeaufsichtigter Einblick in die Dokumente war strengstens verboten – die DDR hatte den Datenschutz entdeckt. Bis dahin war es mit dem Persönlichkeitsschutz nicht so weit her gewesen. Fast jeder Bürger Leipzigs wurde hier geführt als Spitzel oder als Bespitzelter. Als Überwachungsstaat, der etwas auf sich hielt, katalogisierte die DDR ihre Bürger. Das Computer-lesbare Personenformular, streng geheim, machte den sozialistischen Staatsbürger unverwechselbar.

Die Grundformen des Kopfes zum Ankreuzen auf einem Formular, das Maria Gresz mitgebracht hatte: Kreiselform, Rautenform, Pyramidenform, viereckige Form, rechteckige Form, ovale Form, hohe oder lange Form, runde oder breite Form, bikonkave Form, unsymmetrisches Gesicht. Haaransatz: kreisförmig, gerade, spitz, mit kleinen Stirnecken, mit mittleren Stirnecken, mit großen Stirnecken, Stirnglatze, Wirbelglatze, Stirn- und Wirbelglatze, Haarkranz und die eindeutige Vollglatze.

Insgesamt siebenundvierzig Kategorien beschrieben die Individualität des Untertanen. Von der Kopfform, dem Alter, dem Geschlecht über die Augenbrauen bis zur Nasenform. Knollennase, besondere Verfärbung, verkrüppelt usw. Selbst die Gewohnheiten seiner Zielpersonen trug der Stasi-Spitzel gewissenhaft ein: Nagen an Fingernägeln, Selbstgespräche, Kopfnicken, Auf- und Absetzen der Brille, Bohren in der Nase, Ziehen am Ohr, Arme beim Gehen hinten usw.

Die Suchkartei in der Aktenführung des Geheimdienstes war der Schlüssel zum Wissen. Jede Karte gab Auskunft über die anderswo lagernden Personenakten. Doch das System war längst an sich selbst erstickt.

Hans Eppich, stellvertretender Stasi-Chef der Stadt Leipzig, wusste das aus langjähriger Erfahrung. »Dadurch, dass wir zu sehr in die Breite gegangen sind, war das nicht mehr konspirativ. Das mussten die Leute merken. Darüber waren wir uns eigentlich auch klar.«

Am Schluss gab es nichts mehr, was nicht geheim war, und niemanden, den das gestört hätte. Die Spitzel der Staatssicherheit wurden überhäuft mit streng geheimen Richtlinien, zum Beispiel für den richtigen Umgang mit inoffiziellen Mitarbeitern.

Über die Anzahl der inoffiziellen Mitarbeiter wurde offiziell Buch geführt. Eine Liste vom Juli des vergangenen Jahres bewies, wie viele IM geschnüffelt hatten, insgesamt 5835. Die Opfer der Stasi-Spitzel landeten im Archiv, leicht greifbar, wenn beschlossen werden sollte, den Internierungsplan umzusetzen.

Frage an Eppich, der seine Position als zweiter Mann der Stasi Leipzig nach der Wende gegen die Position des Auflösers seiner Behörde tauschte. Was wusste er?

Eppich versuchte sich in Definitionen: »Ich muss sagen, ein Internierungslager ist erst mal keine Sache, aus meiner Sicht, des MfS. Ein Internierungslager bezieht sich auf ausländische Bürger, die im Falle einer möglichen kriegerischen Auseinandersetzung interniert werden.«

Das decke sich aber nicht mit den neuesten Aktenfunden, wandte die *Spiegel*-TV-Reporterin ein: »Es gibt ja jetzt Hinweise, dass da nicht ausländische Bürger, sondern Oppositionelle und andere Leute untergebracht werden sollten.«

Eppich räumte ein: »Solche vorbereiteten Dokumente hat es auch in Leipzig gegeben, auf der Grundlage von zentralen Weisungen. Ich muss aber hier aus meiner Kenntnis absolut davon ausgehen, dass das nur gedacht war für eine militärische Konfrontation, für eine militärische Auseinandersetzung, nur für einen solchen Fall, dass bestimmte Maßnahmen in dieser Richtung in Kraft getreten wären.«

Hier irrte der Stasi-Oberst. Die Bezirksverwaltung für Staatssicherheit Leipzig, Kreisdienststelle Leipzig, legte am 9. Oktober 1989 eine brisante Liste an. Überschrift: »Im Rahmen des Vorbeugungskomplexes zuzuführende Personen«. Es war eine Liste der Oppositionellen, die in Lager gesperrt werden sollten. Darunter:

»Wonneberger, Christoph – Pfarrer.

Fritsche, Klaus – Pfarrer.

Michael, Klaus – Pfarrer.

Richter, Johannes – Superintendent, Thomaskirche.

Wonneberger, Ute – Ehefrau.

Radicke, Andreas – Hausmeister.

Schlemmer, Frank – Träger Aufnäher ›Schwerter zu Pflugscharen‹.

Jakob, Günter – Pfarrer, ständiger Nichtwähler.

Magirius, Friedrich – Superintendent.

Mitdank, Jens – negativ dekadenter Jugendlicher.

Bachmann, Bernd – negativer Wortführer.
Steuer, Beatrice – negativer Wortführer.
Brune, Thomas – negativer Wortführer.
Hagemeister, Gerd – Beschimpfung MfS als Nazis.
Grüntzig, Andreas – Wortführer bei Rufen ›Stasi-Schweine‹.«
Der Letzte auf der Liste, Nummer 122:
»Dr. Bauer, Horst – Teilnehmer Zusammenrottungen.«
Unterschrieben hatte die Liste Stasi-Oberst Schmidt.
Eine Internierungsliste für den Kriegsfall? Wohl kaum. Der stellvertretende Stasi-Chef von Leipzig wollte sie nie gesehen haben – verantwortlich waren immer die Vorgesetzten: »Mir ist diese Liste nicht bekannt. Ich kann mit einer Liste nichts anfangen, ich weiß auch nicht, wo sie herkommt. Ich vermag auch nicht einzuschätzen, ob diese Liste für eine solche Aufgabe gedacht war. Wundern tut mich das nicht, denn ich hab ja darüber gesprochen, dass solche Dinge in Vorbereitung waren. Obwohl eine solche Liste in dieser Größenordnung mir unbekannt ist und eigentlich auch in dem Anliegen unvorstellbar ist.«

Dass Internierungslager eine entfernte Ähnlichkeit mit KZs hatten, war den regierenden Antifaschisten der DDR-Staatspartei offenbar nicht in den Sinn gekommen. Auch das hatte Tradition.

Invasion aus dem Westen   April 1990

In der DDR protestieren hunderttausend Menschen gegen den Vorschlag der Bundesbank, für Einkommen und Renten einen Umtauschkurs von 2:1 festzusetzen (5. April).

Viele Bürger der DDR hatten ihr Land verlassen und waren in die Bundesrepublik übergesiedelt, obwohl ihnen ein Stück des Landes gehört hatte. Jetzt drängten sie Richtung Osten und forderten ihre Häuser und Grundstücke zurück. Die noch existierende DDR wurde schon einmal in Augenschein genommen. Ganze Mercedes-Kolonnen aus dem Westen rollten durch die Nebenstraßen der östlichen Gemeinden. Autos stoppten vor verlotterten Villen und Einfamilienhäusern, deren Bewohner sich schnell unsichtbar machten, wenn ein mutmaßlicher Alteigentümer auftauchte. Noch war unklar, wie im Falle der Wiedervereinigung die Rechtslage beim Besitz an Haus und Hof sein würde. Schon jetzt entwickelte sich häufig ein Bürgerzwist am Gartenzaun.

Tamara Duve reiste nach Ostberlin und beobachtete die Begegnungen der Alt- und Neueigentümer von Grund und Boden.

Für manche Aussiedler war es ein Nostalgietrip in die alte Heimat. Das Team von *Spiegel TV* begleitete einen Westler auf dem Weg in seine Ostvergangenheit. Sein Ziel war eine Straße in Berlin-Karow. Dort stand sein Geburtshaus.

Ortstermin nach fast vierzig Jahren. 1953 waren seine Eltern mit ihm in den Westen gegangen und hatten Hab und Gut zurückgelassen. Der Arbeiter-und-Bauernstaat enteignete die Republikflüchtigen. Kurze Zeit später konnte ein treuer Staatsbürger das Häuschen günstig erwerben. Ganz legal nach DDR-Recht. Für den Mann aus dem Kapitalismus ein schreiendes Unrecht. Jetzt verlangte er das Haus zurück.

Deutsch-deutsche Begegnung in Zeiten der Wende.

»Ich wollte fragen, ob ich mal mein Geburtshaus betreten darf und ob wir mal miteinander reden können.«

»Nein«, erwiderte der jetzige Bewohner knapp. Das habe er doch schon am Telefon gesagt.

»Soll die Begründung, dass Sie in der NVA sind, der Grund sein?«

»Nein, das ist nicht der Grund.«

»Und weshalb dürfte ich mein Geburtshaus nicht mal betreten?«

»Es gehört meinem Vater, nicht mir.«

Die gesamtdeutsche Euphorie endete hier am Eingangstor.

Auch in Rangsdorf, südlich von Berlin, war schon längst nicht mehr jeder Westbesuch willkommen. Besichtigungstermine waren an der Tagesordnung.

Ein Westberliner hatte sein verlorenes Erbe in Augenschein genommen. Der Bewohner des Einfamilienhauses war entsetzt: »Und dann kam er eben mit seinem Bauberater, Hammer und Meißel und klopfte dann an einem Sonnabend den Putz von der Wand ab.«

Der Ostler kramte ein Foto hervor: »So sah das Haus aus, wie es erbaut worden ist. Und von diesem Foto ging er aus, und wir sollten den

Ursprungszustand wiederherstellen. Mit anderen Worten: Die Hecke, die wir selber erst gepflanzt haben voriges Jahr, die möchte wieder auf einmal diese Höhe haben, wie auf dem Foto zu sehen ist. Den Zaun fand er auch schöner als unseren.«

Selbst Geschmacksgrenzen wurden hier zwischen Ost und West deutlich: »Diesen Eisenzaun, der vor vielen Jahren mal gestanden hat, der schon lange verrostet und in sich selber zusammengefallen ist, eine Gefährdung an sich darstellte, sollten wir wieder neu erstellen, obwohl ich letztes Jahr einen anderen, massiven Zaun gebaut habe. Ich weiß nicht, von was für Vorstellungen dieser Mensch ausgeht.«

Der Mann aus dem Westen nahm auch Anstoß an der Phantasielosigkeit der Bewohner seines Elternhauses: »Gedacht habe ich, es sind junge Leute, was machen die bloß? Doch gar nichts. Der ganze Garten ist eine Wiese. Da ist kein Obst, kein nichts, rein gar nichts.«

Auch Ordnung, Sauberkeit und Arbeitsmoral der Brüder aus dem Osten erregten seine Abscheu: »Der Keller ist voller Dreck. Na ja, habe ich gesagt, wenn er arbeitet und sie arbeitet, dann ist nicht viel Zeit. Und sonnabends haben sie nicht viel Lust zum Arbeiten. Haben die sowieso nicht. Wir haben früher müssen mehr arbeiten als wie die Brüder da.«

Plötzlich wurde die Kehrseite der Wende sichtbar. Was dem einen als sein gutes Recht erschien, bedeutete für den anderen die Bedrohung der Existenz. »Wenn wir hier rausmüssen«, sagte die Frau, »dann können wir uns aufhängen. Wo sollen wir denn hin?«

Der deutsch-deutsche Verdrängungswettbewerb hatte bereits begonnen. Wenn die Immobilie lockte, hatten die Brüder und Schwestern aus dem Osten kaum noch eine Chance. Mit einer Bürgerinitiative kämpften sie gegen die Ellenbogengesellschaft. Eines der Mitglieder meinte: »Wie geht man mit Eigentum um? Na klar, der Grundsatz ist bei ihnen anders als bei uns momentan. Aber das kann nicht dazu führen, dass die eine Seite nur verliert und die andere nur gewinnt. Das geht nicht.«

Erst allmählich lernten die DDR-Bürger die Regeln des Monopoly-Spiels. Aufgeschreckt interessierten sie sich plötzlich für Besitzverhältnisse. Im örtlichen Liegenschaftsamt hofften sie auf Glasnost – mit Hilfe des Grundbuchs. Sie wollten den Grund und Boden kaufen, auf dem sie schon lange lebten. Das war, ganz unsozialistisch, seit kurzem möglich.

Volkseigentum stand zum Discountpreis nur für Ostbürger zum Verkauf. Wendepreis: durchschnittlich fünf Mark Ost pro Quadratmeter. Man stand Schlange – mal wieder. Doch diesmal ging es um das eigene Land. Man wollte retten, was vielleicht nicht mehr zu retten war.

Ein alter Mann hatte das Haus, in dem er wohnte, 1955 übernommen: »Nun höre ich aber, dass der Makler wiederkommt, also muss ich sehen, dass ich das kaufen kann.«

Es war wie beim Schlussverkauf im Grundbuchamt. In die Warteschlange der Panikkäufer hatte sich ein Bundesbürger eingereiht, der sein Erbteil aus der sozialistischen Konkursmasse retten wollte. Es gab wenig Gegenliebe für den ungebetenen Gast.

Der Streit zwischen einem Ostberliner, der das von ihm bewohnte Haus gerade frisch erworben hatte, und dem Altbesitzer aus dem Westen eskalierte sofort. »Gehen Sie runter von meinem Grundstück hier, ich habe das gekauft. Ich bin der rechtliche Besitzer«, blaffte der Ossi den Wessi an, der sich daraufhin zu dem Kamerateam aus dem Westen umwandte: »Geld wollen sie alle haben, aber die Rechte wollen sie nicht einhalten.«

»Wir haben es ja so nicht gewollt«, sagte eine Ostfrau.

»Ach, Sie wollten das alle nicht«, stellte der Mann aus dem Westen fest. »Komisch, ja. Warum sind die Leute denn abgehauen? Es wären noch mehr abgehauen, wenn sie das nicht so gemacht hätten jetzt.«

Auch die Frau wandte sich nun an die Reporterin aus dem Westen: »Also, ich habe die Frau im Grundstücksamt gefragt, wer im Grundbuch eingetragen ist, und die haben mir gesagt, dass wir als Eigentümer eingetragen sind, aber nur fürs Haus. Grund und Boden ist trotzdem im Westbesitz. Wir müssen abwarten, hat man mir gesagt. Sie können uns das Haus nicht wegnehmen, das wir darauf gebaut haben. Wir müssen sehen, wie die Gesetze sich nun entwickeln. Und wir sollten keine Angst haben. Sie sei sicher, dass das irgendwie gut geregelt wird. Dass wir das Haus nicht verlieren.«

Der Mann aus dem Westen machte einen Vorschlag: »Vom Eigentümer kaufen.«

Ratlos wiederholte die Frau: »Vom Eigentümer kaufen?«

Der Westler ungerührt: »Dann müssen Sie sich mit dem in Verbindung setzen.«

»Mit dem brauch ich mich nicht in Verbindung zu setzen, der war schon bei uns. Aber mit so einer Impertinenz, dass wir uns auch wundern. Man kann ja sachlich und ruhig dabei bleiben. Wir können nichts dafür, dass wir vom Staat das Nutzungsrecht für das Grundstück bekommen haben, um ein Haus darauf zu bauen. Da können Sie uns doch keine Vorwürfe machen.«

»Mach ich auch nicht«, lenkte der Westler ein.

»Meinen Sie, wir haben damit gerechnet, dass innerhalb von einem halben Jahr unsere ganze Entwicklung so vorangeht?«

»Auf meinem Grundstück«, beklagte sich nun der Mann aus dem Westen, »da hat man mir gesagt: Wissen Sie, wenn Sie Besitzansprüche stellen, dann gehen Sie mal schnell von meinem Grundstück runter.«

»Das ist auch richtig, das haben sie mir auch gesagt, ich hätte die Polizei holen und die runterwerfen lassen können.«

»Das ist ja fein.«

»Sie können doch nicht einfach kommen und uns das Grundstück wegnehmen.«

Der Westler seufzte: »Das sind ja stalinistische Methoden.«

»Wieso sind das stalinistische Methoden?«

»Eigentum ist Eigentum. Und wenn Sie es nicht erworben haben, dann ist es nicht Ihr Eigentum.«

Lehrstunde auf dem Grundbuchamt.

Die roten Jäger   Mai 1990

Nördlich von Berlin liegt die Schorfheide. In den letzten vierzig Jahren war dort die Partei- und Staatsspitze auf die Pirsch gegangen. Mit der Flinte in der Hand und dem Dackel an der Leine wurde geschossen, was der Wald hergab. Gab er es nicht her, wurde nachgeholfen. Honecker, Mielke und die übrigen zumeist betagten Genossen machten es sich dabei so bequem wie irgend möglich. Eine Leiter war nicht bequem genug. Die Jagdgenossen schritten komfortabel über Treppen auf ihre Hochstände.

Die Schorfheide, das waren fast dreihundert Quadratkilometer feinstes Jagdgebiet. Erich Honecker, Günter Mittag, Horst Sindermann und Gäste bliesen hier, überaus großzügig vom Volk finanziert, regelmäßig zum fröhlichen Halali. Auf seltenes Muffelwild und vor allem auf kapitale Hirsche hatten es die drei Jagdgenossen besonders abgesehen.

Die Schorfheide war inzwischen Landschaftsschutzgebiet, abgeschottet durch zwei Meter hohe Wildzäune. Zusätzlich waren Zehntausende von Bäumen einzeln eingezäunt worden.

Der zuständige Forstdirektor Schmidt erklärte dem *Spiegel-TV*-Team die Gründe: »Als ich mit meinen etwa gleich alten Kollegen in den sechziger Jahren hierherkam, ging es darum, ein repräsentatives Staatsjagdgebiet aufzubauen, in dem ordentlich Forstwirtschaft getrieben wird und in dem aber auch jagdliche Erfolge für Gäste aus aller Welt geschaffen werden sollen.«

Die Verluste aus der Forstwirtschaft bezahlte der Staatshaushalt. Jährlich acht Millionen Mark. Die Futtertröge für das Wild wurden jedes Jahr für 3,3 Millionen Ostmark gefüllt, mit Kraftfutter feinster Mischung. Ein Anwohner hatte das oft gesehen: »Mais zum Beispiel für die Hühner oder sonst etwas, was wir auch gern gehabt hätten. Das gab es sonst überhaupt nicht.«

An den offenen Einsprüngen wurde das Wild ins Jagdparadies gelockt. Steilwände blockierten den Rückweg. Angeblich war dieses unwaidmännische Treiben seit den sechziger Jahren abgeschafft. Doch der nagelneue Zaun, der die Wildfalle jetzt umgab, hatte noch keinen Rost angesetzt.

Ein volkseigener Zoo für die Führer der Arbeiterklasse.

Die Jagdhütte des ehemaligen Staatsratsvorsitzenden war eher bescheiden. Direkt vor der Hütte standen aber die gefüllten Tröge und Futterraufen, nachts bestrahlt von Halogenlicht. Schöne Aussichten und gutes Schussfeld für den Jagdgenossen Erich Honecker.

Frage des Westreporters: »Ist es üblich, dass man das Wild an den Futterplätzen abschießt?«

»Nein.«

»Wurde aber hier gemacht?«

»Selektionsabschuss«, erklärte Honeckers ehemaliger Jagdhelfer knapp.

»Was bedeutet das?«

147

»Das ist krankes Wild.«

»Aber die Hochstände sind doch alle an den Futterstellen direkt aufgebaut, in der Schusslinie.«

»Na ja, man muss ja erst mal zur Beobachtung«, antwortete vage der einstige Jagdgenosse der Parteispitze.

Das Team durfte auch eine Jagdhütte im Revier von Günter Mittag, im Zentralkomitee zuständig für Wirtschaftsfragen, besuchen. Sie war gut isoliert und im Winter mit einem Sägemehlofen zu beheizen. Selektionsabschuss und Wildbeobachtung hatten sich die Herren hier besonders leicht gemacht. Behaglich pirschten sie an getarnte Schusslöcher in den Wänden der Jagdhütte heran. Davor lagen Wildäcker, auf denen sich das Rotwild satt fressen konnte. Eine Schießbude für das Zentralkomitee.

Forstdirektor Schmidt hatte seine liebe Mühe mit den schießwütigen Obersozialisten gehabt: »Das musste dann also gut organisiert sein. Das ging am Schluss gar nicht mehr ohne Pkw. Aus dem Auto rausspringen, gucken, schießen, reinspringen, weiterfahren. So etwa war es am Schluss.«

Der Jagdeifer machte den Bau von Wildhallen zur Zwischenlagerung der Beute notwendig. Eine Halle eigens für Günter Mittag spendierte das Ministerium für Verteidigung 1984 für runde siebzigtausend Mark.

Doch zur zünftigen Jagd gehörte auch der frische Waldduft. Als eine landwirtschaftliche Gülleanlage in der Nähe zu sehr stank, wurde sie aus dem Revier verbannt und dreizehn Kilometer weit entfernt wieder aufgebaut. Inklusive einer neuen Straße. Alles in allem dürfte die Luftvorsorge an die sechs Millionen Mark gekostet haben.

In der Verschwendung des Volksvermögens waren die Jagdgenossen Spitze. Eine Elektrostation mitten in der Schorfheide betrieb ein großzügiges Pumpensystem, mit dem dreißig Wildäcker bewässert wurden. Kosten 6,4 Millionen Mark.

Honeckers Jagdleiter Wilhelm Dunkel wurde für die vorbildliche Organisation der Staatsjagd mit einem Siebenhundertfünfzigtausend-Mark-Anwesen belohnt, für das er fünfundachtzig Mark Monatsmiete zahlte. Das Haus bewohnte er auch noch nach der Wende. Den Reportern gegenüber beteuerte er: »Der Mietvertrag ist ordnungsgemäß abgeschlossen. Und so bleibt das auch.«

Die Agenten   Juni 1990

Polen, Ungarn und die Tschechoslowakei sprechen sich für die
Auflösung des Warschauer Paktes aus (7. Juni). Lothar de Maizière
reist als erster DDR-Regierungschef in die USA (9. Juni).

Die DDR hatte zwei große Geheimdienstapparate unterhalten. Der
eine Teil überwachte die eigenen Bürger, der andere Teil die Gegner im
Westen. Der inländische Unterdrückungsapparat wurde jetzt Stück für
Stück enttarnt und liquidiert. Der Spionageabteilung des legendären
Markus Wolf blieb ein freundlicheres Schicksal vorbehalten. »Mischa«
Wolf galt inzwischen in der DDR als Reformer. Sein Glück war, dass
man ihn schon vor der Wende in den Ruhestand verabschiedet hatte.
Er und sein Nachfolger Generaloberst Werner Großmann verstanden
es, dem Runden Tisch die »Hauptverwaltung Aufklärung« als Gentle-
man-Geheimdienst zu verkaufen. Die HVA sei ein ganz normaler Aus-
landsnachrichtendienst, nicht schlechter als der Bundesnachrichtendienst im Westen. So erhielt die Wolf-Truppe die Erlaubnis, sich selbst
aufzulösen. Die Agenten der HVA, von denen einige von der Bundesanwaltschaft gesucht wurden, weil sie sich nach der Enttarnung abgesetzt hatten, lebten weiter in Ostberlin.

Die Auflösung der DDR machte plötzlich aus verdienten Kundschaftern des Sozialismus greifbare Zielpersonen der westdeutschen Justiz.
Was geschah, wenn ein so erfolgreicher Spionageapparat wie der von
Mischa Wolf mit Mann und Maus in die Hände des Gegners zu fallen
drohte, untersuchte damals *Spiegel-TV*-Reporter Georg Mascolo.

Dreharbeiten vor einer Dienststelle der Hauptverwaltung Aufklärung in Ostberlin. Ein Mitarbeiter auf dem Weg zu seiner geheimdienstlichen Verdunkelungsarbeit. Als er die Kamera sah, drehte er sich zur
Seite. Die Kundschafter des Sozialismus waren scheu geblieben.

»Nein, Sie brauchen mich nicht zu fotografieren.«

»Warum sind Sie denn so ängstlich?«, erkundigte sich Mascolo.

»Ich bin nicht ängstlich, aber ich möchte das nicht.«

In dem Ausweichquartier des einstmals berühmten Geheimdienstes
in Hohenschönhausen am Rand Ostberlins residierte der Rest der DDR-
Spionage.

Der Reporter fragte:»Können Sie uns sagen, welche Dienststelle des Ministeriums hier ist?«

Der Mann schüttelte abweisend den Kopf:»Sie sehen doch, was hier dran steht. Reicht Ihnen denn das nicht?«

Fragen des Exfeindes wurden nicht beantwortet.

»Sind Sie Angehöriger der Spezialdruckerei?«

»Das geht Sie doch gar nichts an.«

In der ehemaligen Fälscherwerkstatt des Ministeriums für Staatssicherheit arbeiteten noch etwa zweihundert Geheimagenten an der Auflösung ihres Dienstes. Eine Legende wurde abgewrackt.

Markus»Mischa«Wolf, 007 in Rot, hatte dreißig Jahre lang die Spionageabteilung des Staatssicherheitsdienstes geleitet. Bereitwillig empfing der Pensionär den Reporter von *Spiegel TV* und ließ sich zum Ende seines Lebenswerkes befragen.

»Na ja, das fügt sich ein in das Ende der DDR überhaupt; wenn man den Nachrichtendienst als solchen nimmt, ist das wohl die Folge. Der Nachrichtendienst war ja nicht in dem Zustand, in dem sich Teile der Wirtschaft befanden. Der war intakt, und in vielen Teilen der Welt hatte er einen guten Ruf. Insofern ist das natürlich besonders bitter ...«

Die DDR-Auslandsaufklärung war – neben dem Sport – der einzige Bereich, in dem die DDR wirklich auf Weltniveau lag oder noch darüber. Hunderte von Agenten schleuste der Dienst des Mischa Wolf in westliche Ministerien, Nato-Dienststellen und Industriebetriebe ein. Von der Ostberliner Normannenstraße aus kommandierte Wolf in engster Zusammenarbeit mit den Sowjets seine Spione im Westen.

Was der sowjetische Geheimdienst KGB den Ostberliner Kollegen als Dank für gute Arbeit schenkte, lag mittlerweile in einer Rumpelkammer und durfte von dem *Spiegel-TV*-Team gedreht werden: geheimdienstlicher Kitsch zur Erinnerung an die Waffenbrüderschaft an der unsichtbaren Front. Der engen Zusammenarbeit mit dem KGB hatten die DDR-Kundschafter zu verdanken, dass sie im Zuge ihrer Selbstauflösung von den Bürgerkomitees weitgehend verschont blieben. Auch nach der Wende wagte sich niemand Fremdes allzu nahe an das Schwert der Partei heran, das noch immer scharf war.

Im Bürgerkomitee wusste man das und hatte Respekt vor den grauen

150

Wölfen.»Wir können nicht mit Sicherheit sagen, dass die HVA garantiert vollkommen aufgelöst wird. Wie wir auch nicht mit Sicherheit sagen können, ob nicht irgendetwas davon übrig bleibt. Die lösen sich alleine auf. Und wir haben wenig Einblick von außen. Es wäre auch vermessen zu sagen, wir könnten einschätzen, ob der Spionagebetrieb nun aufgelöst ist oder nicht. Das sind doch alles Spezialisten.«

Im Haus sieben des Stasi-Komplexes Normannenstraße lagerte ein Großteil der geheimen HVA-Akten. Unter Aufsicht eines eigens dazu verpflichteten Pfarrers wurde das brisante Material nach dem Sturm auf die Stasi-Zentrale im Januar ausgelagert. Ein Mitglied des Bürgerkomitees filmte den Abtransport. Doch niemand durfte in die Akten Einsicht nehmen. Es wurde lediglich kontrolliert, dass tatsächlich nur HVA-Materialien weggeschafft würden, zum Beispiel eine Kartei, in der die Klarnamen von Agenten registriert waren, die in der Bundesrepublik für die verschiedensten Geheimdienste der Welt arbeiteten, soweit die Stasi ihre Identität kannte.

Allein für München war es ein zehn Zentimeter dickes Paket. Für westliche Geheimdienste wären die Akten der Hauptverwaltung Aufklärung das wertvollste Beutestück im DDR-Konkurs gewesen. Offizieller Hüter des Stasi-Schatzes war Innenminister Diestel.

Er erklärte dem *Spiegel-TV*-Reporter, dass bisher niemand von ihm verlangt habe, die Stasi-Akten über DDR-Bürger dem Westen, etwa dem Bundesnachrichtendienst, zu übergeben. Genauso müsse mit den HVA-Materialien über Bundesbürger umgegangen werden:»Ich habe eine sehr tiefe Bereitschaft, das Material, was ich über Bundesbürger habe, über zwei Millionen Dossiers, eben ungelesen zu vernichten.«

Schon jetzt waren Berge von Akten verbrannt und zerhäckselt worden. Auf dem Gelände der ehemaligen Agentenschule in Gosen bei Frankfurt an der Oder lagen neben stillgelegten Funkfahrzeugen riesige Haufen vernichteter Dossiers. In den Resten fanden sich die Namen von Zielpersonen der Auslandsaufklärer. Mascolo stöberte in den Schnipseln und las Bruchstücke daraus vor:»Somit hat Minister Stoltenberg … Außenminister Genscher …«

Doch nicht alles wurde vernichtet. Untreue Spione brachten inzwischen Geheimmaterialien in Umlauf, aus denen zum Beispiel hervorging, welche Zielpersonen die Stasi in Bonn abgehört hatte. Darunter

Helmut Kohl, dessen Sekretärin Juliane Weber, seinen Assistenten Horst Teltschik, Innenminister Friedrich Zimmermann und viele andere. Die Stasi-Spione lauschten beim Ostberliner Staranwalt Professor Vogel und bei den Republikanern des Franz Schönhuber. Sie saßen in den Leitungen fast aller westdeutschen Geheimdienste und registrierten sogar, wenn prominente Journalisten auf der Suche nach Hintergrundmaterial beim BND anklingelten. Gesichert wie vor der Wende war immer noch die Funkzentrale der Hauptabteilung Aufklärung in Wernstorf bei Berlin. Hier meldeten sich die Stasi-Spione per Funk aus dem Westen. Mischa Wolfs unglückliche Erben hielten den Kontakt weiterhin aufrecht, denn Spione ließen sich nicht so einfach abschalten. Man wollte verhindern, dass sie dem Gegner in die Hände fallen.

Georg Böhm vom Runden Tisch, verantwortlich für die Auflösung der HVA, erklärte dem *Spiegel-TV*-Reporter den Sinn der Aktenvernichtung: »Das eine ist, damit sie nicht in falsche Hände geraten. Und das andere ist das allmähliche, sanfte Abschalten der Agenten im Ausland. Auf eine Weise, die es ihnen ermöglicht, entweder unbeschadet in die DDR zurückzukommen oder dort ihre bürgerliche Existenz weiter auszubauen, die sie sich schon aufgebaut hatten. Unerkannt zu bleiben.«

»Das betrifft nicht nur Menschen, die in der Bundesrepublik gearbeitet haben?«

»Nein, nein. Das betrifft eigentlich alle Leute, die von der HVA im Ausland eingesetzt waren. Das sind Leute in den USA, in Japan, in Großbritannien. In anderen Ländern.«

Noch als der SED-Staat in den letzten Zügen lag, lieferte die Hauptabteilung Aufklärung brav ihre Informationen aus dem siegreichen Lager. Eine Notiz vom Dezember 1989 aus der engsten Umgebung des US-Botschafters in Ostberlin: Der habe über Kohl geäußert, sein Zehn-Punkte-Plan zur Wiedervereinigung sei undurchdacht, voreilig und Wahlpropaganda.

Topquellen überall. Kein Wunder, dass Geheimdienste des Westens versuchten, sich die Hinterlassenschaft der HVA zu sichern. Allen voran der Bundesnachrichtendienst, der sogar einen Agenten unter den Stasi-Auflösern hatte.

Dr. Georg Böhm wollte keinen Namen nennen. »Aber ich weiß aus der jüngsten Zeit von einem Oberst der HVA, der mit der Auflösung beauftragt war, dass er Kontakte zum BND hatte oder der BND zu ihm. Dafür ist er auch bezahlt worden. Er ist in den letzten Wochen noch enttarnt worden und hat praktisch ein Geständnis abgelegt. Er ist inzwischen entlassen worden.«

Ein Mitglied des Runden Tisches, der Bürgerrechtler Werner Fischer, hatte Einblick in den HVA-Bereich: »Es arbeiten derzeit auf dem Territorium zweiunddreißig fremde Geheimdienste, die in dieses Vakuum stoßen, seitdem die Staatssicherheit im Grunde aufgelöst ist. Sie versuchen, hier ihre Pfründe zu finden. Insbesondere haben wir festgestellt, dass sie sich engagieren im Bereich der Wirtschaft. Jetzt, wo die Marktwirtschaft kommt. Das ist im Übrigen sehr interessant. Der KGB versucht hier, sein Terrain zu sondieren. Bedient sich hier auch ehemaliger Mitarbeiter der Staatssicherheit.«

Schon im Herbst 89 waren besonders brisante Stasi-Akten in die Kommandozentrale der Sowjettruppen nach Berlin-Karlshorst ausgelagert worden. Auch etliche Stasi-Agenten wechselten bruchlos zum sowjetischen Geheimdienst über. Man kannte sich. Stasi und KGB hatten in der DDR fast überall unter einem Dach residiert.

In einem geheimen deutsch-sowjetischen Protokoll von 1982, abgezeichnet vom Stasi-Chef Mielke und KGB-Chef Witali Fedortschuk, wurde detailliert aufgelistet, in welchen Stasi-Dienststellen der KGB als Untermieter saß. Insgesamt hatte der sowjetische Geheimdienst in dreiundzwanzig Stasi-Dienststellen Verbindungsbüros und dazu siebzehn eigene Dienstgebäude in der DDR. Bei so viel Sowjetpräsenz setzte der neue Innenminister auf Verständigung.

»Neutralisierung ist vielleicht der richtige Begriff«, meinte Diestel. »Ich muss vermeiden, dass in irgendeiner Weise dieses Material noch Unheil anrichten kann. Und Sie wissen ja, dass der KGB und das Ministerium für Staatssicherheit eine sehr weite Form der Verflechtung innehatten und dass ich mit dieser Verflechtung einfach rechnen muss. Und es ist sicherlich auch ausreichendes Material auf sowjetischer Seite. Und ich werde hier meinen Einfluss geltend machen, dass auch dieses Material nicht gegen die deutsche Einheit eingesetzt wird.«

Selten ist ein Geheimdienst im Kalten Krieg so gründlich besiegt worden wie die Hauptabteilung Aufklärung der Stasi. Die Agenten fühlten sich total heimatlos. Kanzlerspion Günter Guillaume, schon einige Zeit zuvor ausgetauscht, ließ sich bereitwillig von Georg Mascolo interviewen. Bitter beklagte er sich:»Die Kundschafter haben ihren Dienstherrn verloren. Und damit leben sie plötzlich in einem etwas rechtsunsicheren Raum. Der eine oder andere, der rechtzeitig zurückgezogen wurde und der Strafverfolgung entgehen konnte, muss jetzt damit rechnen, dass das nachträglich auf ihn zukommt.«

Für Hansjoachim Tiedge war die Lage noch gefährlicher. Der ehemalige Regierungsdirektor im Bundesamt für Verfassungsschutz arbeitete jahrelang als Spion für den Osten. 1985 war er kurz vor seiner Enttarnung in die DDR übergelaufen. Gegen Tiedge lief ein bundesdeutscher Haftbefehl. Nach der Wiedervereinigung hätte er festgenommen werden müssen.

Tiedge gab sich ganz abgeklärt:»Ach Gott, es gibt sicherlich erfolgreichere Situationen im Leben, das möchte ich nicht bestreiten, aber mein Leben war von Auf und Ab gezeichnet. Vielleicht ist jetzt eine gewisse Abschrägung unverkennbar. Aber nicht, dass ich mir jetzt Sorgen mache. So weit ist es noch lange nicht.«

Tiedge und seine Kollegen im Außen- und im Innendienst der DDR-Spionage bauten auf eine diplomatische Lösung, sonst hätten sie allesamt, inklusive ihres ehemaligen Chefs, hinter Gitter wandern müssen. Markus Wolf fand diese Aussicht bedenklich,»juristisch, aber auch moralisch«. Es bliebe ja auch immer eine gewichtige unbekannte Größe:»Was ist denn da noch übrig geblieben?«

Mascolo wollte es genauer wissen:»So ein Restdienst, der da übrig bleibt?«

Der ehemalige Geheimdienstchef stimmte zu:»Ein Restdienst oder Menschen, die bereit sind, tätig zu werden, gleich, für wen auch immer.«

Mischa Wolf brauchte nicht groß zu drohen. Welche Bomben in den Archiven der DDR-Auslandsspionage liegen, konnte sich jeder westliche Politiker leicht ausrechnen. Mit den Materialien ließe sich so mancher Wahlkampf bestreiten. So würde es wohl ein Gentleman's Agreement geben mit den Kundschaftern der HVA. Straffreiheit gegen Still- und, vor allem, Klappehalten.

154

Die RAF-Seniorenresidenz Juni 1990

Sieben Monate waren vergangen seit dem Fall der Mauer. Zum ersten Mal seit Kriegsende war es möglich, in der DDR unbehelligt von der Staatsmacht und ihrem Sicherheitsdienst Filmaufnahmen zu machen. Wir nutzten dies aus, so weit wir personell dazu in der Lage waren. Manchmal waren vier oder sogar fünf Reporter von uns und genauso viele Aufnahmeteams im Osten unterwegs. Inzwischen brachte auch das gewendete DDR-Fernsehen in einer Wiederholung die Sendungen von *Spiegel TV*. Jeden Sonntagabend lief das Magazin mit inzwischen zwei bis drei Millionen Zuschauern in dem neuen kommerziellen Sender RTL. Auch in der DDR, mit Satellitenschüsseln neuerdings reichlich ausgestattet, sahen sehr viele Menschen das Programm. Einmal brachte eines unserer Teams ein Foto von einer Pension im Sächsischen mit, vor der ein großes Plakat hing: »Zimmer mit Frühstück, Dusche, Spiegel TV«.

Während die Reporter und Kameraleute ihre Expeditionen in den unbekannten Osten unternahmen, koordinierten Bernd Jacobs und ich in der *Spiegel*-TV-Redaktion im Hamburger Chilehaus die Einsätze. Dann, ab Freitagabend, wenn die Reporter mit ihrem Material zurückkamen, setzten wir uns mit ihnen in den Schneideraum und machten aus den Videobändern Filme. Das dauerte regelmäßig bis weit über Mitternacht hinaus. Am Sonntag tippte ich dann zumeist die Texte in die Maschine. So ging das Wochenende um Wochenende. Wir waren ein sehr gutes Team: junge Reporter, die ausschwärmten, und erfahrene, die wie am Fließband Filme schnitten und texteten.

Und jede Woche kam wieder ein Ereignis dazu, das man sich niemals hätte vorstellen können.

So war das auch im Juni 1990. Plötzlich stellte sich heraus, dass die DDR gesuchten RAF-Terroristen Unterschlupf gewährt hatte. Susanne Albrecht, die ein Todeskommando in die Villa des Bankers Jürgen Ponto, des Patenonkels ihrer Schwester, geführt hatte, wurde in der DDR aufgespürt. Im Ostberliner Stadtteil Marzahn, einem ehemaligen Stasi-Wohnviertel, hatte sie jahrelang ein bürgerliches und gänzlich unauffälliges Leben als verheiratete Frau mit Kind geführt. Sie war die

155

Erste aus der Roten Armee Fraktion, die vom DDR-Innenminister Peter-Michael Diestel der Bundesanwaltschaft übergeben wurde. Nicole Brock, Katrin Klocke und Cassian von Salomon machten sich auf die Spurensuche.

Man hatte sie im Nahen Osten vermutet oder in Südamerika. Doch sie lebte in einer Trabantenstadt am Rand Ostberlins. Eine der meistgesuchten Terroristinnen fand Unterschlupf in der Anonymität der Betonburg Marzahn, Rosenbeckerstraße Nummer 3, zweiter Stock links. Perfekte Tarnung in sozialistisch-kleinbürgerlicher Umgebung.

Claus Becker hatte hier gewohnt, ein Diplomphysiker mit Frau und Kind, und angeblich erst kurz zuvor die wahre Geschichte seiner Angetrauten erfahren: Susanne Albrecht, Tochter aus großbürgerlichem Hause in Hamburg, geboren 1951. Mit zwanzig Jahren zu Hause ausgezogen, weil sie die ewige »Kaviarfresserei« satthatte.

So begann die terroristische Karriere einer behüteten Bürgertochter. Nach einem kurzen Gastspiel in der Hausbesetzerszene über die sogenannten Folterkomitees gelangte sie in den harten Kern der Roten Armee Fraktion. Ganz oben auf der Fahndungsliste seit 1977. Und genauso lange gab es Gerüchte, dass sie sich längst aus dem Terrorismus abgesetzt hatte.

Der Hausmeister in Marzahn war aus allen Wolken gefallen, als er hörte, wer da mit ihm im Block gewohnt hatte. »Wir haben da nischt mit zu tun«, erklärte er dem Kamerateam.

»Auch beim Einzug ist nichts aufgefallen?«

Er schaute in die Unterlagen und schüttelte den Kopf. »1987 wurden die Schlüssel übernommen von der Familie Becker.«

Die Beckers hatten die Schlüssel nicht selbst abgeholt. Das hatte der Staatssicherheitsdienst für sie erledigt. Die untergetauchte Westterroristin stand unter östlichem Staatsschutz. Die Stasi besorgte ihr neue Papiere auf den Namen Ingrid Jäger und gab ihr sogar die Genehmigung zu Reisen in die Sowjetunion und in den Nahen Osten. Als Gegenleistung erwartete der Geheimdienst offenbar Informationen aus der bundesdeutschen Terrorszene.

Eine lohnende Quelle.

Weil Susanne Albrecht die Kommandoerklärung zum Ponto-Mord unterschrieben hatte, zählte das Bundeskriminalamt sie zu den vierzig gefährlichsten deutschen Terroristen und vermutete sie bei den Palästinensern im Nahen Osten. Der Weg dorthin verlief fast immer über dieselbe Route. Solange es bundesdeutsche Terroristen gab, reisten diese vorwiegend über den Ostberliner Flughafen Schönefeld.

Ohne westliche Passkontrolle konnten sie die Grenze nach Ostberlin passieren, und die DDR-Behörden ließen sie unbehelligt weiterreisen zu den Ausbildungslagern der palästinensischen Freischärler in Jordanien oder im Libanon. Dort wurden Generationen deutscher Terroristen für den inzwischen zwanzigjährigen Untergrundkampf ausgebildet.

Zurückgekehrt, setzten sie bei Banküberfällen, Entführungen und Attentaten um, was sie dort gelernt hatten. So auch die »Bewegung 2. Juni«, die anarchistische Konkurrenzorganisation zur RAF.

Nicht selten wurden die reisenden Terroristen in der DDR kurzzeitig aufgehalten. Zum Beispiel Michael »Bommi« Baumann, den die *Spiegel-TV*-Reporter über seine Erfahrungen mit Ostberlin befragten. Er sei häufiger durch Ostberlin gereist und dabei jedes Mal von Stasi-Mitarbeitern kontrolliert worden, erklärte Baumann. Die DDR-Geheimdienstler seien genau informiert gewesen, mit wem sie es zu tun hatten. Manche der mitreisenden Gruppenmitglieder hätten auch Waffen bei sich gehabt.

»Ich hatte keine Pistole mit«, sagte Bommi Baumann, »ich hatte auch kein Geld dabei.« Daraufhin habe ihm die Stasi mit Geld ausgeholfen. Bevor man ihn nach einem Verhör nach Westberlin entlassen habe, sei er noch gefragt worden, in welche der konspirativen Wohnungen er sich begeben wolle. Baumann: »Die Wohnungen wurden überwacht von der Stasi, die Telefone wurden abgehört.« Er wiederholte: »Jetzt mal richtig nachdenken: Die Telefone wurden abgehört in den Wohnungen. Die Wohnungen selber wurden überwacht. Und dann hat man gesagt, die Wohnung geht nicht, da bist du gefährdet. Geh lieber in die und die Wohnung. Dann hat man mir Geld gegeben und mich zum Bahnhof Friedrichstraße gefahren.«

So tolerierte der Staatssicherheitsdienst die rege Reisetätigkeit der bundesdeutschen Untergrundkämpfer auf dem Territorium der DDR, beobachtete die Szene im Westen genauestens, hielt sich aber sonst im Hintergrund. Direkte Hilfe wie Geld, Waffen oder Ausbildung gab es offenbar kaum. Man wollte nur wissen, was lief, und sicherte im Austausch gegen Informationen die Reiseroute nach Nahost. Das war mehr als eine indirekte Hilfe, meinte der inzwischen aus dem Terror ausgestiegene Bommi Baumann:»Was heißt raushalten bei dem Wissen? Das ist ja nicht mehr Raushalten. Man kann doch nicht auf der einen Seite über einen Verein total Bescheid wissen und gleichzeitig sagen, ich halte mich da raus.«

Die *Spiegel-TV*-Reporter fragten:»Das heißt, das ist schon eine Art von Unterstützung?«

»In einer gewissen Weise ja. Und diese Ein- und Ausreisen, wenn man sich vorher angemeldet hat, dann ist man nicht mehr festgenommen worden. Die haben auch mir gesagt, wenn du jetzt noch mal mit einem falschen Pass verhaftet wirst, dann reicht ein Anruf. Das genügt, und du kannst sofort weiterfahren.«

Die Stasi-Connection lief, solange es in der Bundesrepublik Terrorismus gab. Ein Stillhalteabkommen aus der Sicht des MfS mit dem Hauptziel, die Terroristen davon abzuhalten, in der DDR Filialen zu eröffnen. Doch die Abschaffung des DDR-Geheimdienstes hatte den Status quo verändert. Die schützende Hand der Genossen aus der Hauptabteilung 22 des Ministeriums für Staatssicherheit gab es nicht mehr. So war die gewendete DDR nicht länger sicherer Reiseweg für aktive und sicherer Ruheplatz für abgesprungene Terroristen wie Susanne Albrecht.

Innenminister Diestel deutete den *Spiegel-TV*-Reportern gegenüber an, dass jetzt auch die DDR und ihre Politiker Ziel für Anschläge sein könnten. Vor allem, seit aus Stasi- und Armeedepots Waffen und Sprengstoff in großen Mengen geraubt worden waren, hatte er die Sicherheitskontrollen durch die Polizei überall verstärken lassen.

»Herr Diestel, gibt es in letzter Zeit konkrete Drohungen gegen drei Politiker der DDR von Seiten der RAF?«

»Nicht nur gegen drei«, antwortete Diestel.»Ich würde sagen, gegen fünf bis sechs Politiker. Ob die ernst zu nehmen sind oder nicht, kann ich nicht sagen. Wir nehmen sie ernst, und ich hoffe, dass sie nicht ernst gemeint sind, weil sie im Prinzip auch meine persönliche Lebenserwartung irgendwie ins Auge gefasst haben.«

»Was sind das für Drohungen?«

»Bombendrohungen, Liquidierungsankündigungen, Hinrichtungsankündigungen und dergleichen.«

»Welche Personen sind betroffen?«

»Die politische Führung in diesem Lande.«

»Sie selbst auch?«

»Ich selber auch, Frau Bergmann-Pohl, Herr de Maizière und andere Ministerkollegen.«

Die Fahndung nach den Mitgliedern der RAF endete jetzt nicht mehr an der deutsch-deutschen Grenze. Das mörderische Kampfgebiet der RAF auch nicht. Eine Woche später stellte sich heraus, dass neben Susanne Albrecht noch andere Terroristen mit Hilfe der Stasi in der DDR untergetaucht waren.

Vom greisen Stasi-Chef Erich Mielke war sein letztes Wort in der Volkskammer zum Volksgut geworden: »Ich liebe euch doch alle«, hatte er den Abgeordneten zum Abschied zugerufen. Wie groß sein Herz wirklich war, konnte man erst ermessen, seit bekannt wurde, dass in der DDR eine halbe Terroristengeneration Zuflucht gefunden hatte. Noch war nicht geklärt, ob sich die RAF-Mitglieder tatsächlich vom bewaffneten Kampf zurückgezogen hatten und nur ein ruhiges Altenteil im Arbeiter- und Bauernparadies suchten oder ob die DDR Operationsbasis im mörderischen Stadtguerillakrieg war.

Stasi und RAF, eine perfekte und perverse Kombination, nicht ohne innere Logik.

Claudia Bissinger, Tamara Duve, Cassian von Salomon und Beate Schwarz recherchierten in den Tagen darauf, wie es zu der Zusammenarbeit der Terroristen und der Geheimdienstler gekommen war.

Man vermutete sie im Nahen Osten, doch sie waren im ganz nahen Osten untergetaucht. Während ein bombastischer bundesdeutscher Sicherheitsapparat im Nebel herumstocherte, hatten es sich die revolutionären Zielpersonen im abgeschotteten Mief der DDR gemütlich gemacht.

Zum Beispiel Inge Viett zunächst in Dresden. Die alte Dame des Terrorismus lebte hier unter dem Namen Eva-Maria Sommer von 1983 bis 1987, dann zog sie um nach Magdeburg. Inge Viett, ursprünglich Mitglied der Bewegung »2. Juni«, war Ende der siebziger Jahre zur RAF gewechselt. Den Lebensstil einer Terroristin im Ruhestand schilderte eine Nachbarin. »Schrankwand Leipzig, aber gebraucht, und dann auch eine hübsche Garnitur hat sie gekauft, die war sehr schön, so mit so Kunst überzogen. Und ein paar Kleinigkeiten drin. Und da habe ich gesagt: ›Wo haben Sie denn so hübsche Möbel her?‹ Und da sagt sie: ›Vom An- und Verkauf.‹«

Exil für gebrauchte Terroristen: Stammheim-Ost. Die triste Idylle des DDR-Alltags. Inge Viett arbeitete dort als Repro-Fotografin.

Ein ehemaliger Kollege sagte: »Sie ist uns zugewiesen worden als BRD-Bürgerin, die in der BRD keinen Arbeitsplatz mehr hatte aus politischen Gründen. Die hier rüberkam, die ohne Beruf war und hier qualifiziert werden sollte.«

»Passiert so etwas öfter, dass Leute aus politischen Gründen hier dann Arbeit gefunden haben?«

»Aus Deutschland nicht, aber aus dem Ausland. Libanon ...«

Aus politischen Gründen hatten auch andere RAF-Kollegen keinen Arbeitsplatz mehr in der BRD. Als sie ihre Gesichter auf Fahndungsplakaten betrachten konnten, waren sie den Untergrundkampf leid. Es setzten sich ab in die DDR:

Susanne Albrecht, gefasst in Ostberlin.

Monika Helbing, gefasst in Frankfurt an der Oder, gemeinsam mit ihrem Ehemann, Ekkehard von Seckendorff.

Werner Lotze, verhaftet in Senftenberg, Bezirk Cottbus.

Sigrid Sternebeck, festgenommen in Schwedt bei Frankfurt an der Oder. Inge Viett, verhaftet in Magdeburg.

Christine Dümlein musste wieder auf freien Fuß gesetzt werden, weil der Haftbefehl verjährt war.

Namen, die an das blutige Jahr 1977 erinnerten.

Vor allem die Zusammenarbeit der RAF mit palästinensischen Terrorkommandos – so bei der Entführung des Lufthansa-Jets »Landshut« – hatte die Behörden vor fast unlösbare Probleme gestellt. Die RAF war damit eingebunden in das Netzwerk östlicher Geheimdienste.

Peter-Jürgen Boock, ehemaliges Mitglied der RAF-Führungsgruppe, wusste von den geheimdienstlichen Berührungspunkten. »Die Kontakte waren eigentlich fast unvermeidlich, weil die Stasi für die Ausbildung sehr vieler Geheimdienste in der Dritten Welt, die sich zum sozialistischen Block dazugehörig fühlten, verantwortlich war. Also entweder der KGB war der Ausbilder, oder die Stasi war der Ausbilder. Von daher hatte man es sehr oft mit solchen Leuten zu tun.«

»Wann hat das aus Ihrer damaligen Kenntnis angefangen?«

Boock: »Die RAF hat sich schon recht früh bemüht, Kontakte zu anderen Befreiungsbewegungen zu bekommen, und hatte dadurch auch von Anfang an mit Geheimdiensten zu tun.«

Der kurze Draht zum Osten war kein Zufall. Man hatte dieselben Feindbilder: zunächst die Amerikaner, die Vietnam mit Krieg überzogen. Eine ganze Generation von Studenten hatte sich mit dem Vietkong gegen den Westen solidarisiert – und war damit zumindest indirekt an die Seite der sonst so ungeliebten sozialistischen DDR gerückt. Gemeinsame Feindbilder schmiedeten später auch die nahöstlichen Koalitionen des Terrors. So waren deutsche Stadtguerrillas im Auftrag des libyschen Staatschefs Gaddafi weltweit unterwegs. Legionäre unter dem Befehl eines größenwahnsinnigen Potentaten. Und alle arabischen Revolutionäre hatten einen guten Draht nach Ostberlin. Staatschef Erich Honecker verband eine geradezu schwärmerische Liebe mit den westdeutschen Genossen der PLO.

Kein Wunder, dass Ostberlin einsprang, als sich RAF-Kämpfer, des Terrors müde, aufs Altenteil zurückziehen wollten. Peter-Jürgen Boock hatte das mitbekommen, als er noch bei der RAF war: »Es gab eine ganze Reihe von Leuten, die zu den sogenannten Abtrünnigen gezählt worden sind, die einmal in Paris versammelt waren. Und ich weiß, dass zu der Zeit Vorbereitungen dazu liefen, diese Leute in irgendwelchen Ländern unterzubringen, wo die RAF dann den Daumen draufhalten konnte. Also kontrollieren konnte, wissen konnte, was die Leute tun und dass sie sich so verhalten, dass für die Gruppe daraus keinerlei Gefahr erwächst.«

Dass es Vorbereitungen gab, die Aussteigewilligen in die DDR zu bringen, wusste Boock nicht. »Es sind ab und zu mal Namen von sozialistischen Ländern gefallen, aber die DDR war meines Wissens nicht dabei. Angola, Moçambique, Kuba waren im Gespräch. Es war auch klar, dass es Ostblockländer sein könnten oder Länder, die dem Ostblock nahestanden. Nur welche, das wusste damals keiner.«

In einem RAF-Papier hieß es dazu 1988 ganz unverblümt: »In den Monaten ging die Aufarbeitung der vorangegangenen Kampfphase auch dahin, dass acht aus der Gruppe weggehen wollten. Für die suchten wir einen Zusammenhang, der mehr ist als sicheres Versteck, der vielmehr Leben und Perspektive wird. Die Lösung wurde eine gute

Sache. In einer Region, wo die imperialistischen Apparate nichts zu sagen haben.«

Doch das wendete sich mit dem Fall der Mauer.

Egon Krenz, der letzte Partei- und Staatschef, beteuerte: »Ich muss sagen, dass in der Zeit, als ich Mitglied des Politbüros und verantwortlich für die Abteilung Sicherheitsfragen im Zentralkomitee war, weder im Politbüro noch im nationalen Verteidigungsrat noch in Gesprächen, die Erich Honecker oder Erich Mielke mit mir führten, ein solches Thema jemals zur Debatte gestanden hätte.«

Auch Gregor Gysi wusste von nichts: »Ich hätte es sogar, muss ich sagen, ausnahmsweise mal für ausgeschlossen gehalten. Das Einzige, was mir jetzt nachträglich auffällt, ist ja, dass es nie Anschläge von denen hier gegeben hat. Ich weiß nicht, ob es da irgendeine Verabredung gegeben hat.«

Der Schlüssel für die Stasi-Connection zur RAF lag im Ostberliner Stadtteil Marzahn, Ferdinand-Schulze-Straße. Dort residierte eine kaum beachtete Spezialabteilung des Ministeriums für Staatssicherheit, die nicht der Auslandsspionage des Markus Wolf unterstellt war. Die »Diensteinheit 22« hatte zur offiziellen Aufgabe die »operative Bearbeitung linksextremistisch-terroristischer Organisationen, Gruppen und Kräfte sowie des internationalen Terrorismus«.

Eine Antiterrortruppe zur Unterstützung gesuchter Terroristen. Obwohl die Diensteinheit 22 ihre wichtigsten Außenstellen im Bezirk Frankfurt an der Oder hatte, wurde nicht einmal die dortige Stasi-Zentrale in das Geheimnis eingeweiht. Die Betreuung westdeutscher Terroristen war absolute Chefsache, eines der am besten gehüteten Staatsgeheimnisse der DDR. Selbst die oberste Leitungsebene erfuhr erst nach der Wende Einzelheiten.

Ein hoher Stasi-Offizier erklärte vor der Kamera: »Ich halte es für unwahrscheinlich, dass diese Personen in irgendeiner Form aktiv durch das ehemalige MfS gesteuert oder geführt worden sind im Sinne der weiteren Handlungsfähigkeit. Das schließe ich absolut aus.«

Der Reporter fragte nach: »Das MfS wird doch kaum Leuten aus der Terrorszene Unterschlupf gewährt haben, sie ausgestattet haben mit neuen Identitäten, ohne etwas von ihnen zu wollen ...«

Der Stasi-Offizier vermutete nur das Beste: »Das kann nur so erklärbar sein, dass man diese Leute versucht hat zu neutralisieren. Vielleicht auch, um über das Wissen und die Kenntnis dieser Personenkreise zu entsprechenden Informationen über die internationale Terrorszene zu gelangen.«

Diese Einschätzung teilte auch das ehemalige RAF-Mitglied Peter-Jürgen Boock. »[Das Motiv], die Gruppe zu verlassen, war, nicht weiter mit der Knarre in der Hand kämpfen zu wollen. Die Leute, die gegangen sind, waren alles ›erklärte Aussteiger‹. Also gehe ich davon aus, dass sie von der DDR nur unter der Bedingung genommen wurden, dass sie ganz deutlich erklären, mit dem bewaffneten Kampf ist Schluss.«

Kein Zweifel, auch die Unterstützung gesuchter Terroristen, die der Gewalt abgeschworen hatten, war nach bundesdeutschen Gesetzen ein Straftatbestand. Doch die Hilfe zum Aussteigen aus dem terroristischen Wahnsinnskrieg war sicher juristisch, politisch und moralisch anders zu bewerten als eine aktive Unterstützung des Terrors. Noch war nicht klar, welche Variante auf die RAF-Stasi-Connection zutraf.

Sonnenwende   Juni 1990

Sie feierten mit Feuer und Flamme für ein neues Großdeutschland, die Neonazis aus Ost und West, wiedervereint in der Wendezeit. Inszenierter Nazi-Kitsch mit salbungsvollen Worten: »Brüder im Lande die Fackeln entfacht! Tragt sie herbei in schwingendem Lauf. Bringt uns das Feuer, wir warten darauf.«

An der Grenze zu Thüringen trafen sich Neonazis aus der DDR und der Bundesrepublik zur ersten gesamtdeutschen Sonnwendfeier. Im kultischen Rausch erklang die Erinnerung an schlimme alte Zeiten. »Werfe den Kranz für die Mütter, die Träger des Lebens.« Hoch loderte die Flamme des alten Wahns: »Ich werfe den Kranz für das ganze Deutschland. Alle Grenzen sollen fallen.«

Dann wurde die Nationalhymne angestimmt, erste Strophe: »Deutschland, Deutschland, über alles, über alles in der Welt«.

Die D-Mark kommt Juli 1990

Die Währungsunion tritt in Kraft, an der innerdeutschen Grenze entfallen die Kontrollen (1. Juli). Die deutsch-deutschen Verhandlungen über den Einigungsvertrag beginnen in Ostberlin (6. Juli).

Die Stunde null fand diesmal tatsächlich um null Uhr statt. Ab Mitternacht am 1. Juli 1990 sollte die noch bestehende DDR die D-Mark West einführen. Wenn die Mark nicht zu uns kommt, kommen wir zur Mark, hatte es in der DDR geheißen.

Darauf wollte Kanzler Kohl es denn doch nicht ankommen lassen und setzte durch, dass der Alutaler des Ostens noch vor der Wiedervereinigung der harten Westmark weichen musste. Man kannte keine Ladenschlusszeiten, als die ersten Währungsschlangesteher bei den auch um Mitternacht geöffneten Banken ihre ersehnten ersten Westmark abholen konnten. Manche wurden im Gedränge schwach beim Warten auf die harte Mark. Nun konnte die Jagd nach dem zweiten deutschen Wirtschaftswunder beginnen. Denn, wie der Dichter Bertolt Brecht schon so zutreffend, wenn auch folgenlos von seinem Wohnsitz Ostberlin aus verkündet hatte: Nur wer im Wohlstand lebt, lebt angenehm.

Helmar Büchel, neu zu *Spiegel TV* gestoßen, berichtete von der Währungsfront.

Es war fünf vor zwölf, für die Ostmark. Ein paar Nostalgiker hatten sich unter die Euphoriker gemischt, die auf dem Ostberliner Alexanderplatz die Ankunft der neuen Währung erwarteten. Manche trugen einen Trauerflor aus Hammer und Zirkel im Ährenkranz, die als Wappen der DDR ebenfalls demnächst ausgedient haben sollten. Der Zukunft zugewandt, wurde vor den Kameras des Westfernsehens der symbolische letzte DDR-Geldschein abgefackelt. Asche zu Asche. Die Stunde null war da. Es erklang die dritte Strophe der Nationalhymne. Dann wurde mit Rotkäppchen-Sekt auf Einigkeit und Recht auf Währung angestoßen. Es war auch ein Prosit auf das Ende der Gemütlichkeit. Und wieder erklang die wirkliche Wiedervereinigungshymne: »So ein Tag, so wunderschön wie heute ...«

Eine kleine Menschenmenge hatte sich vor der Filiale der Deutschen

Bank angesammelt, die ab null Uhr Bargeld auszahlen wollte. Man hatte schon für schlechtere Dinge in der Schlange gestanden.

Im Gedränge versuchte die Volkspolizei, eine Tür zu öffnen. Manch einer der Drängler befürchtete wohl, dass der begehrte Konsumartikel aus dem Westen morgen schon vergriffen sein könnte – die Vergangenheit machte misstrauisch. Viele hatten schon am Nachmittag angestanden, um sich die frischesten Banknoten zu sichern. Auch die Bezugsscheine dafür hatten sich die Leute an den Tagen zuvor in der Schlange erstanden.

Doch die Mühe wurde belohnt. Der Filialleiter empfing den vordersten Wartenden mit den Worten: »Ich freue mich, Ihnen als dem ersten Kunden dieser Filiale Berlins diesen Präsentkorb überreichen zu dürfen. Ich wünsche Ihnen alles Gute. Kommen Sie recht häufig zu uns.«

Artig bedankte sich der Geschenkempfänger. Ein anderer, dem Westmammon kritisch gegenüberstehender DDR-Bürger zitierte auf einem Transparent den Reformator Zwingli mit einem Spruch aus dem Jahr 1522: »Hütet euch vor dem Geld der fremden Herren, das uns umbringen würde, und tut das, solange es noch Zeit ist.«

Ein Mann quälte sich aus dem Gedränge. »Das war ja fast tödlich.«

»Wie ist denn das passiert?«, fragte Reporter Büchel.

Keuchend erwiderte der Mann: »Die Menschen schmiegten sich so zusammen, wie die Heringe, ja, in einer Sardinenbüchse. Und da ist eine Frau so gequetscht worden, dass sie anfing zu bluten. Es war wirklich Kampf ums Überleben, um an die wertvolle harte D-Mark ranzukommen.«

Die Bank schenkte aus Kaffeekannen Leitungswasser aus. Es war vermutlich das erste und letzte Mal, dass es hier etwas umsonst gab.

Draußen setzte ein Autokorso zum Hupkonzert an. Ein Wohlstandssymbol feierte das andere. Ein Autofahrer kurbelte die Scheibe herunter und rief beglückt: »Keine Ostmark mehr.«

Dass der Schein das Bewusstsein bestimmt, wusste man spätestens seit Karl Marx.

Der Untergang der Volks-Wirtschaft   Juli 1990

Auf dem Weltwirtschaftsgipfel in Houston, Texas, steht die finanzielle Unterstützung des Westens bei der Einführung der Marktwirtschaft in den Ostblockstaaten auf der Tagesordnung. Der von Moskau gewünschte Sofortkredit von fünfzehn Milliarden US-Dollar wird jedoch nicht gewährt (9.–11. Juli).

Die Beseitigung der Grenzen zwischen den beiden Staaten ließ andere Trennungslinien deutlicher hervortreten, die zwischen jenen, die etwas hatten, und jenen, die nichts hatten, vor allem Geld, Besitz und Arbeitsplätze. Die DDR-Wirtschaft krachte zusammen, und wenn das bundesdeutsche Kapital nicht bald angriff, würde es statt des Wirtschaftswunders sein blaues Wunder erleben.

Gunther Latsch und Georg Mascolo sahen sich in verschiedenen DDR-Branchen um, die noch kurz zuvor floriert hatten. Nicht um alle war es schade.

Auf der Erprobungsstrecke des ehemals volkseigenen Betriebs »Pyrotechnik Silberhütte« am Rand des Ostharzes kämpfte ein Knaller um sein Überleben. Bis zur Selbstaufgabe.

Zweihundert Jahre alt war sie geworden, die Böller- und Bombenfabrik. Überlebt hatte sie zwei Weltkriege und vierzig sozialistische Silvester. Jetzt drohte sie an ihrer hohen Qualität zu scheitern.

Der Betriebsdirektor erklärte die Schwierigkeiten mit der Wiedervereinigung aus pyrotechnischer Sicht: »Aus der zukünftigen deutschen Einheit ergibt sich für unser beliebtes Erzeugnis Powercracker das Problem: Wird er zugelassen, oder wird er nicht zugelassen? Die Lautstärke unseres Knallers ist größer als hundertfünfzehn Dezibel, zugelassen sind nach bundesdeutschem Recht nur hundertfünfzehn Dezibel.«

Der Zonenknall – weit über Weltniveau. Für die bundesdeutsche Industrienorm viel zu laut. Resultat der Spezialmischung aus Metallnitrat und Schwarzpulver. Noch wurde mit der Bundesanstalt für Materialforschung um eine Ausnahmegenehmigung für die Modelle »Blitzschlag«, »Powercracker« und »Blizzard« verhandelt.

Doch die Aussichten für den Stolz der DDR-Plaste-und-Elaste-Produktion waren düster, trotz ausgewiesener Benutzerfreundlichkeit, die der Betriebsdirektor dem *Spiegel-TV*-Team demonstrierte: »Eine hohe Sicherheit beim Anwender ist gegeben, und wir sprachen schon über die hohe Befriedigung des Bedarfs, einen großen oder lauten Knall zu hören.«

Auch die Aufrüstung mit zusätzlichen gehörfreundlicheren Knallkörpern konnte bisher die westlichen Prüfer nicht betören. Die in kollektiver Forschungsarbeit optimierte Knallleistung erwies sich nun als pyrotechnisches Selbstmordkommando. Die lahmen bundesdeutschen Kracher lagen wieder vorn.

Die Reporter erkundigten sich mitfühlend: »Ihr Cracker gilt ja in der Bundesrepublik als zu laut ...«

»Ja, das ist das Problem«, erklärte eine Mitarbeiterin der Knallfabrik. »Bei uns war bisher die Forderung immer, nach Möglichkeit so laut wie möglich, und es konnte nicht laut genug sein. Wir waren also ganz stolz, dass wir mit dem ›Powercracker‹ jegliche Schallgrenzen durchbrochen hatten. Wir erreichen mit dem ›Powercracker‹ hundertzwanzig bis hundertdreißig Dezibel. Und in der BRD gelten als Vorschrift, dass die Knaller nicht lauter als hundertfünfzehn Dezibel sein dürfen.«

So entschieden lumpige fünfzehn Dezibel über das Schicksal eines deutschen Traditionsunternehmens, das in Krieg und Frieden seinen Beitrag zur Geschichte geleistet hatte. Immer orientiert am Wunsch des Kunden. Das wusste der Betriebsdirektor aus langjähriger Erfahrung: »Wer Knaller kauft, möchte einen Knall hören. Er möchte keinen Verpuffer hören. Das ist unsere Positionierung dazu. Und wer keinen Knall hören möchte, der darf keinen Knaller kaufen.«

»Also, Sie möchten auch künftig auf dem gesamtdeutschen Markt Ihren Knaller, so wie er ist, beisteuern?«

»Das wäre eigentlich unser Wunsch«, bestätigte der Betriebsdirektor.

Auch auf anderen Gebieten erzielten DDR-Techniker Spitzenleistungen. Vor allem im Auftrag des Staatssicherheitsdienstes wuchsen sie über sich selbst hinaus. Die Technik der Video-Observationskameras lag nur knapp unter Weltniveau. Die Anwendung darüber.

So zeigte der Haus- und Hoflieferant des Ministeriums für Staatssicherheit Kontinuität im Wandel. Aus dem VEB wurde eine GmbH.

Und die Produktpalette wurde zügig den Bedürfnissen der neuen Zeit angepasst. Aus Beobachtungskameras für Stasi und Grenztruppen wurden jetzt Diebstahlsicherungssysteme für die Reichen von morgen.

Direktor Dietmar Grosse schilderte den Westreportern das frühere Geschäftsmodell:»Großabnehmer waren die bewaffneten Organe. Die hatten eben Objekte zu überwachen oder bestimmte Bereiche. Dort war das Geld. Davon haben wir gelebt.« Einst waren sie die elektrotechnischen Garanten von Sicherheit und Geborgenheit. Der Betrieb florierte. Jetzt musste um jeden Kunden geworben werden.

Doch die Videoproduzenten waren optimistisch. Die Wende hatte zwar den Hauptabnehmer Stasi beseitigt, doch andere Kriminelle eröffneten neue Marktchancen.

»Es gab in der DDR immer Kriminalität«, erklärte der Direktor. »Nicht in dem Ausmaße wie in der BRD. Das war ein Vorteil unserer Sicherheitsorgane. Es war alles straff unter Kontrolle. Es gab sicher auch mal einen Mord irgendwo. Aber jetzt wird es zunehmen, mit Rauschgift, mit Vergewaltigung, mit Einbruchsdelikten, Diebstahl, bis hin zu Entführungen. Und das ist eben unser Angebot, um auf diese Entwicklung zu reagieren, die bei euch im Prinzip heute schon Standard ist.«

An dieser hoffnungsvollen Entwicklung wollten allerdings auch Westfirmen teilhaben. Von deren technischen Kleinstwunderwerken hatten Stasi-Filmer früher nur geträumt. Jetzt konnte der Direktor auch Importware anbieten:»Hier haben wir eine Bildsprechanlage. Ein Besucher kommt, klingelt, das Bild geht an. Ich sehe, wer auf der Straße ist.«

Trotz aller Zukunftserwartungen musste der »VEB Studiotechnik« abspecken. Die Firmenleitung hat die Zeichen der Zeit erkannt und ging mit sozialistischer Gründlichkeit vor. Man wollte die Arbeitsplätze schnell auf eine bestimmte Sollstärke reduzieren. Ein Angestellter, der schon sechsundzwanzig Jahre in dem Betrieb verbracht hatte, beklagte sich bei dem Team:»Heute hat man mir gesagt, dass ich gehen darf. Das ist zum Beispiel bei den schnöden Kapitalisten so gar nicht möglich. Da würde niemand jemanden, der so lange im Betrieb ist, von heute auf morgen rausschmeißen können.«

Der Angestellte meinte, die DDR sei im Moment ein rechtsfreier Raum.»Und diese Herren, die schon vor zehn Jahren hier die Direktoren waren und uns erzählt haben, wir sollen für den Sozialismus arbeiten und diszipliniert sein, die setzen sich jetzt hin, lächeln und sagen mit derselben Euphorie: Ja, meine Herren, das ist die Marktwirtschaft.« Der Leitungsebene tat das natürlich sehr leid. Aber auf Einzelschicksale hatte man auch früher keine Rücksicht nehmen können, und der Kapitalismus war ja bekanntlich noch viel grausamer.

Der Direktor war schon voll im Bann der Marktwirtschaft, wenn auch unter Schmerzen. »Es gab bei der Entscheidung eigentlich nur die Prämisse: Wen brauche ich für die Zukunft, um die jetzt gegründete GmbH am Leben zu erhalten. Ich habe mir aus der bestehenden Belegschaft das Feinste vom Besten ausgesucht. Was man da empfindet, das kann man nur selber wissen. Mir ist körperlich übel. Mir ist schlecht. Ich kann nichts essen. Der Magen ist zu.«

Übungsplatz des Todes   Juli 1990

Zu Massenentlassungen kam es auch in einem anderen Sektor der DDR-Sicherheitsbranche. Die *Spiegel-TV*-Reporter filmten ein Grenzstück, das nicht an der Grenze lag. Es war das Ausbildungsgelände für Todesschützen bei Klein Quenstedt im Bezirk Halle. Hier wurden Grenzsoldaten in die Feinheiten der Flüchtlingsbekämpfung eingewiesen.

Nicht auf alle durfte geschossen werden. Der Ausbilder erklärte bereitwillig: »Auf jeden Fall gab es die Bestimmung, dass du nicht auf Kinder zu schießen hast, auf angeblich schwangere Frauen, so weit, wie man es erkennen konnte. Nicht auf Luftfahrzeuge – und, was ganz wichtig war, nicht in Richtung der BRD.«

»Gab es irgendwelche Dienstvorschriften, was sofort zu machen war, wenn man auf jemanden geschossen hatte?«

»Ja«, sagte der Ausbilder. »Wenn man auf jemanden geschossen hatte, gab es erst mal die Dienstvorschrift dahingehend, dass man diesen Angeschossenen sofort aus dem Sichtbereich des Bundesgrenzschutzes und des Grenzzolldienstes bergen sollte. Also dass da überhaupt keine Aufnahme oder irgendwas geschehen konnte, nicht nachweisbar war.

Und dazu war jedes Mittel recht. Also wenn da eben einer lag und der war schwer am Verbluten, ging es zuerst mal nicht darum, dem Mann zu helfen, sondern den erst mal weg. Und wenn er dabei draufgegangen ist, das war sein Problem.«

Tote an der Grenze waren schlechte PR für Honeckers Staat. Deshalb übte man das Töten am liebsten im Verborgenen. Was hier trainiert wurde, kostete an der echten Grenze mindestens zweihundert Menschen das Leben. Dafür gab es Orden und Sonderurlaub.

Frage an den Ausbilder: »Galt das auch, wenn man jemanden angeschossen oder erschossen und ihn so an der Flucht gehindert hatte?«

»Festnahme ist Festnahme. Ganz egal, wie der Mann dann aussieht, das stört dann weiter nicht.«

»Also auch für einen Erschossenen gibt es eine Ehrung?«

»Ja, wenn man es so will.«

Zumindest an der Grenze galt in der DDR das Leistungsprinzip. Der Ausbilder zeigte den Reportern, welcher Schusswinkel vom Beobachtungsturm gewählt werden musste und was man mit festgenommenen Republikflüchtlingen zu machen hatte: »Du musst deinen Gefangenen oder Festgenommenen so unter Druck setzen, dass er dir persönlich nichts tun kann. Auch wenn das dem totale körperliche Schmerzen bereitet, ob das in den Haaren ziehen ist oder bei der Durchsuchung die Beine auseinandertreten. Oder es gab auch solche kleinen Spielchen. Du hast ihn mit dem Kopf an einen Pfahl gelehnt und die Beine nach hinten gezogen. Und in dem Moment, wo er seine Hände bewegt und du ziehst ihm ein Bein weg, rauscht er mit dem Gesicht dann so einen Pfahl runter. Da kann er sich überhaupt nicht wehren. Solche Sachen gab es. Das wurde auch gelehrt.«

Eine unüberwindbare Grenze war die einzige Bestandsgarantie für die DDR als Staat. Das wusste auch der Ausbilder: »Ganz egal, aus welchen Gründen die das nun versucht haben, die Grenze zu überschreiten. Das war uninteressant. Hauptsache, du hattest ihn. Du warst dann irgendwer. Du warst ein großes Tier dann. Du hast was geschafft, du hast was gekonnt, du hattest Ansehen.« Schlimm aber war, wenn ein Flüchtling durch den Todesstreifen entkommen konnte. »Dann bist du vor den Militärstaatsanwalt gegangen wegen Vernachlässigung deiner Dienstpflichten.«

170

»Mit wie vielen Jahren musste man da rechnen?«

»Unter zwei Jahren nicht.«

»Solche Fälle hat es gegeben?«

»Ja, hundertprozentig.«

Die Grenzer mussten immer mindestens zu zweit auf Patrouille gehen. Das Misstrauen gehörte zur Ausbildung.

Der Ausbilder zeigte den Reportern einen Tunnel auf dem Übungsgelände.

»Was ist das denn jetzt?«

»Das sind die sogenannten Unterführungstunnel vom Gebiet der DDR in Richtung BRD und umgekehrt. Wobei der Ausgang natürlich noch auf dem Gebiet der DDR ist. Die wurden dann dazu benutzt, um zum Beispiel Agenten hin und her zu schleusen.«

Es gab viele solche Tunnel an der Grenze zwischen DDR und Bundesrepublik.

Nur speziell ausgebildete und ausgesuchte »Grenzaufklärer« durften in den für eine Flucht günstigen Bereich jenseits der Sperrzäune. Trotzdem gab es mehrere Fluchtversuche von Angehörigen der Grenztruppen. Manchmal schossen sie sich den Weg frei.

Ein ehemaliger Grenzer blickte zurück: »Ja, das Schlimmste war die Angst vor deinen eigenen Genossen. Du musstest damit rechnen, dass er dir mal ein Ding verpasst und rübergeht. Und diese Angst, die hat dich innerlich aufgefressen. Das war ganz schlimm.«

»Also dass jemand abhaut und dabei den anderen Grenzer erschießt?«

»Ja. Du konntest mit deinem Kumpel, mit deinem Genossen ein Jahr lang auf einer Bude liegen, du konntest mit ihm auf demselben Zimmer essen, aber irgendwann hat es bei ihm vielleicht auch mal ausgehakt. Und das wusstest du nicht. Den Zeitpunkt wusstest du nicht, das konntest du nicht vorausbestimmen. Und die Angst ist dir eingeimpft worden, hier in der Ausbildung, und die hast du nie verloren.«

Jetzt hatte nicht nur der Grenzpfahl auf dem Übungsgelände ausgedient. 49 000 Mann der DDR-Grenztruppen waren arbeitslos. Kein Fall für große Trauer.

171

Russen raus! Juli 1990

In Moskau gelingt Bundeskanzler Kohl, Außenminister Genscher und Finanzminister Waigel ein historischer Durchbruch: Nach Abschluss der Zwei-plus-vier-Verhandlungen soll Deutschland die volle Souveränität erhalten und nach der Vereinigung Mitglied der Nato bleiben. Außerdem sagt Gorbatschow den vollständigen Abzug der sowjetischen Truppen zu (14.–16. Juli).

Die deutsch-sowjetische Freundschaft gehörte zur Staatsdoktrin der DDR. Seit der Wende war es auch damit nicht mehr weit her. Plötzlich fühlten sich nicht wenige DDR-Bürger in die SBZ zurückversetzt, die sowjetisch besetzte Zone, und forderten ganz ungeniert: »Russen raus!« Und die, 363 000 an der Zahl, wähnten sich plötzlich in Feindesland. Unter vierzig Jahren sozialistischer Tünche wurden die Vorurteile der Vergangenheit wieder sichtbar.

Wolfram Bortfeldt und Werner Thies sahen sich unter den Genossen von gestern um. Die große und ruhmreiche Sowjetarmee: patriotisch, ordentlich, kraftstrotzend, ausgerüstet mit modernsten Waffen zur Verteidigung von Frieden und Sozialismus.

Nirgendwo hatten die Sowjets ihre Stärke mächtiger zur Schau gestellt als in der DDR. Vierzig Jahre lang war das gut gegangen, jetzt schlug die Stimmung um. Es war aus mit der deutsch-sowjetischen Freundschaft.

In einer Kneipe befragten die Reporter einen Gast. »Von der Regierung wurde diese Freundschaft erzwungen. Es war eine vorgeschriebene Freundschaft. Das heißt deutsch-sowjetisch und nicht sowjetisch-deutsch.«

»Und die Wirklichkeit, wie sah die aus?«

»In Wirklichkeit war Hass vorhanden. Die konnten ja machen, was sie wollten. Die hatten ihre Narrenfreiheit, von den Deutschen durften sie nicht kontrolliert werden. Wir mussten uns nach unseren Gesetzen richten, und sie haben ihre eigenen Gesetze mitgebracht. Die konnten sich auf der Straße benehmen wie die Dreckschweine.«

In fast allen Garnisonsorten gab es Bürgerinitiativen – fast schon wie beim Klassenfeind im Westen. Gegen Tiefflieger, Schießplätze, Umweltschäden.

Vor einem Müllplatz legten sich Bürger mit Sowjetsoldaten an: »Sie fahren Ihren Müll hier auf unser Territorium, der ganze Platz ist voll. Das möchte ich verboten haben. Der ganze Dreck von der ganzen Garnison Pütlitz wird da vorne in das Loch reingefahren.« Der sowjetische Soldat wollte Frieden: »Wir berücksichtigen Ihre Bemerkungen, Ihre Forderungen.«

Doch der DDR-Bürger blieb misstrauisch: »So was gibt es doch nicht, Mensch. Die lachen sich doch hinterm Tor hier noch eins. Mit so einer humanen Methode, wie wir sie hier gebracht haben, erreichen wir nichts mehr.«

Tag und Nacht donnerten die Mig-Düsenjäger über Wohngebiete, wann immer die Sowjets es für richtig hielten. Niemand wagte, laut dagegen zu protestieren. Vereinzelte Eingaben bei der Obrigkeit wurden von der Stasi überprüft. Doch statt Antworten gab es höchstens den Tipp: Ziehen Sie doch weg. Bis zum Mauerfall dehnten die sowjetischen Besatzungstruppen ihr Übungsgebiet immer weiter aus. Ein Zehntel der DDR hatten sie fest im Griff.

Enteignete wurden nicht entschädigt, Flurschäden zählten zum normalen Verschleiß. Gefechtsbereitschaft wurde eindrucksvoll selbst vor der Haustür der DDR-Bürger demonstriert.

Ein Anwohner beklagte sich beim Westfernsehen. »In der Nacht kann man nicht schlafen, weil Tag und Nacht geschossen wurde und gefahren mit dem Panzer direkt vor meinem Haus. Eines Morgens bin ich aufgewacht, und da war ein tiefes Loch vor der Tür. Ich wollte mit meinem Auto runter und konnte nicht, weil dort ein Dreiviertelmeter tiefes Loch war. Und dann gab es noch einige Einschläge bei mir im Dach. Wir sind in den Keller geflüchtet, weil das einfach zu gefährlich war.«

Auf einem Truppenübungsplatz in der Nähe der Ortschaft Stülpe, fünfzig Kilometer südlich von Berlin, wurde permanent Krieg gespielt, und ab und zu ging auch mal etwas daneben. Der Lehrer Voigt konnte ein Lied davon singen: »Einmal hinterließ eine Granate im Garten einen beträchtlichen Schaden. Bäume und Sträucher wurden abgeknickt und Hühner getötet. In die Garage sind Splitter eingeschlagen und haben das Auto beschädigt. Durch zehn Zentimeter dicke Balken sind kleinere Splitter durchgeflogen. Es sah schlimm aus.«

Wenige Minuten später folgte dann sogar ein Volltreffer, abgefeuert vom benachbarten Schießplatz.

»Ich habe selbst nur einen Blitz gesehen«, erinnerte sich der Lehrer. »Dann fiel ich getroffen auf dem Rasen um. Nach einem kleinen Augenblick kam ich dann wieder zu mir, merkte aber, dass ich nicht mehr selber wegkam, ich war an mehreren Stellen getroffen. Ich merkte schon, wie das Blut lief.«

»Es ist ein Wunder, dass wir noch leben«, sagten viele DDR-Bürger, die in der Nachbarschaft von Garnisonen lebten. Fünf Sowjetarmeen waren über das Land verteilt. Die Besatzungskosten jährlich: rund 2,8 Milliarden Mark. Bislang Ostmark, künftig D-Mark. Auch die Rotarmisten bekamen jetzt ihren Sold in harter Währung und kauften damit erst einmal die Supermärkte leer. Die DDR-Bürger muckten auf. Das hatten sie nicht gewollt mit Revolution und Marktwirtschaft. Also wurde eine Kaufhalle, gleich neben dem sowjetischen Oberkommando, für alle Besatzer kurzerhand gesperrt. Eine Woche lang standen sie draußen vor der Tür.

Die Reporter fragten: »Als die Russen merkten, dass sie hier nicht mehr reingelassen wurden, was haben sie da getan?«

»Na ja, sie haben uns zum Teil beschimpft«, sagte die Kaufhallenleiterin. »Und das massiv. Als Faschist haben sie uns bezeichnet und gesagt: *Wir* haben den Krieg gewonnen und nicht ihr.« Daraufhin wurde die Kaufhalle wieder für die Garnison geöffnet.

Auf jeden Dorfbewohner kamen fünfundzwanzig bis dreißig Sowjetsoldaten.

»Natürlich sind es Besatzer«, meinte eine Bürgerin. »Langjährige Besatzer.«

»Was soll mit denen passieren?«

»Raus, weg. Die sollen in ihre Heimat zurückgehen. Das Land ist groß genug. Und sollen uns in Ruhe lassen hier.«

In der Kneipe »Zum flotten Otto« machte der Wirt zwei Drittel seines Umsatzes mit sowjetischen Offizieren und ihren Angehörigen. Die Kasse stimmte, aber auch hier hörte die deutsch-sowjetische Freundschaft am Ende des Tresens wieder auf.

»So richtige Kultur haben die auch nicht«, sagte der Wirt Otto. »Wenn sie in die Gaststätte kommen manchmal, wenn sie etwas angetrunken sind, dann, muss man auf Deutsch sagen, essen sie bald wie die Schweine. Die benehmen sich also wirklich so, als wenn die hier was zu sagen haben und sie die Größten hier sind. So benehmen die sich manchmal. Nicht immer und nicht jeder, aber im Großen und Ganzen ist das so.« Im sowjetischen Hauptquartier war man noch immer von der deutsch-sowjetischen Freundschaft überzeugt. Der wachhabende Offizier sagte dem Kamerateam:»Gott sei Dank, mir ist das noch nie passiert, Ehrenwort. Man lächelt sich an, etwas anderes kann ich mir gar nicht vorstellen. Entschuldigen Sie mich bitte.«

Und schon war er weg. Hinter dem Tor herrschte Drehverbot.

In den Kasernen von Jüterbog lebten noch russische Offiziersfamilien. Sie merkten, dass sich der Wind gedreht hatte. Eine Russin erklärte den Reportern:»Man veranstaltet jede Woche regelrechte Pogrome, zerschlägt uns die Fensterscheiben, macht Lärm. Parolen fordern uns auf, nach Hause zurückzukehren. Sie schreien: Raus, raus! Aber das hängt doch nicht von uns ab.«

Als die sowjetische Verkaufsstelle vorübergehend geschlossen war, weil der Nachschub ausblieb, verwüsteten Rowdys sie eines Nachts, um »dem Iwan« zu zeigen, wie verhasst er war. Besonders die Frauen und Kinder hatten Angst vor Terror auf den Straßen der ehemaligen Sowjetischen Besatzungszone.

»Schauen Sie doch unsere Fenster an«, sagte eine Russin.»Alle sind zerschlagen. Meinen Sie, das haben wir selbst getan? Und hinter den Fenstern wohnen Menschen mit kleinen Kindern. Ich habe meine kleine Tochter in die UdSSR zurückgebracht. Bei mir wurden nachts drei Scheiben eingeworfen mit so einem Ziegelstein. Wozu?«

Ein Russe und seine Ehefrau arbeiteten als Zivilangestellte in der Garnison. Für vier Jahre hatten sie sich verpflichtet und dafür ihren kleinen Sohn bei der Großmutter zurückgelassen. Der DDR-Wohlstand lockte – und trotzdem:»Nun, wie wir hier leben, das ist nur Dasein. Zwar haben wir Kinos, Fernsehen und so weiter, aber alles innerhalb der Garnison. Sehen Sie selbst, in welchem Zustand die ist.« Ein Lichtblick in der Einzimmerwohnung war neuerdings das Fernsehgerät »Made in Japan«. Die D-Mark hatte es möglich gemacht.

Das Angebot an begehrten Westprodukten wurde von Tag zu Tag größer. In den Garnisonsstädten der DDR gehörte der Schwarzmarkt zum Straßenbild. Facharbeiter in Zivil verdienten bei der Sowjetarmee um die achthundert Mark im Monat, ein Hauptmann etwas mehr. Und dieses Geld wurde ihnen gleich am Kasernentor aus der Tasche gelockt. Es gab alles, was das Soldatenherz begehrte. Zum Beispiel Pornohefte, zehn Mark das Stück.

Einige Soldaten der siegreichen Roten Armee wurden von den *Spiegel-TV*-Reportern gefilmt, als sie auf einer Müllhalde nach Verwertbarem suchten.

Das letzte Aufgebot der SED   Juli 1990

Spurensuche auf dem verlassenen Stützpunkt des einst so stolzen Wachregiments Feliks Dzierzynski. Die Männer, die hier gedient hatten, waren die Elitetruppe der Staatssicherheit. Hals über Kopf hatten sie alles zurückgelassen, was ihnen lieb und teuer war. Ein *Spiegel-TV*-Team stöberte in alten Urkunden und dem kitschigen Wandschmuck der Verteidiger des real existierenden Kleinbürgertums, genannt Sozialismus.

Das Wachregiment hatte vornehme Aufgaben im SED-Staat wahrgenommen. Es war das bewaffnete Rückgrat des Unterdrückungsapparates gewesen, Schutzschild der Stasi.

Wie knapp die DDR im Oktober 1989 an einer chinesischen Lösung vorbeigeschrammt war, wurde erst ein Jahr später allmählich klar.

Verdienste darum, dass kein Blut geflossen war, beanspruchten sie alle, vom unglückseligen Talkshow-Dauergast Egon Krenz bis zu Honeckers Generälen, auf deren Schoß es sich ein ehemaliger oppositioneller Pfarrer, der jetzt Verteidigungsminister war, gemütlich gemacht hatte. Man wunderte sich, wer alles dagegen gewesen war und warum trotzdem alle mitgemacht hatten.

Entsprechend klein war die Neigung zur Vergangenheitsbewältigung. Vorwärts und schnell vergessen, lautete die Losung – und seine Stasi-Pension in Westmark verzehren. Dabei lohnte sich das Kramen in alten Akten schon.

Katrin Klocke und Georg Mascolo gingen dieser staubigen Tätigkeit nach und fanden jene bereits erwähnten Unterlagen, aus denen hervorging, dass der Staatssicherheitdienst vor der Wende geplant hatte, Regimekritiker in Isolierungslagern zu konzentrieren.

Die brisanteste Altpapiersammelstelle der DDR befand sich auf der Kegelbahn der ehemaligen Stasi-Zentrale in Leipzig. Dort lagerten noch viele Geheimnisse des einst allmächtigen Dienstes. Penibel sichteten Bürgerkomitees Blatt für Blatt. Viele Dokumente mussten mühsam zusammengepuzzelt werden. Stasi-Mitarbeiter hatten versucht, sie zu vernichten.

Dem Reißwolf entgangen war eine geheime Kommandosache aus dem Büro des Ministers für Staatssicherheit. Es waren Pläne für Internierungslager. Die Volksarmee stand kurz vor dem Schießbefehl – und das Land vor der Einrichtung von Speziallagern für Regimegegner.

Die *Spiegel-TV*-Reporter erkundigten sich beim damaligen Partei- und Staatschef, ob er etwas davon gewusst habe: »Herr Krenz, gab es in den Oktobertagen jemals den Plan, Oppositionelle zu isolieren, sie also in Isolierungslager einzusperren?«

Egon Krenz antwortete gestelzt: »Ich habe zu dieser Frage schon mehrmals Stellung genommen und gesagt, dass weder meine politischen Freunde noch ich jemals daran gedacht haben, gegen politische Oppositionelle Gewalt, Zwang oder Zwangsmaßnahmen anzuwenden.«

Ein Vertreter des Bürgerkomitees hatte die Unterlagen anders gelesen: »Also, auf unseren Beratungen haben wir diesbezüglich sehr wohl von Konzentrationslagern gesprochen, und es handelt sich ja auch darum.«

Die *Spiegel-TV*-Reporter fragten nach: »Also, da würden Sie sich nicht scheuen, so etwas mit einem Konzentrationslager zu vergleichen?«

»Ja«, beharrte der Mann vom Bürgerkomitee. »Das waren geplante Konzentrationslager. Darum handelt es sich.«

Im Hochwald von Tambach-Dietharz bei Erfurt lag eines der Lager, in denen die Stasi-Verschleppungsaktion enden sollte. Im Barackenkomplex »Rote Jungfront« war Platz für fünfzehnhundert SED-Gegner. Offizieller Vorwand für die Internierungspläne: Im Kriegsfall müssten Diplomaten und Ausländer feindlicher Staaten abgesondert werden. Spätestens seit 1967 arbeitete die Stasi an mindestens hundert solchen Objekten – reichlich viel für Botschafter und Urlauber aus Feindesland.

Doch erst jetzt tauchten Beweise auf, dass die generalstabsmäßige Vorbereitung Oppositionellen gegolten hatte. Auf ein Kennwort hin sollten bewaffnete Greiftrupps republikweit Feinde des Systems einsammeln. Stasi-Leistungsnorm für ein Objekt: achthundertvierzig Verhaftungen in zwei Stunden. In den Wintermonaten musste es nicht ganz so schnell gehen. Den Häftlingen war gleich an der Haustür ein Merkzettel auszuhändigen. Darauf stand: Mitzubringen sind zwei Paar Socken, zwei Handtücher, zwei Taschentücher, zweimal Unterwäsche, einmal Nähzeug, einmal Zahnputzzeug, einmal Schuhputzzeug. Frauen zusätzlich hygienische Bedarfsartikel.

Die Mitarbeiter des Bürgerkomitees hatten herausgefunden, wie das ablaufen sollte:»Das MfS hat gemeinsam mit der Polizei solche Internierungslager geplant. Diese Planung wurde ständig vervollkommnet und war vorgesehen für einen Kriegszustand. Nachdem 1985 durch eine Dienstanweisung des ehemaligen Ministers Mielke der Kampf gegen den politischen Untergrund verstärkt werden musste, hat sich das MfS auch Gedanken gemacht darüber, diese Internierungslager auszunutzen für die Isolierung von Angehörigen des politischen Untergrunds, also der oppositionellen Gruppen.«

Verfeinert wurden die Pläne – sie trugen die Überschrift»Vorbeugungsmaßnahmen zur Erfassung von Personen mit einer feindlich-negativen Grundeinstellung« – im Perestroika-Jahr 1986. Penibel hatte die Stasi festgelegt, welche Bürger im Lager verschwinden sollten. Zum Beispiel»DDR-Bürger, die unter demagogischer Tarnung zur Wahrung der Menschenrechte Aktivitäten entwickelt haben. Nicht an Wahlen teilgenommen haben. Mitunterzeichner von Resolutionen. DDR-Bürger, die mit konterrevolutionären Vorgängen in anderen sozialistischen Staaten sympathisieren. Personen, die Kontakte zu diplomatischen Einrichtungen nichtsozialistischer Staaten und deren Kulturzentren in der DDR unterhalten. Angehörige verbotener Religionsgemeinschaften. DDR-Bürger, die einen Ausreiseantrag gestellt haben. DDR-Bürger, die einen sogenannten demokratischen Sozialismus fordern (Dissidenten).«

Es waren Pläne für einen staatlichen Amoklauf.

Vertreter der Bürgerkomitees hatten zahlreiche Beweise dafür entdeckt.»Nach dem, was wir gefunden haben, muss man sagen, dass Spannungssituation sicherlich einmal Mobilmachung gewesen wäre oder irgendwelche kriegerischen Auseinandersetzungen, aber zum anderen auch innenpolitische Probleme, die man befürchtet hat. Zu diesem Zweck brauchte man natürlich große Objekte, um in sehr kurzen Zeiträumen sehr viele Leute unterbringen und isolieren zu können.«

So wie etwa die Zitadelle Petersberg bei Erfurt, hatten die Stasi-Bürokraten republikweit zwischen Gera und Rostock eine Reihe von alten Burgen, Betriebserholungsheimen, Sporthallen und Jugendlager als Internierungsstätten vorgesehen. Sie mussten nur noch entsprechend abgesichert werden, was allerdings bei einigen Objekten wie der Zitadelle nicht nötig war, denn die hatte schon die Gestapo als politisches Gefängnis genutzt.

Ein Ort mit Tradition, wo früher Kommunisten von den Nazis eingelocht worden waren. Von Stacheldrahtverhauen bis zu den Schichtplänen für die Wachmannschaften hatten die Geheimbürokraten alles vorbereitet. Allein für den Bezirk Erfurt waren vierundzwanzig Internierungs- und Isolierungslager vorgesehen. Platz für 2726 Häftlinge.

»Was hätte man mit diesen Personen, wenn es zum Ernstfall gekommen wäre, denn gemacht?«, wollten die Reporter von einem ehemaligen Stasi-Mann wissen.

»Also, Sie fragen mich natürlich jetzt etwas, was ich Ihnen nicht eindeutig beantworten kann«, wand der sich. »Das kann ich wieder nur beantworten aus der Situation heraus, die hier eine Spannungssituation ausmacht. Ganz sicher sollte man sich davor hüten, hier etwas hypothetisch darzustellen, dass man sagt, die hätte man umgebracht.«

Mit deutscher Gründlichkeit waren sogar schon die Begleitpapiere für die Isolierten tausendfach vorgedruckt worden.

Neben Hinweisen für das Festnahmekommando – wo die Klingel, welcher Eingang usw. – gab es auch konkrete Anweisungen, wie die Stasi-Greiftrupps ausgerüstet sein sollten. Pistole, Munition vierzehn Schuss, Schlagstock, Handfessel, Taschenlampe.

Und während die Freie Deutsche Jugend der SED zur Vierzig-Jahr-Feier der DDR mit Fackeln der regierenden Altherrenriege huldigte, wurden insgeheim die Internierungspläne der sich zuspitzenden politischen Lage angepasst. Jetzt war jene Situation da, für die Mielkes Lagerpläne seit Jahrzehnten bereitlagen: der innere Spannungszustand.

Die Listen der zu isolierenden Personen wurden unverzüglich auf den aktuellen Stand gebracht.

In der vertraulichen Verschlusssache 71/89 vom 8. Oktober 1989 wurden die Personen namentlich aufgeführt, die in einem Spannungsfall »zuzuführen« waren. In der Stadt Leipzig allein über hundert Personen. Die letzte Liste stammte vom 30. Oktober 1989. Noch zwei Wochen nach Honeckers Rücktritt wurden die Lager für eine Isolierung Tausender Oppositioneller vorbereitet. So zum Beispiel im Kreis Grimmen bei Rostock. Dort sollte das Trainingszentrum des Sportschießklubs Dynamo zum Internierungslager umfunktioniert werden. Alles war vorbereitet für die Konzentration der immer zahlreicher werdenden Regimegegner. In speziell hergerichteten Depots lag alles notwendige Ausrüstungs- und Sicherungsmaterial bereit: vom Bett bis zum Betonpfahl und Stacheldraht.

Was noch fehlte, wurde bestellt: »Gegenwärtig sind noch nicht alle Hallenfenster vergittert. Auftrag ausgelöst.« Bestelldatum: 30. Oktober 1989.

So waren die regierenden Antifaschisten schon ziemlich weit fortgeschritten auf dem Weg zurück. Wahrscheinlich trugen auch wieder allein Honecker und Mielke die Schuld. Alle anderen handelten auf Befehl – verantwortungslos in doppelter Hinsicht.

Flucht in den Glauben   Juli 1990

Zur Freiheit in der Wendezeit gehörte auch der religiöse Wahn. Das Übersinnliche als Fluchtburg vor der Realität. Tamara Duve sah sich dort um, wo die alten Götter durch neue Glaubensinhalte ersetzt wurden.

Ein Sonntagmorgen in Ostberlin. Im Versammlungssaal der PDS im Bezirk Hohenschönhausen hatte sich an diesem Tag die »Christus-Gemeinde Berlin-Ost« eingefunden. Wo sonntags der Heilige Geist einkehrte, wütete werktags noch immer das Gespenst des Kommunismus. Doch die neuen Gäste liebten auch ihre Gegner von einst.

»Wir haben die Leute so lieb. Das stört mich nicht«, erklärte einer der Evangelikalen.

»Wen haben Sie sehr lieb?«, wollte Tamara Duve wissen.

»Die anderen Leute, alle. Ich habe sogar auf dem Herzen, Erich Honecker mal zu schreiben. Habe ich auch geschrieben. Erst wollte ich es nicht, da hatte ich ganz viel Schiss. Habe gedacht, die Staatssicherheit kommt. Aber nee, war nicht. Und ich bete auch für ihn, ich möchte gern, dass er den Jesus kennenlernt. Denn alle Menschen, die ihn nicht kennenlernen, sind verloren.«

Bereitwillig hatten die sozialistischen Gastgeber ihre Räume zur Verfügung gestellt – gegen harte D-Mark Ost.

»Das ist eigentlich eine richtig gute Zusammenarbeit geworden. Es gibt also keinerlei Berührungsängste mehr.«

Verschwunden die Ängste, in eins nun die Hände. Nur ein paar Monate zuvor hatte die Stasi am Prenzlauer Berg noch eine Schar Glocken schwingender Staatsfeinde im Hinterhof überwacht. Schon seit den siebziger Jahren verehrten die roten Anhänger der rosabetuchten Krishna-Bewegung auch in Ostberlin den höchsten aller indischen Götter. Die Lehre von der Vergänglichkeit der Materie galt ihnen mehr als der historische Materialismus. Die Stasi witterte Verrat.

Ein Krishna-Jünger: »Sie haben uns vorgeworfen: Gründung einer illegalen Vereinigung. Staatsfeindliche Zusammenrottung und Drogenbesitz. Jedenfalls alle möglichen Sachen, die sich da so zusammengezogen haben damals, vor der Wende. Der Unterschied ist jetzt halt Desinteresse. Man verfolgt uns nicht mehr.«

Ungestört konnten sie jetzt der Erleuchtung entgegenmeditieren. Sie warteten immer noch auf die Revolution – auf die spirituelle: »Ach, weißt du, die Systeme kommen und gehen. Das kann ich nicht sagen. Mein Wunsch ist, dass die Leute erkennen, was der Sinn des menschlichen Daseins ist.«

Von der Sinnsuche profitierten jetzt auch Sekten aus dem Westen. In einer Pankower Oberschule bot das Sri-Chinmoy-Center bislang reisegehemmten DDR-Bürgern den Trip ins innere Selbst. Unter dem Motto: »Achtundzwanzig lange Jahre der Leidensnächte – und nun genießt der Himmel Deutschlands den Flug der Ekstase«.

Sechzehn Fluggäste waren an diesem Wochenende dabei. Offiziell

181

hatten die westlichen Missionare einen Yogakurs angemeldet – und so gab es die Aula kostenlos. In Wahrheit ging es schon wieder um Personenkult. Ein Guru – physisch nur als Foto, aber umso mehr im Geiste dabei – suchte neue Anhänger. Und die kamen gern. »Weil ich in den letzten Monaten sehr viele Ängste hatte, Existenzangst, und ich konnte mich nicht mehr dagegen wehren. Da habe ich gedacht: Vielleicht ist das etwas, was mir helfen könnte.«

Der Veranstalter hatte die Marktlücke im spirituellen Vakuum nach der Wende erkannt. »Die Suche auf innere Werte zu richten ist eine Möglichkeit für viele Menschen in diesem Land im Moment.«

Geruchskonserven – Der Schnüffelstaat bringt sich auf den Begriff August 1990

Die DDR steht vor dem Kollaps: Helmut Kohl bekommt während seines Urlaubs am Wolfgangsee Besuch von Lothar de Maizière und Staatssekretär Günther Krause. Die DDR drohe im Chaos zu versinken, wenn die Bundesregierung nicht achtzig bis fünfundachtzig Milliarden D-Mark für die DDR-Wirtschaft zur Verfügung stelle (1. August).

Spiegel-TV-Reporter Gunther Latsch hatte zuerst davon gehört. Lachend kam er in die Redaktion und schilderte das neueste Gerücht aus dem Horrorkabinett des Ministeriums für Staatssicherheit. Der Schnüffelstaat hatte angeblich Gerüche von Oppositionellen gespeichert. So ein Unsinn werde jetzt in den Kreisen der Bürgerkomitees verbreitet. »Das stimmt«, sagte ich spontan. »Das ist logisch. Das passt ins Bild.«

Gunther Latsch und Georg Mascolo machten sich auf den Weg. Zunächst besuchten sie die Hundestaffeln der DDR-Polizei. Bereitwillig ließ sich eine Hundeführerin beim Training mit ihrem Schäferhund filmen: »Also, meine Rasse ist der deutsche Schäferhund. Ich habe bisher nur deutsche Schäferhunde geführt. Warum? Sie sind sehr anhänglich.«

Gehorsam, treu und allzeit bereit: der deutsche demokratische Schäferhund. Kein Wunder, dass die Obrigkeit ihn besonders ins Herz geschlossen hatte, den Schnüffler der Schnüffler. Spürhunde waren die Geheimwaffe eines Staates, der auf einem Sektor keine Grenzen kannte: bei der Bespitzelung seiner Bürger.

Der Einsatz von Vierbeinern gegen Zweibeiner überschritt in der DDR das sonst vergeblich angestrebte Weltniveau ganz erheblich. Der Schnüffelstaat brachte sich selbst auf den Begriff.

Allen Ernstes legte der Staatssicherheitsdienst systematisch Geruchskonserven von Oppositionellen an. In Weckgläsern hortete er Duftproben von Tausenden von Regimekritikern, um jederzeit feststellen zu können, wer ein bestimmtes Flugblatt verteilt oder sich an einer geheimen Zusammenkunft beteiligt hatte. Da funktionierten Spürhunde besser als Videokameras und Computer. Was klingt wie ein makabrer Scherz, war in der DDR Realität – und eines der am besten gehüteten Staatsgeheimnisse.

Hatte er erst einmal die Witterung aufgenommen, dann war er nicht mehr zu stoppen: der Fährtensuchhund aus der »Spezialschule des Ministeriums des Innern« in Pretzsch an der Elbe, zwischen Wittenberg und Torgau. Routineübung der Hundeausbilder in der freien Wildbahn. Geprobt wurden das Aufspüren, Stellen und Unschädlichmachen bewaffneter Flüchtiger. In diesem Fall wurde angenommen, dass ein sowjetischer Deserteur sich im Wald verborgen hielt. Man hetzte die Hunde auf ihn. Ein Szenario, das bis vor der Wende rund sechsmal im Jahr Wirklichkeit geworden war. Beißkommandos, unterstützt von Schnüffelkommandos. Die DDR hatte es bei der Hundeausbildung weit gebracht. Und gern ließ man sich dabei filmen.

Der Ausbilder erklärte: »Die Meute wird in dieser Formation eingesetzt beim Brechen eines bewaffneten Widerstandes. Und hier geht es darum, diesen bewaffneten Widerstand in irgendeiner Form zu brechen. Und hier kommt es nicht darauf an, dass der Hund auf eine bestimmte Stelle beißt, sondern hier geht es darum, dass derjenige nicht zum Schuss kommt. Und deshalb kann der Hund oder muss der Hund auch überall beißen, wo er gerade Beißmöglichkeiten hat.«

Die Kampfhunde waren die letzte Reserve der SED im Kampf gegen die Opposition. Im Oktober 89 kamen sie nicht zum Einsatz. Doch im

Vorfeld bei der polizeilichen und geheimdienstlichen Ermittlungsarbeit gegen die immer zahlreicher werdenden Regimegegner waren die vierbeinigen Schnüffler treue Diener ihres Staates.

Wir hatten einen DDR-Film aufgetrieben, der den Prozess gegen eine junge Frau dokumentierte, die staatsfeindliche Flugblätter verteilt hatte: »Die Strafkammer des Stadtbezirksgerichts Berlin-Prenzlauer Berg verhandelt in der Strafsache gegen die Angeklagte Susanne Böden wegen des Vorwurfs der öffentlichen Herabwürdigung.« Es waren Originalaufnahmen des Prozesses gegen die Einundzwanzigjährige aus Ostberlin, die gemeinsam mit ihrer zwölfjährigen Schwester drei Flugblätter gegen die herrschende Greisenriege der DDR an Haustüren gekleistert hatte.

Die Staatsanwältin in ihrem Plädoyer: »Wir haben festgestellt, dass die Angeklagte am 7.10.1989 im Zeitraum zwischen 6.10 Uhr und 6.20 Uhr an drei Haustüren im Stadtbezirk Berlin-Prenzlauer Berg in der Mendelssohnstraße 7 Flugblätter verklebt hat.«

Amtshilfe bei der Ermittlungsarbeit hatten die bellenden Schnüffler von Kripo und Stasi geleistet – so wie in zahlreichen anderen Fällen auch. Und die Hunde wurden weit über die eigentliche Spurensuche hinaus eingesetzt.

Susanne Böden war am Morgen des 7. Oktober 1989 auf frischer Tat ertappt und festgenommen worden. Sie und ihre Schwester Marianne hatten gerade erst begonnen, die selbstgeschriebenen Blätter mit dem Aufruf »Werdet aktiv gegen die greise, starre Regierung« anzukleben. Auf dem Volkspolizeirevier Prenzlauer Berg wurden die beiden Mädchen unter dem Vorwurf der »öffentlichen Herabwürdigung staatlicher Organe« stundenlang verhört, erkennungsdienstlich behandelt – und noch mehr.

Susanne Böden erinnerte sich: »Erst mal Körpergröße und Augenfarbe und all diese Dinge. Und dann auch die Frage, was ich für ein Deodorant benutzen würde. Parallel dazu brachte er dann plötzlich ein Glas rein, und da war so ein Lappen drin. Er sagte dann, ich sollte das alles selber machen. Und dann habe ich den Deckel hochklappen und dieses Tuch rausnehmen müssen, und dann sollte ich das halt in die Lendengegend pressen, also am nackten Körper, und das dann so lange erst mal da lassen. Und dann zum Ende könnte ich das dann wieder da rausnehmen und müsste es dann in das Glas tun. Mir war dann auch so ziemlich klar, dass das eben eine Geruchskonserve wäre, wo eben mein spezifischer Geruch konserviert wird.«

Susanne Böden sprach den Ermittler an: »Ist das jetzt für die Hunde oder was?«

»Ja«, sagte der, »das ist für die Spürhunde.«

Und dahinter steckte Methode. So legte zum Beispiel die Bezirksverwaltung der Staatssicherheit Leipzig in einem geheimen Jahresarbeitsplan der für die Bekämpfung der politischen Opposition zuständigen Hauptabteilung XX fest, was im laufenden Jahr 1989 unbedingt zu erledigen sei. Dazu gehörten: »Die Erarbeitung einer Übersicht über bereits vorhandene Geruchsspuren sowie fortlaufende Beschaffung noch nicht gespeicherter Geruchsspuren.«

Verantwortlich für Beschaffung und Auswertung von Geruchsspuren oppositioneller Bürger war das Referat 2 der Stasi-Hauptabteilung XX. Das Kamerateam besuchte eine Außenstelle am Stadtrand von Leipzig. Nach dem Ende des Geheimdienstes im Dezember 1989 waren allein die Schnüffelhunde übrig geblieben. Der ehemalige Stasi-Hundeführer kam noch täglich, um die vierbeinigen Genossen von einst in ihrem Hundezwinger zu versorgen. Die Spürnasen vom Dienst hatten Aufgaben, die von den Bürgerkomitees zunächst nicht erkannt worden waren.

Ein Mitglied des Komitees erzählte: »Ich war bei der Auflösung der Kreisdienststelle Leipzig-Stadt dabei, und dort fielen uns gleich am Anfang diese Gläschen, die in sehr vielen Zimmern herumstanden, auf. Wir haben uns anfänglich sehr gewundert und eigentlich auch darüber amüsiert, weil wir überhaupt nicht wussten, um was es sich dabei handelt. Und uns ist erst hinterher klar geworden, dass das diese Geruchsproben waren, die dort in den Zimmern aufbewahrt wurden. Diese Geruchsproben sind von der Polizei übernommen worden.«

Mit Hilfe des Bürgerkomitees machten sich die *Spiegel*-TV-Reporter auf die Spurensuche. Die Geruchsproben des Staatssicherheitsdienstes sollten auf das Gelände der Diensthundestaffel der Volkspolizei in Leipzig gebracht worden sein. Dort unterhielt die Kripo ein eigenes Geruchsarchiv für kriminologische Zwecke.

Es war der erste Exkurs der Stasi-Auflöser vom Bürgerkomitee an diesen Ort. Nach einigem Hin und Her wurden sie gemeinsam mit dem Kamerateam in einen Nebenraum gelassen, wo die Reste der anrüchigen Stasi-Hinterlassenschaft auf Regalen ruhten. Die Weckgläser waren inzwischen ausgeleert. Stasi-Geruchsproben hatten keine Konjunktur mehr. Der Mann vom Bürgerkomitee begann in den Regalen mit leeren Weckgläsern zu stöbern. Es waren normale Einweckgläser mit Glasdeckel und Gummiring, beklebt mit Etiketten, auf denen die Namen der Geruchslieferanten standen. Vor laufender Kamera nahm er ein Glas in die Hand und studierte das Etikett. »Ich krieg es im Kopf«, sagte er. »Das ist ein ehemaliger Kollege von mir, der 88 über die Ostsee gepaddelt ist ...«

In Hunderten von Gläsern waren die Körpergerüche von Regimegegnern konserviert und archiviert worden. Sie enthielten Proben von fast jedem, der den Sicherheitsbehörden irgendwie aufgefallen war.

Der Bürgerkomitee-Mann las vor: »Öffentliche Herabwürdigung, SAK Arbeitskittel-Achselprobe. Geruchsprobe von Stuhl, Deckname: Boykott. Untersuchung unter dem Decknamen ›Schwarze Kreide‹. Missachtung staatlicher Symbole. Deckname ›Emigrant‹. Operative Personenkontrolle-Verleumder, von der Sitzfläche seines Stuhls genommen.«

Reporter Georg Mascolo wandte sich an den Volkspolizisten, der sie begleitete: »Das sind Gläser ›öffentliche Herabwürdigung‹, und die Proben sind genommen von der Volkspolizei Leipzig?«

»Kann ich Ihnen nicht sagen.«

»Weil Sie nun vorher gesagt haben, solche Proben hätten Sie nicht genommen?«

»Kann ich Ihnen wirklich nichts sagen drüber. Die sind vom MfS übernommen worden. Die habe ich mit hier rübergekriegt.«

»Auf den Gläsern steht aber Volkspolizei Leipzig, auf allen. Volkspolizeiamt Leipzig, Kriminalabteilung, Volkspolizei Leipzig, Volkspolizeiamt Leipzig.«

Der Volkspolizist blieb stur: »Da kann ich Ihnen leider keine Auskunft drüber geben, weil ich das nicht weiß.«

Mascolo insistierte weiter: »Ja, hier findet sich auch so etwas, wie zum Beispiel ›Verdacht auf pazifistische Losung‹.«

»Ja, das gehört in meine Station.«

»Und zwar genommen vom Volkspolizeikreisamt Leipzig, nicht von der Staatssicherheit.«

»Ja, die haben ja eng zusammengearbeitet. Und ich denke nach wie vor, dass auch vorher hier eng zusammengearbeitet wurde.«

Ordentliche Grundlage der Schnüffelei war ein Lehrbuch der Hochschule des Ministeriums für Staatssicherheit. In dem höchst geheimen Studienmaterial zur Personenidentifizierung beschäftigte sich ein ganzes Kapitel mit »Grundlagen und Anwendung der Differenzierung von Personen nach den Merkmalen des Geruchs«. Anzuwenden bei: »Anschmieren von Losungen, Verbreiten von Hetzflugblättern, Fahnenabrissen« sowie bei »staatsfeindlichem Menschenhandel« oder »um nachzuweisen, dass eine unbefugte Person bestimmte Räumlichkeiten betreten hat«.

Dazu brauchte man Amtshilfe. Hinweis in dem Lehrbuch: »Da in den Diensteinheiten des MfS selbst nur in Ausnahmefällen diese Möglichkeit gegeben ist, erweist sich die Nutzung der Potenzen der Volkspolizei im Interesse einer breiten Anwendung der Methode der Geruchsdifferenzierung zur Lösung politisch-operativer Aufgaben als notwendig.«

Am potentesten beim Einsatz von Spür- und Differenzierungshunden war die »Spezialschule des Ministeriums des Innern« in Pretzsch. Hier wurde die Methode der Geruchsdifferenzierung in zwanzig Jahren bis zur Perfektion entwickelt – ursprünglich zur Überführung von Mördern, Dieben und Vergewaltigern, doch immer häufiger auch angewandt von den Amtsbrüdern des Staatssicherheitsdienstes. Die Methoden boten sich für die konspirative Arbeit geradezu an.

Breitwillig demonstrierte ein Volkspolizist dem Team von *Spiegel TV* die Perfektion der Schnüffler vom Dienst. »Dazu nehmen wir dieses sterile Tuch und legen das auf die vermeintliche Standspur, wo der Täter zu seiner Tatausführung gestanden haben muss. Dieses Tuch wird mit einer Aluminiumfolie abgeschirmt, so dass Umwelteinflüsse nicht mehr auf diese Spur einwirken können. Dieses Tuch bleibt circa dreißig Minuten am Ereignisort liegen und wird dann wieder in das Behältnis, woraus es entnommen wurde, eingelegt. Somit ist man in der Lage, diesen Geruch bis auf unbestimmte Zeit zu speichern.«

Die so an einem Tatort gefundenen und konservierten Geruchsspuren wurden dem sogenannten Differenzierungshund vorgelegt, damit er Witterung aufnehmen konnte. Diese verglich der Hund mit Geruchsspuren von Verdächtigen, die entweder offen oder konspirativ gewonnen worden waren. Um ihre Trophäen zu erbeuten, hatten die Geruchssammler systematisch Autos und Wohnungen Oppositioneller aufgebrochen oder das Schnüffeltuch unter einem Vorwand in direkten Kontakt mit dem Opfer gebracht.

Das Lehrbuch kam zu dem Ergebnis: »Gesellschaftlicher Nutzen: Durch konspirative Abnahme des Geruchs Verdächtiger können Vergleichskonserven angefertigt werden.«

Der Beamte der Volkspolizei wusste, was die Kollegen von der Stasi dazu beigetragen hatten: »Das kann sein, indem man aus seinem unmittelbaren Arbeitsmilieu Material beschafft. Das kann aber auch so sein, dass man Gewohnheiten nutzt, wenn man in einer Gaststätte gesessen hat auf einem bestimmten Stuhl, dass der vorher präpariert ist. Oder dass aus seinem Fahrzeug ohne sein Wissen vom Sitz eine Vergleichsspur gesichert wird.«

Vor laufender Kamera machten wir dann den Test. Reporter Gunther Latsch hatte bei seinem ersten Besuch eine Geruchsprobe abgegeben, indem er fünfzehn Minuten auf dem Schnüffeltuch gesessen hatte. Die Vergleichsprobe wurde anschließend von der Sitzfläche des Stuhls genommen. Der Hundeführer versteckte die Probe in Becher B. Einige weitere Behälter waren mit Geruchsproben anderer Personen gefüllt. Die Kollegin mit der Hundeschnauze wurde durch Kraulen motiviert. Dann machte ihr Herrchen sie mit der Vergleichskonserve vertraut. Den Rest erledigte die ostdeutsche Schäferhündin von selbst. Schon beim ersten Durchgang erwischte sie die richtige Probe. Bei späteren Gegentests mit vertauschten Gläsern dasselbe Ergebnis.

Beispiele aus der Praxis der Stasi-Schnüffelabteilung Leipzig: Ein Schriftzug an einer Mauer wurde mit Hilfe eines Differenzierungshundes untersucht. Bei einer Wandparole, die »Schluss mit den Morden in China« forderte, wurden laut Stasi-Akte sogar acht Geruchsproben genommen. Ebenfalls auf Geruchsspuren untersucht und mit eingelagerten Vergleichskonserven Oppositioneller verglichen: ein Flugblatt. Und fast immer leistete die Kripo Amtshilfe – so wie die Geruchsdifferenzierungsstelle der Volkspolizei in Berlin-Treptow. Insgesamt wurden auf diese Weise in der gesamten DDR mehrere tausend Regimegegner im wahrsten Sinne des Wortes beschnüffelt und die so gewonnenen Gerüche konserviert.

Bei der Kripo liegen nur noch die eigenen olfaktorischen Proben. Bereitwillig zeigte eine Beamtin den Reportern das Geruchsarchiv: »Hier hinten sind die Lagerräume, in diesen Regalen befinden sich alle offenen Spuren von Straftaten, die gesichert worden sind. In diesem Kasten haben wir Karteikarten von Personen, die Straftäter im Wiederholungsfall sind.«

Doch unter Straftaten, die schwer genug waren, um Geruchsproben mutmaßlicher Täter zu konservieren, fiel auch »Asozialität«. Und für die Stasi gearbeitet hatte man ebenfalls. »Ja, Bemühungen hat es gegeben, dass wir bearbeitet haben; konkret wurden uns solche Sachen angeliefert.«

»Von der Stasi?«

»Von der Stasi. Wie gesagt, die Leute kannten wir nicht namentlich. Diese Geruchskonserven wurden ohne Namen, meist nur mit Nummern, hierhergebracht, wurden von uns bearbeitet und sofort nach Bearbeitung mit dem Ergebnis wieder mitgenommen. Deshalb haben wir uns jetzt nicht an irgendwelchen Gewissenskonflikten zerrüttelt. Wir haben die Arbeit gemacht, und unser persönliches Engagement ist ja in dem Fall nicht gefragt. Wir sollen ja objektiv bleiben. Und das ist ja wohl das Wichtigste an der ganzen Sache.«

Die real existierende Perversion des Denkens. In sich schlüssig – wie jedes Wahnsystem.

Das Ausreisegeschäft   August 1990

*Volkskammer und Bundestag streiten über vorgezogene Beitritts-
und Wahltermine (8./9. August). Die DDR nimmt bei einem
Konsortium von achtzehn bundesdeutschen Banken einen Kredit
in Höhe von acht Milliarden D-Mark auf (14. August). Die Regierung von Lothar de Maizière bricht auseinander: Die SPD-Minister
treten geschlossen zurück; de Maizière verliert die für den
Einigungsvertrag erforderliche Zweidrittelmehrheit im Parlament
(19. August).*

Die DDR zu verlassen war nicht leicht – vor dem Fall der Mauer. Republikflüchtige, die es nicht schafften, ihrem Staat den Rücken zu kehren,
erwartete langer Freiheitsentzug. Manch einer wurde bei einem Fluchtversuch erschossen oder von einer der Selbstschussanlagen im Todesstreifen zerfetzt.

Jetzt, zehn Monate nach der Maueröffnung, fanden die *Spiegel-TV*-
Reporter Katrin Klocke und Georg Mascolo heraus, dass es eigentlich
ganz einfach gewesen war, sich aus dem Arbeiter- und Bauernstaat ab-
zuseilen. Es gab nur eine Bedingung: Man musste Eigentum besitzen.
Am besten Immobilien, auf die der Staatssicherheitsdienst ein Auge geworfen hatte. Ausreise gegen Besitz. Ein ganz normaler Deal.

Ein DDR-Anwalt, eher bekannt durch seine Tauschgeschäfte mit
Spionen, war durch die deutsch-deutsche Teilung zu einem Händler
ganz besonderer Art geworden. Professor Dr. Wolfgang Vogel hatte als
Beauftragter fürs Humanitäre im Honecker-Staat über zweihunderttau-
send Fälle von systemmüden DDR-Bürgern bearbeitet, die ihr Land
verlassen wollten. Viele von ihnen waren inzwischen noch einmal in
seine Anwaltskanzlei in Berlin-Lichtenberg gekommen, vor allem diejenigen, die dem Staat Haus und Grundstück billig verkaufen oder
schenken mussten, damit die Behörden sie ziehen ließen.

Rechtsanwalt Vogel kannte das aus langjähriger Erfahrung: »Sie dürfen bitte nicht vergessen, dass die Betroffenen ihr letztes Hemd ausgezogen hätten, um wegzugehen. Diesen Zustand haben wir nicht er-
presst, sondern das war die Zwangslage insgesamt.«

Die Zwangslage der Ausreisewilligen war dem Ministerium für Staatssicherheit in Ostberlin bestens bekannt. Bei der Verteilung der Güter der in den Westen drängenden Landeskinder wollte man nicht zu kurz kommen.

Der Ausreiseantrag von Helmut und Inge Zocher schien 1981 zunächst aussichtslos. Die Wende kam erst, als die beiden Leipziger auf einem Stapel Formulare vermerkten, dass sie ein schmuckes Häuschen besaßen. Die Papiere bekam der Ausreisevermittler Vogel. Helmut Zocher erinnerte sich: »Dann habe ich ihn gebeten, er möchte doch mal unseren Ausreiseantrag wenigstens durchlesen. Und da hat er ihn gelesen, und dann sagte er: Ach, ein schönes Grundstück haben Sie, da werden wir einen Weg finden. Und so sind wir verblieben. Und dann, etwa nach vier Wochen, haben wir Bescheid bekommen, dass sie irgendeinen Weg finden wollen. Na ja, und dann ging das so. Praktisch war das Grundstück unsere Fahrkarte.«

Das kleine, in einer Waldsiedlung bei Leipzig gelegene Anwesen meldete Anwalt Vogel streng nach Vorschrift dem Ostberliner Innenministerium. Die Beamten reichten die Unterlagen an die Staatssicherheit weiter.

Agenten des Dienstes fanden den Besitz der DDR-müden Sachsen nach eingehender Besichtigung für die eigenen Zwecke tauglich. Rechtsanwalt Vogel brauchte nur noch die Formalitäten abzuwickeln. Er teilte den Zochers mit, sie müssten ihr Haus einem Werner D. verkaufen. Mit der Ausreise, ließ Vogel sie wissen, sehe es gut aus.

Werner D., mit dem die Zochers in der Vogel-Kanzlei handelseinig wurden, war ein Stasi-Agent, Deckname »Norden«. Das Haus sollte als Gästeunterkunft der Staatssicherheit dienen. Und die Gäste, die sich nach Zochers Auszug in der Waldsiedlung trafen, waren häufig Westdeutsche. Am Rande der Leipziger Messe war hier Zeit für einen gemütlichen Plausch mit Stasi-Offizieren. So dankbar war der Geheimdienst für die neue Residenz, dass Familie Zocher zügig die DDR verlassen durfte. Dass er der Stasi bei diesem Geschäft zu Diensten gewesen war, erfuhr der ahnungslose Anwalt erst Jahre später.

»Ich habe die Mandanten auch nicht danach gefragt«, sagte Vogel. »Die standen ja im Kontakt mit den Erwerbern. Wenn ich gewusst hätte, dass es nur vorgeschobene Leute waren für eine Dienststelle, dann hätte ich mich wahrscheinlich anders verhalten. Hätte ich gewusst, der ist

Mitarbeiter von der Staatssicherheit und erwirbt das Haus, dann hätte ich das dem Mandanten gesagt und ihm gesagt: ›Willst du trotzdem verkaufen?‹«

Den vereinbarten Kaufpreis von gerade mal 10 300 Mark haben die Zochers nicht bekommen. Selbst schuld, meinte der Anwalt. Das Geld sei bezahlt worden und liege noch heute auf einem Konto seiner Kanzlei. Die Familie habe sich nur nicht gemeldet.

Meistens machte die Stasi Beute, ohne auch nur ein paar tausend Mark zu zahlen. DDR-müde Immobilienbesitzer unterzeichneten blanko Verzichtserklärungen. Der Notar beglaubigte sie blanko. Der neue Besitzer wurde erst später nachgetragen.

So wie in der Gletschersteinstraße 36 in Leipzig hatte die Stasi Tausende Objekte, um Bürger zu bespitzeln. Und häufig gehörten die Häuser Regimegegnern, die sich mit ihrem Eigenheim den Weg in den Westen freikauften. So wie Professor Julius Schulz, der sich bei Anwalt Vogel erkundigte, wie die Chancen für eine Ausreise stünden. »Er hat mir gesagt, es wäre eine Ausreise möglich, wenn wir einen Besitz hätten, den wir abtreten können. Daraufhin habe ich ihm gesagt, ja, wir haben ein schuldenfreies Haus in Leipzig.«

Regimekritiker Schulz, nach Vernehmungen und Hausdurchsuchungen mürbe, war bereit, sein Haus gegen die Ausreise zu tauschen. Die Stasi-Bezirksverwaltung Leipzig fädelte den Deal ein und teilte der Stadtverwaltung mit, der Herr Professor habe die Absicht, das Land zu verlassen und seinen Besitz dem Staat zu schenken.

Die Behörde gab Julius Schulz über Anwalt Vogel zu verstehen, man wolle die Angelegenheit einvernehmlich regeln. Ausreise gegen Eigentumsverzicht. Die Nachbarn sollten nichts erfahren. »Uns wurde gesagt, wir dürften die Gardinen nicht abnehmen, wir dürfen überhaupt nichts verändern an dem Haus, damit das so aussieht von außen, als ob es noch bewohnt wäre.«

Aus dem Haus eines unbequemen DDR-Bürgers war – für die Nachbarn nicht sichtbar – ein Spitzelstützpunkt geworden.

Anwalt Vogel, auch nach der Wende um seinen Ruf besorgt, beteuerte: »Im Fall Professor Schulz höre ich das, was da gelaufen ist, erst jetzt durch Sie. Das habe ich nicht gewusst. Hier ist mein Name missbraucht worden.«

Es war wohl kaum der einzige Fall, in dem die Stasi sich den Mythos des vermeintlich einzigen wirklich freien Anwalts der DDR zunutze machte. Und der gab sich ahnungslos: »Ich sage Ihnen, ich habe diese Verstrickung, so, wie Sie mir das jetzt schildern, nicht gewusst.« Bei der Jagd nach Grund und Boden arbeitete die Staatssicherheit oft nicht einmal unter legalem Deckmantel. Beim Bürgerkomitee Leipzig lagerten Überreste der Fälscherwerkstatt der örtlichen Stasi-Filiale, neben Stempeln sämtlicher Behörden Blankopässe, Polizeiausweise, Familienbücher. Für die Grundstücksbeschaffung hatte man immer die passende Person parat. Mit ordnungsgemäßen Papieren konnten sich Agenten die Häuser aneignen.

In Hunderten von Fällen übernahmen Stasi-Mitarbeiter auf Anweisung ihrer Vorgesetzten den Besitz der Übergesiedelten. So kamen auch der MfS-Beamte Hellges und seine Frau an ein schmuckes Häuschen in der Nähe von Leipzig. Im Grundbuchamt von Eilenburg war die inzwischen verwitwete Frau immer noch die offizielle Eigentümerin der Agentenherberge.

Entlassene Staatssicherheitsoffiziere mühten sich gleich nach der Wende, den kostbaren Grundbesitz zu sichern. Vorgeschobene Strohmänner oder deren Hinterbliebene sollten schweigen und die Häuser behalten. Nach der Wende bekam Frau Hellges Besuch von einem Ex-kollegen ihres Mannes: »Der sagte: ›Du musst dir einen Erbschein besorgen wegen des Hauses.‹ Da bin ich erst wieder drauf gekommen – ›Du bist hier Herrin‹ –, ich sagte: ›Um Gottes willen.‹«

Pech für die Stasi. Die vorgeschobene Eigentümerin wollte den Besitz nicht haben. Anwalt Vogel kam ins Grübeln: »Für mich hat immer die Hilfe für meinen Mandanten im Vordergrund gestanden. Ich habe mal an anderer Stelle gesagt, ich hätte auch mit dem Teufel paktiert, wenn ich nur keiner werden musste. Und ich wurde keiner.«

Das Stasi-Krematorium   August 1990

Entnervt vom »Chaos« in der DDR-Wirtschaft tritt der Chef der Treuhandanstalt, Reiner Gohlke, nach fünf Wochen zurück. Sein Nachfolger wird der Sanierungsspezialist und Sozialdemokrat Detlev Karsten Rohwedder (20. August). Das Ringen um den Beitrittstermin hat am 23. August ein Ende: In einer nächtlichen Sitzung beschließt die Volkskammer den Beitritt am 3. Oktober 1990. Die PDS-Fraktion votiert geschlossen dagegen.

Von nichts gewusst zu haben, diese deutsche Spezialität hatte wieder Hochkonjunktur. Am liebsten hätten die Politiker in Ost wie West einen dicken Strich unter die Vergangenheit gezogen. Hundertachtundsechzig laufende Kilometer Stasi-Akten sollten etwa nach Bonner Willen ins Bundesarchiv wandern und dort bis zum Sankt-Nimmerleinstag allenfalls den eigenen Geheimdiensten zugänglich sein. Schon jetzt pochten ehemalige SED-Bürokraten in ihren neuen Verkleidungen gern auf den Personendatenschutz, wenn es darum ging, die Verbrechen jüngster Vergangenheit zu verschleiern.

Georg Mascolo, Beate Schwarz und Gunther Latsch fanden dennoch Spuren eines weiteren sorgsam gehüteten Stasi-Geheimnisses: In den Krematorien der DDR hatte der Staatssicherheitsdienst noch in den siebziger und achtziger Jahren heimlich Leichen verbrannt. Es handelte sich um Opfer von Exekutionen und anderen mysteriösen Todesfällen in Haftanstalten.

Und merkwürdig: Fast immer traf der jähe Tod Agenten des Bundesnachrichtendienstes, der seinerseits offenbar kaum etwas tat, um enttarnte Mitarbeiter vor der Rache des Staatssicherheitsdienstes zu schützen. Es war ein Blick ins Gruselkabinett west-östlicher Agentenspiele mit tödlichem Ausgang.

Der Ehrenhain vor dem Krematorium Leipzig war den Helden des Sozialismus gewidmet. Sechsundsiebzig Hektar Grünfläche, sorgsam gepflegt. Hinter der Fassade sah es aus wie fast überall in der DDR. Zwischen verrotteten Gebäuden wurde der Dienstbetrieb mühsam aufrechterhalten. Bei volksfreundlichen Verbrennungspreisen von fünfzig Mark pro Leiche war sogar die Beseitigung sterblicher Überreste ein

Zuschussbetrieb. Von den spärlichen Einkünften konnte nicht einmal die Substanz erhalten werden.

Die Toten hatten es in Leipzig nicht besser als die Lebenden. Im sogenannten Vorführraum lagen, zum Teil seit Monaten, Leichen, die aus gerichtsmedizinischen oder kriminalistischen Gründen noch nicht zur Beerdigung freigegeben worden waren. Inmitten bestialischsten Gestanks arbeiteten die Totengräber des Sozialismus.

Die Bilder aus den Katakomben des Krematoriums Leipzig, aufgenommen am Freitag, dem 31. August 1990, in Mitteleuropa, waren mit das Fürchterlichste, was *Spiegel-TV*-Reporter in dieser Zeit gefilmt hatten. Leichenteile lagen wie Sperrmüll herum, aufgedunsene Leiber, mühsam abgedeckt. Es waren Impressionen aus dem 20. Jahrhundert, die wirkten wie Bilder der Pest im Mittelalter. Hieronymus Bosch in der DDR.

Kaum ein Jahrzehnt war es her, da hatte das Krematorium eine nicht minder grausige Nebenfunktion. Peter Janicki, ein Mitarbeiter der Anstalt, erinnerte sich an bestimmte Tage: »Da kam vom damaligen Leiter der Bestattung ein Anruf an den damaligen amtierenden Krematoriumsleiter, dass an einem gewissen Tag, zu einer gewisse Zeit, der und der Ofen und praktisch die gesamte Ofenhalle von Beschäftigten freizuhalten ist.«

»Gab es denn dafür eine Begründung?«

»Dafür wurde keine Begründung abgegeben. Es wurde immer bloß gemunkelt, dass es von der Stasi Leute sind, die jemanden inoffiziell ohne Namen einäschern.«

»Unser Wort und unsere Tat für unseren sozialistischen Staat« – das war die Devise für die Begleiter des Volkes auch auf ihrem letzten Weg. In der Sarghalle wurden die schlichten Holzkisten für die Reise in die Flammen vorbereitet. Und aus diesem Fundus an sogenannten Rohholzsärgen bedienten sich auch die Leute vom Staatssicherheitsdienst.

Der Krematoriumsangestellte Willi Fabert bestätigte die Angaben seines Kollegen: »Ich war damals Einsatzleiter auf dem Südfriedhof und erhielt einen Anruf, dass ich einen Rohsarg bereitstellen sollte. Ein Rohsarg ist ein einfacher Sarg ohne Tapete, ohne Farbe, ohne alles. Und dann kamen zwei von der Staatssicherheit, von denen ich einen schon seit Jahren kannte, und holten den Sarg ab. Der Sarg wurde in einen grauen Transporter eingeladen, und die fuhren weg. Zwei Tage später

195

kamen vier Mann und brachten den gleichen Rohsarg mit einer Leiche drin, luden ihn aus und trugen ihn die Treppe zum Krematorium runter, um die Leiche zu verbrennen. Der Raum wurde vorher geräumt, kein Heizer, kein Bestattungsheizer durfte mehr anwesend sein, sodass sie ganz unter sich waren.«

Durchgeführt wurden die mysteriösen Beseitigungsmaßnahmen des Staatssicherheitsdienstes vom Referat »Freud und Leid«, das der Stasi-Abteilung Kader und Schulung angegliedert war, eigentlich zuständig für Ehrungen, Feiern und Beerdigungen von Stasi-Mitarbeitern. Aber um solche Festivitäten, im Amtsjargon »rote Feiern« genannt, ging es hier nicht.

»Da haben wir uns alle verkrümelt«, erklärte der Krematoriumsmitarbeiter Jens Schindler. »Wir hatten ja auch Schiss ein bisschen davor. Und dann haben wir um die Ecke mal geguckt, oder wir haben getuschelt miteinander, hier sind die schon wieder da. Jetzt haben sie wieder so einen. Wir nahmen immer an, das sind zum Tode Verurteilte. Wer weiß, wen sie da verbrennen. Wir haben uns immer so vorgestellt, wie das da drin in dem Sarg aussehen möge. Das hätte uns mal kräftig interessiert.«

»Haben Sie mal geguckt?«, fragten die *Spiegel-TV*-Reporter.

»Nein, mein Kollege wollte mal gucken und ist mit vorgehaltener Pistole daran gehindert worden.«

So konnte, jedenfalls in Leipzig, kein Krematoriumsangestellter jemals in einen der geheimnisvollen Stasi-Särge blicken. Auch bei der Verbrennung selbst, einem Vorgang, der rund eine Stunde dauerte, durfte niemand außer den Stasi-Leuten zusehen. Zumindest im ersten Stadium der Verbrennung hätte man möglicherweise erkennen können, in welchem Zustand die Leiche war. Alles sollte geheim bleiben.

Der Leiter des Krematoriums Gerhard Jensch wusste auch nicht mehr: »Keine Quittung, kein Beleg über einen Sarg oder was, weder Papiere noch sonst etwas dazu. Gar nichts.«

»Können Sie sagen, wie viele Fälle das in der Zeit waren, als Sie Krematoriumsleiter waren?«

»Zwanzig, vielleicht dreißig.«

Die Urnen mit den sterblichen Überresten der anonym und heimlich Eingeäscherten wurden von den Stasi-Leuten nach getaner Arbeit mitgenommen. Unter den Krematoriumsmitarbeitern gab es über die Art der Opfer kaum Zweifel. Leiter Jensch: »Die Kollegen sagten, da haben sie einen erschlagen oder was. Die mussten ja raus während der Verbrennung. Und da haben sie wahrscheinlich wieder einen von der Stasi hier umgebracht, oder was weiß ich. Solche Ausdrücke waren öfters.«

Bisher war das Geheimnis der Stasi-Verbrennungen nicht vollständig gelüftet worden, doch mittlerweile ermittelte die Kriminalpolizei. Zwei der Verantwortlichen waren inzwischen kaum noch vernehmungsfähig, ganz bei Sinnen offenbar schon lange nicht mehr.

Honecker und Mielke waren seit jeher ein Herz und eine Seele gewesen. Der eine lobte gern den anderen und damit sich selbst: »Unter deiner Führung hat sich das Ministerium für Staatssicherheit in allen Perioden der Geschichte unserer Republik als zuverlässiges Organ des sozialistischen Staates bewährt. Dafür gebührt dir hohe Wertschätzung unserer Partei und der Werktätigen unseres Landes.«

Ehrung eines sozialistischen Geheimdienstchefs zum achtzigsten Geburtstag. Erich Mielke, über dreißig Jahre im Amt, erhielt den Karl-Marx-Orden und genossenschaftliche Umarmungen seiner regierenden Co-Greise. Die personifizierte Perversion sozialistischer Ideen belobigt sich selbst: »Stets habe ich mich bemüht, als Arbeitersohn und Kommunist, jeden Auftrag der Partei zu erfüllen. So zu erfüllen, wie die Partei das von mir gefordert und erwartet hat, so zu erfüllen wie Millionen anderer Kommunisten und Patrioten, die für unsere Sache leben und kämpfen.« Es gratulierten die Honoratioren der Arbeiter- und Bauernmacht, des gewaltigsten Potemkinschen Dorfes der jüngeren Geschichte.

Und während dieselben Potentaten auf dem Parkett der Weltpolitik salonfähig wurden, hielten sie intern die zerbröckelnde Macht mit unveränderter Gewalt aufrecht. Das zeigt ein kleiner Auszug aus einer Rede des Stasi-Chefs Erich Mielke vom 19. Februar 1982 vor Führungsoffizieren des MfS, die *Spiegel TV* 1990 erstmalig veröffentlichte.

Mielke rechnete mit Verrätern ab: »Wir sind nicht davor gefeit, dass wir mal einen Schuft unter uns haben. Wenn ich das schon jetzt wüsste, würde er ab morgen schon nicht mehr leben. Kurzen Prozess, weil ich Humanist bin, deshalb habe ich solche Auffassungen.«

Und weiter: »Das ganze Geschwafel, von wegen nicht hinrichten und nicht Todesurteil – alles Käse, Genossen. Hinrichten, wenn notwendig auch ohne Gerichtsurteil.«

Und während enttarnte DDR-Agenten im Westen auf ein rechtsstaatliches Verfahren bauen konnten, verfolgte Mielkes Stasi aufgeflogene Westagenten mit unnachsichtiger Rache. Das Ehepaar Guillaume, verurteilt wegen Spionage im Kanzleramt, konnte darauf hoffen, irgendwann einmal ausgetauscht zu werden gegen kleine Fische. Hochkarätige Westspione, etwa vom Bundesnachrichtendienst in Pullach bei München, wurden nach ihrer Enttarnung auch noch in den siebziger und achtziger Jahren in Geheimprozessen zum Tode verurteilt und hingerichtet. Eingeweihte wussten von keinen Versuchen des BND, seine Mitarbeiter über diplomatische Kanäle vor der Exekution zu retten.

So wurde Egon Glombik, Hauptmann in der Spionageabwehr des Staatssicherheitsdienstes, im Mai 1974 gemeinsam mit seiner Frau verhaftet. Beide sollten für den Bundesnachrichtendienst gearbeitet haben.

Seine Mutter gab *Spiegel TV* ein Interview: »Wo das Todesurteil gesprochen worden ist, da sind wir noch schnell ihn besuchen gewesen. Und da sage ich: Egon, mein Gott, wie siehst du denn aus? Die Haare so lang, ganz grau. Ganz grau, der war nie grau. Der war ja erst dreiunddreißig Jahre alt. Da sage ich, wie siehst du aus, die Hände weiß wie eine Leiche und ganz kalt, ganz kalt. Das war das vorletzte Mal. Und das letzte Mal, als ich ihn sah, da sage ich: Mein Gott, heute siehst du ja aus. Sie haben ihm die Haare geschnitten. Da sage ich: Na, heute siehst du besser aus, heute sind die Haare weg. Da sagt er: Ja, ich kriege auch jetzt Diät und kann mich jetzt ab und zu mal hinlegen. Der sah so aus. Mein Gott! Mein Gott! Und blau, zerschlagen.«

Durchgangsstation auf dem Weg in den Tod war die Untersuchungshaftanstalt in Berlin-Lichtenberg. In dem Stasi-Gefängnis wurden Westagenten oder solche, die man dafür hielt, verwahrt und verhört. Die Überwachungstechnik der Staatssicherheit funktionierte hier auf technischem Westniveau, wie das Team von *Spiegel TV* beobachen konnte.

Mit dem größtmöglichen Aufwand kümmerte man sich um die, wie Mielke es formuliert hatte, Schufte aus den eigenen Reihen. Für Abtrünnige aus Partei, Armee und Stasi-Kadern gab es kein Pardon, und immer galt die höchste Geheimhaltungsstufe.

Was in diesem Gefängnis geschah, sollte niemals an die Außenwelt dringen. Auch untereinander blieben die Gefangenen völlig isoliert. Für den täglichen Auslauf gab es neun Quadratmeter große vergitterte Betonkäfige. Alle Akten waren verschwunden.

Frage an den Leiter des inzwischen geräumten Gefängnisses:»Haben Sie noch Belegungsbücher, alte Unterlagen, wer hier gesessen hat?«
»Nein, ich habe nicht eine einzige Seite Papier gefunden, gar nichts. Kein Stück Papier, nicht mal ein leerer Aktendeckel wurde gefunden, alles weg.«

Sicher war dennoch, in einer solchen Zelle hat Egon Glombik ausgeharrt. In einem Geheimprozess wurde er verurteilt, seine letzten Lebenszeichen stammten aus diesem Gefängnis. Dann wurde er hingerichtet, wie und wo, blieb geheim.

Für den Gefangenentransport benutzte der Staatssicherheitsdienst einen unscheinbaren Lieferwagen. Hinter Vorhang und Sicherheitstür versteckt, in einem engen Käfig kauernd, fuhr Egon Glombik zu seiner Exekution.

Sein Sohn:»Nicht einmal einen Abschiedsbrief meines Vaters hat es gegeben. Er wurde abgeknallt wie ein Hund, sagt meine Oma immer. Auch was mit der Leiche passierte, ist nicht bekannt. Die Todesursache wurde nur festgestellt, es wurde auch im Todesschein nicht beschrieben, wie. Es hat ein Arzt festgestellt, der wahrscheinlich der Anstalt angehörte. Und wo die Leiche meines Vaters verblieb, ist mir nicht bekannt. Mir wurde von dem Militärstaatsanwalt Krüger gesagt, die Leiche wurde verbrannt und die Urne beigesetzt. Wo, weiß ich nicht. Und die Überführung habe ich beantragt, sie wurde bis jetzt nicht genehmigt. Es ist also angeblich niemandem bekannt, wo mein Vater liegt.«

Spurlos im SED-Staat verschollen war auch der ehemalige Leiter der Abteilung Abwehr der Nationalen Volksarmee, Kapitänleutnant Winfried Baumann. Er war einer der wichtigsten Nachrichtendienstler der DDR und ein persönlicher Freund Mielkes mit verwandtschaftlichen Beziehungen bis in die Spitze des Politbüros. Der »Rote Admiral« koordinierte einen bedeutenden Teil der Westspionage.

Georg Mascolo machte sich auf den Weg zum Einwohnermeldeamt, um nach der letzten Adresse Baumanns zu fragen. Die Antwort der Sachbearbeiterin war überraschend:»Der ist Leninplatz 3 gemeldet, noch polizeilich.«

»Der ist noch polizeilich gemeldet?«

Es war so. Ein Toter, zehn Jahre nach seinem Ableben im Melderegister eines Polizeistaates.

Am Leninplatz in Ostberlin hatte der Tote noch immer seine Wohnung. Tatsächlich wohnte dort ein ehemaliger guter Bekannter des hingerichteten Offiziers, der von der Stasi zu strengstem Stillschweigen verdonnert worden war.

Auch ihn spürte der Reporter auf. Bereitwillig gab der Mann Auskunft: »Letztendlich wurde mir gesagt, ich habe diesen Herrn Baumann zu vergessen. Ich wurde mit einer Schweigepflicht darüber belegt.«

Die Hinrichtung des Kapitänleutnants, Aktenzeichen 1 OMS 01/80, war geheime Kommandosache. Nicht einmal die Tochter erfuhr davon. Man hatte ihr sogar vorgetäuscht, der Vater sei noch am Leben, wolle sie aber nicht mehr sehen. Jahrelang schrieb sie Briefe an einen Toten. Erst nach der Wende bekam sie ihre Post, geöffnet und sorgfältig gesammelt, von der Militärstaatsanwaltschaft zurück.

»Ihnen ist gesagt worden, Sie könnten Ihrem Vater schreiben?«

»Ja«, antwortete die Tochter des Roten Admirals. »An diese Postfachnummer 47003, wurde uns gesagt, können wir regelmäßig Briefe schreiben, und die Briefe würden dann an ihn weitergeleitet werden.«

»Da war Ihr Vater schon seit Jahren tot?«

»Ja.«

Nur zwei Tage brauchten die Militärrichter, um in konsequenter Anwendung sozialistischen Rechts die Liquidierung des Westagenten zu beschließen. Der Bundesnachrichtendienst kannte das Schicksal seines Mitarbeiters, gewährte aber offenbar keinerlei Rechtsschutz. Jetzt, Jahre später, sollte Baumann rehabilitiert werden. Doch das nutzte ihm nichts mehr.

Günter Waldmann vom Obersten Militärgericht der DDR: »Im Grunde genommen ist es ja zunächst einmal gleichgültig, ob eine Freiheitsstrafe ausgesprochen wurde oder eine Todesstrafe. Wobei eben der qualitative Unterschied darin besteht, eine Freiheitsstrafe, da kann man noch eine Entschädigung machen, da kann man eine Rehabilitierung machen und, und, und. Bei einer Todesstrafe ist, und die dann auch noch vollstreckt wurde, ist ja nun nichts mehr in dem Sinne zu reparieren, der Betreffende lebt nicht mehr.«

Als der hochrangigste Spion, den der Bundesnachrichtendienst jemals in der DDR hatte, dem ersten Militärsenat vorgeführt wurde, muss er sein Schicksal schon erahnt haben. Vergeblich hatte er darauf gehofft, dass die Bundesregierung eingreifen und seine Hinrichtung verhindern würde. Kurz vor der Verhandlung sah er seine Tochter zum letzten Mal.

Liane Schöffel konnte sich an jede Einzelheit der Begegnung erinnern: »Und bei diesem letzten Besuch weiß ich also noch, es war nur ganz kurz, dies wurde dann immer von den Mitarbeitern unterbrochen, dass das jetzt nun beendet sei. Ich bin dann doch aufgestanden, habe meinem Vater einfach die Hand gegeben, habe ihm auf Wiedersehen gesagt, in der Annahme, dass ich ja irgendwann den nächsten Besuchstermin kriege. Er ist dann zur Tür gegangen und hat sich dann noch mal ganz abrupt umgedreht und hat Lebewohl zu mir gesagt und hat angefangen zu weinen und ist dann rausgegangen. Das war das letzte Mal, als ich meinen Vater gesehen habe.«

Ost-westliche Unterhändler waren sicher, dass Baumann noch leben könnte, wenn die Bundesregierung interveniert hätte.

Nach der Wende ließ der BND die Tochter wissen, man habe nicht geahnt, wie hochkarätig ihr Vater im DDR-Nachrichtendienst gewesen sei und wie gefährdet demnach.

Als Bürgerkomitees vorübergehend die Verwaltung des riesigen Stasi-Archivs übernahmen, fehlten fast alle Unterlagen über zum Tode Verurteilte. Auch im Fall Baumann hatten Stasi-Mitarbeiter die brisantesten Materialien beiseitegeschafft.

Barbara Skibek aus dem Archiv, das später zur Gauck-Behörde wurde: »Es hätte ein Protokoll dieser Hinrichtung da sein müssen. Dort muss ein Arzt zugegen sein, ein Staatsanwalt. Es ist nicht ermittelt worden bisher, dass die Hinrichtung tatsächlich abgelaufen ist, so wie sie hätte ablaufen müssen. Es gibt zum Herrn Baumann keinen Totenschein und keine Sterbeurkunde.«

Bei der Generalstaatsanwaltschaft der DDR hätte man wissen müssen, wo und wie die Verurteilten starben. Die Behörde war für die Vollstreckung zuständig. Aber auch nach der Wende war man dort nicht sonderlich auskunftsbereit. Die Pförtnerin ließ den Behördenchef entschuldigen: »Sie sind nicht angemeldet, und der hat auch heute keine Zeit.«

Bei der Militärstaatsanwaltschaft suchten sich die Verantwortlichen gerade neue Jobs und waren deshalb nur selten im Büro anzutreffen. Oberleutnant Bünger vertröstete die *Spiegel-TV*-Reporter:»Ja, da muss ich Ihnen ganz einfach sagen, der Major, mit dem Sie sprechen wollen, wird nur noch zwei Tage hier sein. Der wird sich dann auch aus der Militärstaatsanwaltschaft verabschieden. Wir haben hier keine Perspektive mehr, wie Sie wissen. Und auch der hat seinen Resturlaub, steht also ebenfalls nicht zur Verfügung.«

Nur ein einziger schriftlicher Hinweis auf das Schicksal Winfried Baumanns wurde damals entdeckt. Im Stasi-Archiv fand man einen Zettel mit einer kurzen Anweisung Erich Mielkes, die zeigt, was für eine Farce das Militärgerichtsverfahren war. Der Stasi-Chef selbst war oberster Scharfrichter. Die Archivarin:»Es gibt einen handschriftlichen Vermerk auf eine Aktennotiz, dieser Hinweis ist von Herrn Mielke und ist ungefähr des Inhalts, dass so zu verfahren sei, wie im Urteil festgelegt.«

Winfried Baumann wurde auf persönlichen Befehl des Stasi-Chefs Erich Mielke hingerichtet.

»Ich glaube, dass er einfach erschossen, verbrannt und dann irgendwo verscharrt worden ist«, sagte seine Tochter.»Ich kann ja nicht mal Blumen hinbringen, und ich weiß nicht mal, wo er liegt. Also, dieses Gefühl, das kann man überhaupt nicht beschreiben.«

Auch der Stasi-Major Gerd Trebeljahr bezahlte mit dem Leben für seinen 1979 unternommenen Versuch, über die Ständige Vertretung der Bundesrepublik in Ostberlin MfS-Interna an den BND zu leiten. Der Referatsleiter aus der Stasi-Bezirksverwaltung Potsdam wurde vom Militärsenat zum Tode verurteilt. Prozessdauer: keine zwei Tage.

Gegen die Urteile der Strafsenate des Obersten Gerichts der DDR gab es keine Rechtsmittel. Die Urteile wurden mit Verkündung rechtskräftig.

Gerd Trebeljahr verschwand spurlos aus seinem Heimatort Leest. Kein Grab. Kein Totenschein. Niemand erfuhr, wie der Agent starb.

Seine Frau, eine ehemalige SED-Bürgermeisterin, musste die Villa räumen, in der sie mit ihrem Mann gelebt hatte. Die Rache des Systems, nicht anders als zur Zeit des Stalinismus, nur besser getarnt.

Im Krematorium Dresden wurden in den ersten fünfzehn Jahren der

202

DDR Staatsfeinde verbrannt. Es war ein Jugendstilgebäude des Reformarchitekten Fritz Schumacher.

Wenige Monate nach dem Mauerfall fand der Leiter des Krematoriums Bestattungsscheine, die offenkundig auf getarnte Hinrichtungen in den Jahren 1952 bis 1961 hinwiesen. Einundsechzig Leichen mit der Todesursache Herzversagen.

Ein Mitarbeiter des Krematoriums blätterte in den Akten: »Hier in diesem Register sind zum Beispiel vier Fälle von Verstorbenen, die an einem Tag verstorben sind. Die Eintragungen sind also eindeutig. In diesem Falle ist es also hier der 20.3.1954. Hier ist auch das berühmte PO drauf.«

PO bedeutete »politisch« und betraf diejenigen unter den Hingerichteten, die zum Beispiel wegen Boykotthetze gegen Einrichtungen der DDR oder wegen Taten in direktem Auftrag anderer Staaten als Spione verurteilt worden waren.

Unter den damals Hingerichteten gab es allerdings auch einige NS-Täter, exekutiert wurde vor allem in den Gefängnissen – per Fallbeil. Die ehemalige Hinrichtungsstätte in Dresden war von der DDR zum Mahnmal für die Opfer des Faschismus umgewidmet worden, denn auch die Nazis hatten hier ihre Gegner enthauptet. An der Stelle, wo die Guillotine gestanden hatte, stand inzwischen ein Denkmal. Die Todeszellen, in denen die Häftlinge die Stunden bis zur Hinrichtung stehend hatten verbringen müssen, wurden von den regierenden Antifaschisten zu Gedenkzwecken restauriert, als man sie selbst nicht mehr benötigte.

Doch selbst damals, als wenigstens noch Prozesse den Hinrichtungen vorausgingen, gab es einen Hang zur Diskretion. Die Todesursachen waren immer gleich: »Akutes Herz- und Kreislaufversagen, 4.47 Uhr. Myocard, das heißt Herzinfarkt, 5.00 Uhr. Akutes Herz- und Kreislaufversagen, 4.40 Uhr.«

Seit seinem ersten Aktenfund forschte Krematoriumsleiter Hildebrand weiter in den Registern und erinnerte sich auch an Fälle aus seiner Amtszeit, die wesentlich jüngeren Datums waren. »Mir [ist] dazu ein Fall bekannt, der sich 1984 abspielte. Es gab eine Bestattung, bei der Stasi-Mitarbeiter dabei waren. Der Sarg wurde ausgeladen und unter Aufsicht der Staatssicherheit der Einäscherung zugeführt.«

Auch 1987/88 hatte es mysteriöse Leichenverbrennungen gegeben.

Der Krematoriumsleiter erinnerte sich an die Leiche eines etwa dreißig Jahre alten Mannes, die aus der Haftanstalt Bautzen eingeliefert worden war: »Die Neugierde zwingt einen also schon dazu, zu lesen, an was ist er gestorben. Man konnte zur damaligen Zeit lesen, dass er an Herzversagen verstorben war. Wenn man sich dann den Leichnam betrachtet hat, stellte man fest, der hatte eine Einschlagstelle am Schädel.«

»Sie haben die Leiche gesehen?«

»Ich habe die Leiche mit eigenen Augen gesehen. Und dann macht man sich natürlich seine Gedanken.«

Bautzen im südöstlichen Zipfel der DDR war schon immer ein Lieferant für die Krematorien der Republik. In der Haftanstalt »Bautzen 2« saßen neben anderen politischen Gefangenen fast alle zu langjährigen Haftstrafen verurteilten Westagenten ein. Manche verließen die Anstalt als Leiche. Seit kurzem ermittelte neben der Mordkommission Dresden auch die örtliche Kriminalpolizei Bautzen in mysteriösen Todesfällen. Während der vergangenen Jahre waren in »Bautzen 2« mehrere Häftlinge unter merkwürdigen Umständen ums Leben gekommen, darunter drei Agenten des Bundesnachrichtendienstes. Angeblich hatten zwei von ihnen Selbstmord begangen, und der dritte war nach einer erfolgreichen Operation plötzlich verstorben.

Das alles sollte jetzt überprüft werden. Kein leichtes Unterfangen, denn die Toten waren alle verbrannt worden.

Der zuständige Kripobeamte Hans-Jürgen Mertha untersuchte vor allem Fälle von Selbstmord: »Speziell mit diesen Suiziden beginnen wir tiefgreifend die Untersuchung. Natürlich auch die anderen Dinge, die als natürliche Todesfälle in dieser Anstalt registriert sind.«

Der Gefangene Dieter Vogel hatte sich nach offizieller Stasi-Version das Leben genommen – mit einem Bettlaken stranguliert am Fußende seines Bettes. Erst jetzt trauten sich Mitgefangene, der Polizei ihre Beobachtungen zu schildern.

Unmittelbar vor seinem Tod hatte der Häftling für alle im Zellenhaus unüberhörbar geschrien: »Kommunistenschweine, rote Schweine, ihr Nazis!« Unmittelbar danach war er plötzlich verstummt und am nächsten Tag erwürgt aufgefunden worden.

In »Bautzen 2« starb 1988 auch einer der wichtigsten Agenten des

Bundesamtes für Verfassungsschutz: Horst Garau, hochrangiger Stasi-Mitarbeiter für Westspionage, angeblich verraten vom Überläufer Tiedge. Offizielle Todesursache: Strangulation durch eigene Hand. Der zu einer lebenslangen Freiheitsstrafe Verurteilte war, vollgestopft mit Psychopharmaka, psychisch am Ende gewesen. Garau hatte bis zum Schluss auf Austausch gehofft. Seine Witwe glaubte an Mord.

Der Staatssicherheitsdienst hatte in »Bautzen 2« Hausrecht. Die Besucher vom Geheimdienst brauchten nicht durch den Vordereingang zu gehen. Eine Spezialtür verband das Gefängnis mit der Stasi-Zentrale direkt nebenan. Die Mitarbeiter des allmächtigen Apparates konnten ungehindert jeden Häftling aufsuchen.

So kamen etwa in den achtziger Jahren mehrmals drei Besucher direkt aus dem Büro des Stasi-Vizeministers Gerhard Neiber nach Bautzen und besuchten dort drei Häftlinge. Jedes Mal brachten sie ihnen Fruchtsaftgetränke mit. Jetzt ermittelte die Kripo, ob diese Getränke damals vergiftet gewesen waren.

Die Bewirteten, darunter Helmut Christel, erkrankten lebensgefährlich. Alle an denselben Symptomen. So auch Andre Baganz und der inzwischen in den Westen entlassene Bodo Strehlow. Alle drei saßen wegen Republikflucht in Zusammenhang mit Entführung bzw. Tötungsdelikten. Und alle drei hatten das schlimmste in der DDR denkbare Verbrechen begangen: Widerstand gegen die Sicherheitsorgane.

Nach der Wende vertrauten sich die Häftlinge dem Anstaltsarzt an. Und dem kamen die gleichförmigen Symptome denn auch höchst merkwürdig vor. Er sicherte die Krankenakten und erstattete gemeinsam mit dem Anstaltsleiter Strafanzeige.

Die neuen Gangster   September 1990

*Die Siegermächte des Zweiten Weltkrieges und die beiden
deutschen Staaten unterzeichnen in Moskau den Zwei-plus-vier-
Vertrag (12. September). Deutschland erhält die volle Souve-
ränität über innere und äußere Angelegenheiten, erkennt die
Endgültigkeit seiner Grenzen an und verpflichtet sich, keine
Angriffskriege zu führen.*

Doch nicht nur die Verbrechen der Vergangenheit beschäftigten uns damals. Thilo Thielke heftete sich an die Spur der neuen Straftäter. Sie
kamen in schnellen Fluchtwagen, schwerbewaffnet, mit Strumpfmasken
über dem Gesicht, und raubten, was im Arbeiter- und Bauernparadies
bis dahin nur aus dem Fernsehen bekannt war: harte Währung. Die
Jagd auf das Kapital hatte begonnen. In Chemnitz fielen Schüsse. Ein
Bankräuber starb nach einem Feuergefecht mit der Polizei.

Ein Volkspolizist schilderte das für die DDR bislang eher untypische
Verbrechen:»Die Bank war nach der unmittelbaren Tatausübung fast
vollgefüllt mit Bargeld, es waren ungefähr 239 000 Mark drinnen.« In
der Tasche des Täters habe man Tarngegenstände gefunden, mit denen
er »Verschleierungshandlungen« vorgenommen habe. Der Polizist
zeigte einen Gummistreifen:»Diesen hat der Räuber benutzt, um ihn
sich unter den Pullover zu klemmen, möglicherweise deshalb, um von
der Körperstatur her einen anderen Typus vorzutäuschen.«

Die Tat endete tragisch. Der Bankräuber brachte sich wenige Tage
später im Haftkrankenhaus um. Sein Komplize starb nach Schüssen im
Schalterraum.

Ein Sprecher der Volkspolizei demonstrierte noch andere Tarnwerk-
zeuge:»Ich habe hier Wattetampons, die zunächst keinen Sinn machen.
Aber der Täter führte diese Tampons bei sich sowohl in den Mund als
auch in die Nase ein, um dort eine breite Nase und dicke Backen darzustellen.«

Auf so viel Gerissenheit war man in der DDR nicht vorbereitet. Die
Täter kamen immer häufiger mit westlichem Know-how. Seit der Währungsunion waren in der DDR schon über siebzig Banken oder Post-
ämter überfallen worden – die meisten Täter stammten aus der Bundes-

republik. Fieberhaft ging die Volkspolizei jetzt auf die Jagd nach den Tätern.

Gerade fünf Tage nach dem Überfall auf die Deutsche Bank in Chemnitz schlug wieder ein Bankräuber zu, diesmal im nur zwanzig Kilometer entfernten Gelenau. Der achtzehnjährige Rico hatte schon neuntausend Mark in seinen Beutel gestopft, als er festgenommen wurde. Das Geld sollte das Startkapital für einen Neubeginn in den USA sein. Wenige Wochen vor dem Überfall war der jugendliche Täter arbeitslos geworden.

Wem gehört die DDR?   September 1990

Die CDU/CSU will mit einer Klage gegen den Einigungsvertrag verhindern, dass die polnische Westgrenze völkerrechtlich endgültig festgeschrieben wird. Der Vorstoß scheitert vor dem Bundesverfassungsgericht (18. September). Zwei Tage später wird der Einigungsvertrag in beiden deutschen Parlamenten verabschiedet (20. September).

Zehn Tage existierte sie noch – die DDR. Dann, nach dem Tag der Vereinigung am 3. Oktober, würde der Run auf die Ruinen – genauer gesagt: auf die Grundstücke darunter – losgehen. Das Volkseigentum sollte entweder an das – wohl vorwiegend westliche – Kapital verkauft oder den früheren Eigentümern zurückgegeben werden. Beides erforderte, dass erst einmal festgestellt wurde, wem das Land eigentlich gehört hatte. Das aber war gar nicht so einfach. Denn nichts war in der DDR so unklar wie die Besitzverhältnisse.

Es gab kaum einen Quadratmeter Boden, der nicht umstritten war. Und solange niemand wusste, wem was tatsächlich gehörte, konnte nichts verkauft und nichts bebaut werden. Ohne festen Boden unter den Füßen investiert niemand.

Also machten sich die *Spiegel-TV*-Mitarbeiter Gunther Latsch, Britta Sandberg und Beate Schwarz an die Arbeit, in Liegenschaftsämtern

207

vermoderte und vergilbte Akten zu studieren, um herauszufinden: Wem gehört die DDR?

Wem die Brücken gehörten und die Flüsse, das war noch einigermaßen klar. Vielleicht auch noch die Autobahnen. Staatseigentum früher, heute und in Zukunft. In der Frage aber, wer den Rest besaß, prallten die Meinungen aufeinander. Die DDR, die sich nun in die neuen Bundesländer verwandelte, sollte neu verteilt werden, an die Eigentümer von gestern und vorgestern. Und so gab es einen Ansturm auf die Liegenschaftsämter überall in der Republik. Bis zum 13. Oktober sollten die Besitzer von Grund und Boden ihre Ansprüche anmelden. Doch dazu benötigten sie Grundbuchauszüge und vor allem Geduld.

Die Reporter filmten auf den Fluren der Ämter den Streit der Wartenden:»Was Sie hier tun, ist eine Frechheit.«

»Sie geben ja erst einen Anlass dazu.«

»Sie standen da drüben in der Reihe. Halten Sie mal die Schnauze. Sie waren da drüben in der Reihe. Bleiben Sie doch dort stehen.«

Beim Ausverkauf des Sozialismus wollte jeder der Erste sein. Plötzlich wurden alte Besitztitel und Erbscheine, von denen man angenommen hatte, sie seien nicht das Papier wert, auf dem sie standen, zu Kostbarkeiten.

Eine Behördenangestellte:»Ich bin auch nur heute mal hier. Ich habe mit Grundbuchsachen überhaupt keine Erfahrungen. Ich bin in der Vermessung tätig. Und damit wir überhaupt die Leute beruhigen können, damit hier nicht nur einer steht, machen wir das.«

Volkseigentum sollte an das Volk zurückgegeben werden – aber immer nur dienstags von 9.00 bis 18.00 Uhr. Hier lagerten allein die sogenannten lebenden Akten, Grundbuchblätter von nicht enteignetem Privatbesitz oder von Volkseigentum, angelegt zum Zeitpunkt der Enteignung. Die vorherigen Besitzer von verstaatlichten Liegenschaften ließen sich nur mühsam feststellen.

Ein Wartender:»Ich habe da sehr große Befürchtungen mit dem Grundstück meiner Großeltern. Sie sind zwangsenteignet worden, die Nationale Volksarmee hat damals noch gebaut. Das kann ja rechtmäßig sein.«

Ein anderer:»Uns geht es genauso. Das Eigentumsland wurde weg-

208

genommen. Und wenn wir gesehen haben, dass dort eine Baugrube entstanden ist, und gefragt haben: Wer baut da?, dann haben wir keine Auskunft gekriegt.«

Im Keller verrotteten seit Jahrzehnten die sogenannten geschlossenen Akten. Es waren alte Grundbücher, geführt bis zum Zeitpunkt der Enteignung. In sie musste Einblick nehmen, wer sein Besitzrecht an einem volkseigenen Gelände beweisen wollte. Das war schwierig, denn die Akten waren in erbärmlichem Zustand, verklebt, verschimmelt und verblichen.

Drei Jahre nach Kriegsende hatten die siegreichen Sowjets in dem von ihnen besetzten Gebiet eine Bodenreform durchgeführt. Aller Grundbesitz über einhundert Hektar wurde enteignet. Erster Schritt beim Aufbau des DDR-Sozialismus.

Und nicht nur landwirtschaftliche Großflächen wurden ihren Besitzern abgenommen, auch städtische Grundstücke riss sich der sozialistische Staat unter den Nagel, wenn er sie brauchte. Prominentes Beispiel in Ostberlin: Der Platz, auf dem der Fernsehturm steht, das Wahrzeichen der DDR, Symbol für den Wiederaufstieg aus Ruinen, war Schweizer Eigentum, jedenfalls zu einem Viertel. Der Bündner Zuckerbäcker Vicedomini hatte hier um die Jahrhundertwende eine Konditorei aufgebaut. Zu Beginn des Zweiten Weltkrieges ging die Familie zurück in die Heimat. Verwandte bewohnten das Haus bis zu dessen Abriss im Jahr 1946. Auf dem Trümmergrundstück wurde der Fernsehturm errichtet, ohne dass vorher mit den Schweizer Besitzern verhandelt worden war.

Die Nachkommen und Erben des Schweizer Zuckerbäckers wohnten in Thalwil am Zürcher See. Auf ihr ererbtes Eigentum in Ostberlin wollten sie nicht verzichten, jedenfalls nicht entschädigungslos:»Wir selber aus der Schweiz haben ja nicht viel machen können. Wir konnten nur über das eidgenössische Departement irgendetwas unternehmen. Und die haben die Vertretung für sämtliche Schweizer und alle Grundstücke und solchen Sachen gehabt. Da ist also nichts gelaufen.«

Zur Sicherheit erhoben die Schweizer aber doch Anspruch auf ihr Grundstück. Fordern kostete ja nichts. Damals, 1976, verlangten die Teilbesitzer des Grundstücks zweieinhalb Millionen Franken. Sie wussten:»Also kann man ungefähr ausrechnen, was es heute kostet.« Auf zehn Millionen Franken kamen die Schweizer: eine runde Summe für eine Entschädigung, denn haben wollten sie den Turm nicht. Besichtigt hatten sie ihn inzwischen:»Ja, gefällt mir nicht schlecht. Der sieht gut aus. Aber was sollen wir mit einem Fernsehturm, nicht?«

Leipzig war eine Kommune ohne Besitz und ohne Einkünfte. Im Rathaus suchte der Finanzdezernent Peter Kaminski auf alten Karten von 1938 nach kommunalem Eigentum.»Wem gehört Leipzig?«, wollten die *Spiegel-TV*-Reporter wissen. Kaminski tappte im Dunkeln.»Zurzeit? Keinem. Keinem. Und das ist auch ein Riesenproblem. Ich sage manchmal Wildost. Jeder kann machen, was er will. Und ich habe manchmal die Bedenken, dass Immobilienhaie Grundstücke verkaufen, die ihnen nicht gehören, weil die Situation so unklar ist.«

»Gibt es ein Beispiel dafür?«

»Ich kann Ihnen keines belegen, weil wir im Grunde genommen nicht wissen, was uns gehört. Aber wir werden ein böses Erwachen bekommen, wenn wir eines Tages dann wissen, was uns gehört. Und dann wird uns jemand sagen, das habe ich doch vor einem halben Jahr erst gekauft von dem und dem.«

Leipzig verfiel. Grundstücke und Häuser konnten nicht verkauft und saniert werden, weil die Eigentumsverhältnisse ungeklärt waren. Die Stadt blieb im Dreck stecken, während westdeutsche Investoren vergeblich nach Baugrund und Büroflächen suchten. Finanzdezernent Kaminski war inzwischen jedes Mittel recht, um nach den Besitzern zu fahnden.

Ein Bürger hatte ihm das Adressbuch von 1936 gebracht, das ihm nun als erster Ausgangspunkt der Recherche diente.

In Leipzigs bester Lage gehörte der Stadt die Hälfte eines Hauses und die andere Hälfte unbekannten Erben im Westen. Seit März wollte es die Münchner Paulaner Bräu übernehmen. In der vergangenen Woche hatte die Stadt verkauft, was ihr nicht gehörte, um die Bayern in Leipzig zu halten. Das Geld kam auf ein Sperrkonto.

Auch in Dresden wurde die wirtschaftliche Entwicklung durch die ungeklärten Eigentumsverhältnisse blockiert. Eine Gruppe von Kleingewerbetreibenden hatte Angst, dass westliche Investoren ihnen die Grundstücke vor der Nase wegkauften. Jahrelang hatten sich die kleinen Privatunternehmer im SED-Staat mühsam behauptet. Jetzt drohte die freie Marktwirtschaft ihnen die Existenzgrundlage zu entziehen. Sie hatten Angst, dass die Häuser, in denen sie saßen, nun verkauft werden könnten. »Ich geh hier nicht runter«, erklärte ein aufgeregter Ladeninhaber. »Mit den Beinen nach vorne, anders nicht. Wir Handwerker und Gewerbetreibenden, wir halten seit Jahrzehnten schon zusammen hier. Und so halten wir auch zusammen in Zukunft hier. Wir gehen nicht runter.«

Nicht minder kompliziert war die Situation in der von 1952 bis 1960 zwangsweise kollektivierten Landwirtschaft. Der eingebrachte Boden blieb anfangs Privateigentum der Bauern. Doch viele verließen die DDR und wollten sich nun ihren Besitz zurückholen. Das totale Chaos war programmiert. Kein Wunder, dass die bisherige DDR-Regierung so weit wie möglich am Status quo festhalten wollte.

Der neue DDR-Ministerpräsident de Maizière von der CDU erklärte: »Dazu gehört die Sicherung der Eigentumsrechte aus der Bodenreform und aus Eigentumsübertragungen, die nach Treu und Glauben rechtens waren und daher auch rechtens bleiben müssen.«

Das sah manch durchlauchte Gestalt ganz anders. Franz Prinz von Sachsen-Altenburg, bislang wohnhaft in Stuttgart, durchmaß schon mal den Familienbesitz seiner Vorfahren: stattliche tausend Hektar mit Wald und Seen im mecklenburgischen Kuchelmiß. Er wollte das gemeine Volk nicht verjagen, sondern für sich arbeiten lassen. Ganz von oben herab erklärte der Prinz: »Ich möchte natürlich gerne die Existenz dieser Menschen hier verbessern und kann mir auch vorstellen, dass der eine oder andere gerne wieder von seiner Verantwortung für das Land, für die Bewirtschaftung befreit wird und dann gegen ein vernünftiges Entgelt hier arbeiten kann und so eine Existenz haben kann.«

Fürsorge um das Wohl der Untertanen war schon immer Kennzeichen des ostelbischen Adels. Und so mühte sich der Prinz um ein gutes Verhältnis zu den Bewohnern seines Landes. Dem Bürgermeister machte er bei jedem Besuch der Latifundien seine Aufwartung und wies ihn anhand alter Bilder in die Schönheit aristokratischer Vergangenheit ein:

»Das ist übrigens eine Reproduktion der früheren Schafställe. Und so sah das noch früher aus am Ortseingang von Kuchelmiß. Und jetzt würde mich interessieren, wie es Ihnen geht und wie es der Gemeinde geht.« »Gut und optimistisch«, erklärte der Bürgermeister knapp. »Optimistisch. Das ist immer sehr schön, dass man so was sagen kann und so was hören kann vor allen Dingen.«

Die Familie des Prinzen war im April 1945 vor der anrückenden Sowjetarmee geflüchtet. Im Zuge der Bodenreform wurde das Land zunächst an Umsiedler aus den polnisch besetzten Gebieten verteilt, die ihr neues Eigentum dann in den fünfziger Jahren in die LPG einbrachten.

Die Bauern der LPG sahen die Lage etwas anders als der Prinz: »In der Endkonsequenz werden wir dann zu Knechten, und das wollen wir nicht.«

Dem Prinzen ging es vor allem um pflegliche Behandlung des Familienbesitzes. Die alte Mühle wurde von der Gemeinde Kuchelmiß mehr schlecht als recht renoviert, alle anderen Gebäude waren ziemlich verkommen. Für den Prinzen kein Wunder, fehlte es doch im Sozialismus an der ordnenden Hand des angestammten Eigners. »Ich glaube, dieser Urtrieb, der in dieser Eigenschaft des Eigentümers vorhanden ist, der muss hier eine besondere Beachtung finden.«

Der Ostadel hatte sich bereits zu einer Interessengemeinschaft zusammengeschlossen. Und einen Lichtstreifen am gesamtdeutschen Horizont sah der Prinz auch schon. Bundeskanzler Kohl hatte ihm in einem Antwortschreiben Hoffnungen gemacht.

Bevor aber Prinzen, Grafen, Fürsten oder gemeine Grundbesitzer ihre Ansprüche durchsetzen konnten, mussten sie sich in einem alten Schloss umsehen. In Barby an der Elbe, einer Kleinstadt in der Nähe von Magdeburg, lagerten vierzehneinhalb Kilometer Grundbücher aus allen Orten der DDR in einem Gewirr von Gängen, Trakten und Nebenräumen. Seitdem das Schloss, in dem bis 1980 DDR-Heimkehrer überprüft wurden, Teil des Staatsarchivs wurde, karrte man aus der gesamten DDR fast alle geschlossenen Grundbücher hier zusammen.

Es waren die einzigen Unterlagen, aus denen die Vorbesitzer enteigneter Grundstücke oder Häuser hervorgingen. Um hier etwas zu finden, mussten die zehn Mitarbeiter pro Suchaktion mehrere hundert Meter zurücklegen und zentnerweise Akten zur Seite räumen. Bei dem voraussehbaren Ansturm eine Sisyphusarbeit. Und nicht nur das.

Die Archivarin zeigte ein paar Beispiele: »Dies hier sind Grundbücher, die in einem sehr schlechten Zustand überliefert wurden. Man sieht, dass die Seiten sich vollkommen auflösen und zersetzen oder schon zersetzt sind und auseinanderfallen. Man kann es kaum noch aufblättern. Es fällt vollkommen auseinander.«

Es fehlte an den einfachsten Hilfsmitteln, um die Bücher zuzuordnen: »Wir haben keine Computer. Wir arbeiten mit Karteikarten, um unsere Akten rauszusuchen. Zum anderen haben wir große Probleme mit dem Kopieren von Grundbüchern, da wir keine Kopiertechnik haben. Und nun müssen die Benutzer und Bürger hierherkommen nach Barby ins Schloss und müssen dann direkt Einsicht nehmen.«

In nicht wenigen Fällen war die Umwandlung in Volkseigentum besonders gründlich betrieben worden. Die Archivarin wusste aus leidvoller Erfahrung: »Beim Recherchieren trifft man in den Grundbüchern immer wieder auf Schwärzungen, sodass man nicht mehr ersehen kann, wer der Eigentümer dieses Grundstückes ist.«

Sie kramte ein zerfleddertes Buch hervor: »Hier kann man die Beschreibung des Grundstücks noch erkennen, aber die Eigentümer sind geschwärzt bis zum Jahre 1948, wo es dann Eigentum des Volkes geworden ist. Danach ist der Rechtsträger eine Konsumgenossenschaft des Landes Sachsen-Anhalt.«

Der genervte Amtsleiter fahndete in Akten, selbstgefertigten Listen, Lageplänen und Karteien nach Hinweisen auf das fragliche Grundstück. Nach einer guten Stunde endete die Suche mit einem vollen Erfolg. Man hatte vergessen, auch die alten Gebäudebücher zu schwärzen. Eigentümer war die Karstadt AG in Hamburg.

213

Die letzten Tage der DDR   September 1990

*Die DDR tritt aus dem Warschauer Pakt aus (24. September).
Michael Gorbatschow bezeichnet das gerichtliche Vorgehen gegen
ehemalige SED-Funktionäre als »primitiven Antikommunismus«
(26. September). Nach heftigen Debatten in der Volkskammer über
den Umgang mit den Stasi-Akten wird Joachim Gauck (Bündnis 90)
zum »Sonderbeauftragten für die Unterlagen des Staatssicherheitsdienstes« gewählt. Fünfzehn Abgeordnete legen wegen ihrer
Zusammenarbeit mit dem MfS ihr Mandat nieder (28. September).*

Im Herbst 1990, fünfundvierzig Jahre nach der Kapitulation, ging der
Zweite Weltkrieg noch einmal zu Ende. Aus den Verlierern von damals
waren doch noch Sieger geworden.

Der Bundesadler, angefertigt aus dickem Sperrholz, hing schon im
notdürftig renovierten Reichstag. Das schwarz-rot-goldene Tuch für die
Bundesfahne wurde überdimensional genäht. Die Polizei stand Schlagstock bei Fuß, und die Politiker polierten ihre Gemeinplätze. Der Tag
der Einheit stand vor dem Brandenburger Tor.

Ein Staat, der vierzig Jahre um seine internationale Anerkennung
kämpfte, hatte noch achtundvierzig Stunden, dann wurde die DDR zur
Ostzone der Bundesrepublik. Mehr oder weniger freundliche Übernahme eines historischen Pleiteunternehmens. Die letzten Tage sind immer
die schönsten – weil man weiß, der Schmerz lässt bald nach.

Fast alle Mitarbeiter von *Spiegel TV* waren in den Osten gefahren,
um die Tage des Abschieds von der DDR im Bild festzuhalten: Katrin
Klocke, Gunther Latsch, Georg Mascolo, Cassian von Salomon und
Thilo Thielke.

Beobachtungen als Zaungast einer Zeitenwende. Aus den Ruinen des
Zweiten Weltkriegs sollte sie auferstehen – die DDR, der Zukunft zugewandt. Daraus wurde irgendwie nichts Rechtes und auch nichts Lin-
kes. Ein Sozialismus mit preußischem Antlitz und sehr viel Selbstbetrug.
Binnen eines Jahres war nun erreicht, was als höchste Vollendung des
Sozialismus gilt: das Absterben des Staates. Wenn auch in anderer Form,
als es die Klassiker des Marxismus postuliert hatten.

Der Bedarf an Schwarz-Rot-Gold kurbelte die örtliche Textilwirtschaft an. In Sonderschichten wurde das überdimensionale Einheitstuch genäht, das in der deutschen Mitternachtsstunde vom 2. auf den 3. Oktober vor dem Reichstag von zwei ideellen Gesamtjugendlichen gehisst werden sollte.

Historische Stunden an der Nähmaschine. Eine der Schneiderinnen der deutschen Einheit: »Ich bin sogar sehr stolz, dass ich die selber nähen durfte, und das ganz alleine. Das ist natürlich klar.«

Die Vorräte an rotem Stoff waren praktisch unbegrenzt. Nur mit Schwarz und Gelb kam die Firma kaum nach.

Eine der Frauen an der Nähmaschine fand das plötzliche Einheitsfieber seltsam: »Nun bricht er plötzlich aus – dieser Nationalstolz. Und jetzt freuen sie sich so und wollen es zeigen, dass wir eins werden. Wie früher, da waren sie ja auch so. Bloß dass da die Hakenkreuzfahne war.«

Historische Stimmungen fördern historische Missverständnisse.

Unter den Linden hatte das rote Preußen seinen vorerst letzten Auftritt. Die Wachablösung vor der Neuen Wache sollte nun endgültig sein. Den Stechschritt hatte der allerletzte Verteidigungsminister schon sechs Wochen zuvor abgeschafft und durch den normalen Gleichschritt ersetzt. Nur der forsche Antritt erinnerte noch an die deutscheste aller Fortbewegungsarten. Noch war nicht entschieden, ob demnächst die Bundeswehr hier paradieren durfte – für die Touristen aus aller Welt.

Abmarsch in den Ruhestand. Alsbald dürften die Ostsoldaten in den Arbeitsämtern strammstehen. Den Bedarf der abgespeckten Bundeswehr würde wohl vorwiegend der Westen decken.

Aus den Uniformen der Volksarmee sollten Putzlappen gefertigt werden. Ab 3. Oktober, null Uhr, galt östlich der Elbe eine neue Kleiderordnung.

Auf die Truppen für die innere Sicherheit konnte der neue Staat nicht so leicht verzichten. Die Volkspolizei sollte nur umbenannt und umdekoriert werden.

Hoheitszeichen und Farbgebung waren nicht mehr zeitgemäß. In einer Werkstatt der Volkspolizei in Weißensee wurden Dienstwagen auf »West-Grünweiß« umgespritzt. Plansoll: zwei Wagen pro Tag. Kleine Ausbesserungsarbeiten wurden gleich mit vorgenommen, damit die Ostpolizei am Tag der Einheit strahlen konnte. Fast gänzlich unbeschädigt hatte die Volkspolizei die Wende überstanden, so als hätte sie nie zum Repressionsapparat der SED gehört.

Mit den alten Farben verschwanden die alten Loyalitäten. Auch wenn das Automodell noch nicht gewechselt wurde. Die Ordnungshüter brausten im Lada in die neue Zeit.

In einer Polizeiwerkstatt übte man sich in der Vergangenheitsbewältigung mit dem Haarfön. Mittels heißer Luft wurden die Aufkleber mit Hammer und Zirkel, dem Staatswappen der DDR, entfernt und durch den Berliner Bären ersetzt. Ab null Uhr sollte die Ostberliner Polizei dem Westberliner Innensenator unterstehen. Bis dahin mussten Volkspolizisten an der nicht mehr mauerbewehrten Grenzlinie stoppen.

Die Beamten in ihren schnieken neugespritzten Ladas durften sich freuen. Ihre Arbeitsplätze waren ihnen gewiss. Für Polizisten würde es in Gesamtdeutschland viel zu tun geben. Die Kriminalität eilte dem erhofften Wirtschaftsboom voraus. So waren immerhin zwei Branchen gesichert.

Ein Mechaniker rüstete die Scheinwerfer und Schlusslichter nach. Dann erklärte er die Übernahme der Fahrzeuge in der Nacht der Einheit:»Mit den Ostkennzeichen fahren sie nur noch bis zum 2. Oktober Mitternacht, ab null Uhr dann mit dem Kennzeichen von Westberlin.«

Metamorphosen der Ordnungsmacht. Mit Aufklebern, Farbe und demnächst auch neuen Uniformen wurde aus der Polizei eines Polizeistaates die Polizei eines demokratischen Rechtsstaates.

Doch auch der Feind schlief nicht. An diesem Mittwoch, dem 26. September 1990, meldete sich die kämpfende Truppe des internationalen Proletariats und fügt dem sich ausbreitenden Kapitalismus durch einen Anschlag auf eine Filiale der Dresdner Bank einen herben Schlag zu. Die Kriminalpolizei fand ein Bekennerschreiben:»Der Anschlag auf die Dresdner Bank erfolgte aus folgenden Gründen: Sie ist maßgeblich an der Ausbeutung und Unterdrückung der Dritten Welt beteiligt. Wir können nicht mit ansehen, wie das Machtsystem der BRD mit ihren Banken und Konzernen wieder die Weltherrschaft übernehmen will. Dazu ist jeder Widerstand gerechtfertigt.« Unterschrift: »Die revolutionären Flammen«.

Währenddessen wurden im Museum für Verkehr und Technik im Westberliner Stadtteil Kreuzberg die Folgen einer chaotischen Silvester-
nacht beseitigt. Die Quadriga, an Haupt, Gliedern und Zaumzeug ver-
letztes Wahrzeichen vom Brandenburger Tor, wurde restauriert. Leider
konnte die Kutsche trotz ihrer vier Zugpferde das Tempo des Galopps
zur deutschen Einheit nicht mithalten. Erst im Frühjahr 1991 sollte das
Gefährt seinen Platz wieder einnehmen.

Donnerstag, 27. September 1990. Zweiter Tag in der letzten Woche der
DDR.

Der Reichstag erhielt seinen letzten Schliff. Hier sollte am Donnerstag nächster Woche das gesamtdeutsche Parlament zum ersten Mal gemeinsam tagen.

Das Brandenburger Tor, durch Sandstrahl vom Schmutz des Sozialismus befreit, strahlte in neuem Glanz.

Die Mauer war schon fast verschwunden. Ein Staat, der seine Bürger
einsperrte, hatte sich selbst erwürgt. Wie wichtig für den Bestand der
DDR die Mauer war, zeigte sich, als sie geöffnet wurde.

Im Reichstag wurde derweil der Bundesadler zu seinem neuen Nest
gebracht. Er war eine Neuanfertigung aus Sperrholz, dreimal drei Meter groß. Gewissermaßen ein Duplikat des Bonner Originals. Noch war
nicht sicher, unter wessen Krallen sich das Gesamtparlament künftig
auf Dauer niederlassen würde, in Bonn oder in Berlin.

Zur gleichen Zeit rüstete die Verkehrspolizei Leipzig zum letzten Gefecht. Seit der Wende neigte das Volk der DDR zur Raserei – und ei-
ferte auch darin den westlichen Brüdern und Schwestern nach. So lauerte der gemeine Vopo im Gebüsch – ein moderner Wegelagerer mit
volkseigenem Radargerät. Ein Raser wurde gestoppt. Der deutsche
Polizeifinger in Aktion. Ein ertappter Sünder auf dem Weg zu Kritik
und Selbstkritik.

Ein Reporter von *Spiegel TV* durfte im Volkspolizeiauto mitdrehen:
»Was ist Ihre Meinung zu Ihrer Ordnungswidrigkeit, wenn fünfzig nur
gestattet ist?«
»Wo war denn das?«

»An einem Kreuz, was bereits ein Unfallschwerpunkt ist. Und die Unfälle sind angestiegen. Das lesen Sie ja laufend in der Zeitung. Dann frage ich mich, warum Sie mit sechsundsiebzig da gefahren sind.«
»Das ist ein schönes Auto, da merkt man das gar nicht so.«
»Sie müssen ab und zu auf den Tacho schauen.«

Die Herren der neuen Sicherheit sondierten derweil schon ihr Terrain. In Freiberg, zwischen Dresden und Chemnitz, setzte ein Dienstwagen eilig zurück, als die Insassen die Kamera erspähten. Der Besuch sollte geheim bleiben. Es war der stellvertretende Chef des Bundeskriminalamtes aus Wiesbaden Dr. Gerhard Boeden, der sich hier ertappt fühlte: »Wo haben Sie das gehört? In Dresden haben Sie das gehört. Wann? Heute?«
»Ja.«
»Ach was. Wo? Im Hotel oder wo?«
»Ja, im Hotel spricht sich das rum.«
»Ja, gut, also schönen Aufenthalt.«
Der demnächst gesamtdeutsche Verfassungsschutzpräsident Boeden war von seinen neuen Ausspähungsobjekten zum Vortrag geladen worden. Schließlich musste der Bürger wissen, wer als Mielkes Erbe die Nachfolge der Firma »Horch und Schleich« antreten sollte. Ehemalige Mitarbeiter des Ministeriums für Staatssicherheit wollte der Verfassungsschutz nicht einstellen, jedenfalls nicht wissentlich. Aber die Zielrichtung war klar.
»Hauptaugenmerk ist Terrorismus«, erklärte Boeden. »Und die Bewegung von rechts. Was sich also auf dem rechtsextremistischen Sektor dort tut, das ist für uns schon eine wichtige Sache. Und da meine ich, da sind wir schon am Anfang beschäftigt genug. Und alles andere werden wir uns sorgfältig ansehen. Mein Gott noch mal, die Welt hat so lange gebraucht, bis sie so war, wie sie heute ist. Warum soll denn schon am 3. Oktober der Verfassungsschutz hier alles wissen?«

Dabei war der alte Geheimdienst noch lange nicht beseitigt. In Leipzig hatte das Bürgerkomitee zur Stasi-Auflösung eine permanente Ausstellung eröffnet, um über Mielkes Dunkelmännertruppe zu informieren. Ein Mitglied des Bürgerkomitees erklärte die Exponate: »Man sieht

die wesentlichen Sachen hier. Zum Beispiel die Schulungsmaterialien.«
Dann zeigte er kosmetische Ausrüstung, um falsche Nasen, falsche Augenbrauen und falsche Ohren herzustellen. »Und das ist einer von diesen Koffern, die dazu dienten, sich selbst irgendwie zu verändern. Wir haben sogar noch die Möglichkeit, aus einem Mann eine Frau zu machen mit einem falschen ausgestopften BH. Also, man war in der Richtung mindestens so gut wie in einer Theatermaskenbildnerwerkstatt.«

Dabei gab es wirkungsvollere Tarnungen als die durch den künstlichen Kahlkopf Marke »Glatzan« oder die künstlichen grauen Schläfen. Der echte Stasi-Mann war nur an seinen Akten zu erkennen – doch die wurden entweder verschlossen oder »verkollert«.

Und wenn die Mauer überall gefallen war, dann würde sie dennoch bleiben. Vierzig Jahre Diktatur, die sich als Volksdemokratie ausgegeben hatte, hinterließ ihre Spuren, ihre Narben, ihre Deformationen.

Freitag, 28. September 1990. Noch vier Tage bis zum Exitus der DDR.
»So, meine Herrschaften, zur Ehrerbietung des Brautpaares erheben Sie sich bitte von Ihren Plätzen.«

Die letzte Eheschließung nach DDR-Recht. Freitagmorgen im Standesamt Leipzig.

Die Standesbeamtin legte sich noch einmal mächtig ins Zeug: »Es müssen sich beide bewusst sein, dass dieser gemeinsame Weg sehr, sehr schön und doch auch manchmal nicht leicht ist. Doch Sie haben sich, das setze ich voraus, lieben, achten und auch schätzen gelernt. Und Sie haben auch die Einstellungen zum Leben und Ihre Charaktereigenschaften geprüft und nun fest aneinander angepasst.«

Zur selben Zeit begann im ehemaligen Gebäude des Zentralkomitees der SED in Ostberlin die vorletzte Sitzung des DDR-Parlaments. Die Volkskammer war aus dem Palast der Republik evakuiert worden, weil dort angeblich Asbestgefahr bestand. Auf der Tagesordnung stand die namentliche Nennung von Abgeordneten, die als Inoffizielle Mitarbeiter für die Staatssicherheit gearbeitet hatten.

Doch der finale Reinigungsakt drohte am Widerstand von CDU und PDS zu scheitern. Die ehemaligen Block-Fraktionen hatten die meisten entlarvten Stasi-Leute in ihren Reihen.

Eine Abgeordnete aus der Bürgerrechtsbewegung empörte sich über die Verdunkelung der Vergangenheit. »Mensch, keiner war Nazi, keiner war ein Stasi, keiner war nichts.«

Einer der neuen Minister fand sich ungerecht behandelt: »Wenn ich nicht Minister geworden wäre, hätte nie jemand die Idee gehabt, meine Akten zu kontrollieren.«

Ein um das Wohlergehen der Geheimdienstfamilien besorgter Parlamentarier meinte: »Es geht mir nicht mal so sehr um die Täter, wenn es welche sind. Es geht um die Familien, verstehen Sie, um die Familien, um die Kinder. Diese Familien, die machen sie doch kaputt.«

Ein Bürgerrechtler entgegnete ihm: »Man muss auch mal denjenigen sehen, der fünfzehn Jahre eingesperrt war, da sind *auch* die Familien betroffen.«

»Aber Sie können doch jetzt nicht Schuld gegen Schuld aufrechnen. Sie können nicht noch mehr Unheil anrichten. Die Familien haben jetzt gedacht, sie sind über die Runden. Die Einheit naht. Was ist denn mit den Familien, was ist mit den Kindern, wenn die zur Schule gehen?«

Ein Volksvertreter fürchtete den Zorn des Volkes: »Das ist eine Hetzjagd. Das können Sie mir glauben.«

Ein anderer fand das reichlich übertrieben: »Es waren in jeder Kreisdirektion der Stasi zwanzig, dreißig Offiziere, Unteroffiziere und Unterführer und wie das alles hieß. Die sind bekannt mit Namen und Adresse und Arbeitskollektiv. Und an denen hat sich nicht einer vergriffen. Und warum nimmt man plötzlich hier an, dass Leute, die enttarnt werden, sich das Leben nehmen? Die nehmen sich nie das Leben. Wer diese Unverfrorenheit hatte – der nimmt sich keinen Strick, der nimmt sich eine Axt und baut am nächsten Haus. Das ist meine Meinung. Das werden Sie sehen.«

Gregor Gysi, schlau wie immer, hatte ein anderes Argument gegen das öffentliche Nennen der Namen von Stasi-Mitarbeitern im Parlament. »Hören Sie zu, ich bin Rechtsanwalt. Es gab einen Volkskammerbeschluss, dass die Akten untersucht, aber die Namen nicht genannt werden. Ich habe mir unter der Bedingung, dass die Namen nicht genannt werden, die Unterschriften von den Leuten besorgt. Ich komme mir jetzt wie ein Betrüger vor. Ich bin dafür, dass sie selbst sich nennen.«

»Aber sie tun es doch nicht«, stellte der Reporter von *Spiegel TV* fest.

»Das weiß ich nicht«, beteuerte Gysi. »Einer bei uns hat es ja gemacht. Das ist eine Frage der Zeit. Aber ich kann doch nicht hingehen zu den Leuten und sagen, es gibt einen Volkskammerbeschluss, dass alles unter dem Siegel der Verschwiegenheit bleibt, und ihr kriegt dann eine Empfehlung. Und wenn ihr zurücktretet, ist die Sache erledigt. Unter diesen Bedingungen geben sie ihre Unterschrift. Und dann sage ich hinterher: April, April.«

Ein Mann trat auf das Team zu: »Am besten, Sie gehen mal raus.« Der Kameramann filmte weiter eine Gruppe von Abgeordneten, die sich leise unterhielten. Einer drehte sich um und fuhr die Reporter an: »Hören Sie, die Kassette nehmen Sie raus während des Gesprächs. Wenn Sie das nicht machen, werde ich Sie verklagen.« Es war der CDU-Abgeordnete Krause, der später unter unrühmlichen Umständen aus der Politik ausschied.

Nach zehnstündiger Diskussion wurden die Namen der Stasi-Mitarbeiter unter den Abgeordneten genannt – in nichtöffentlicher Sitzung.

Langjährig geschultes Personal drängte Presse und Zuschauer aus den angrenzenden Gängen. Die Volkskammer wollte sicher sein, dass sie unter sich war. Der in Sachen Demokratie noch unsicheren Bevölkerung sollte der Schock erspart bleiben, dass Dutzende Wahlkreise in Stasi-Hand waren – bis zum letzten Tag der DDR.

Als wieder zugehört werden durfte, war die Kammer weitgehend leer. Einige belastete Abgeordnete hatten sich aus dem Staub gemacht, andere wollten sich vor der Öffentlichkeit rechtfertigen – und vor allem ihren Beitrag zum Schnüffelstaat herunterspielen.

Der FDP-Vorsitzende Axel Viehweger ging ans Mikrophon: »Ich stehe ein hier zu Kontakten zur Staatssicherheit im Rahmen meiner Tätigkeit als Stadtrat für Energie in Dresden, der in einem Halbteil seiner Arbeit Briketts verteilt hat, vor allen Dingen in den Wintern, und organisiert hat, dass es läuft. Ich gratuliere denen, die ihre weiße Weste organisiert haben.«

Zeit der Weißwäscher. Ein Abgeordneter empört: »Ich erkläre eidesstattlich, dass die verleumderische Namensnennung in keiner Weise gerechtfertigt ist und dass keinerlei Beweise vorliegen. Es handelt sich hierbei entweder um einen Irrtum oder um eine böswillige Verleumdung.«

Ein anderer sagte:»Erstunken und erlogen. Ich bin der einzige Mann in diesem Saal, der weiß, ob ich für den Staatssicherheitsdienst gearbeitet habe oder nicht. Ich habe nicht einen einzigen Bericht dort hingegeben. Ich habe nicht einen einzigen konspirativen Treff gemacht. Das weiß ich über mehr als vier Jahrzehnte.«

Wieder ein anderer:»Ich weiß nur eins: Ich kann jedem Menschen in meiner Familie, im Wahlkreis, und Ihnen auch ins Auge schauen, denn ich habe, und das wird auch bestätigt, keinen Menschen zu Schaden gebracht. Ich habe mich schützen wollen. Danke.«

Am Ende des letzten regulären Sitzungstages der Volkskammer war auch die Regierung nicht mehr vollzählig. Zwei belastete Minister waren zur Sitzung gar nicht erst erschienen. Ein anderer überstand nur den Vormittag. Dann trat er zurück. Die fraktionsübergreifende Stasi-Fraktion hatte sich aufgelöst – einstweilen.

Derweil erlebte die DDR-Hymne eine unerwartete Renaissance. Im VEB Deutsche Schallplatten in Potsdam-Babelsberg kam man mit dem Pressen kaum noch nach. Die Menschen konnten sich nicht satt hören an jenem Musikstück, dessen Text bis zur Wende im vergangenen Herbst offiziell in der DDR nicht gesungen werden durfte.

Der Mann der Plattenpresse erklärte den unwissenden Westjournalisten:»Die erste Strophe fängt so an: ›Auferstanden aus Ruinen und der Zukunft zugewandt, lass uns dir zum Guten dienen, Deutschland, einig Vaterland.‹ Und ich meine, das ist von der Sache her doch die Aussage, die voll in unsere Zeit heute passt. Und das wissen auch viele unserer Menschen, Touristen und andere und wollen sich eben nun durch diese Schallplatte das bewahren.«

Um das Andenken der DDR wenigstens akustisch aufrechtzuerhalten, reichten inzwischen hundert Mitarbeiter aus – ein Drittel der früheren Belegschaft. So stellte sich das Verhältnis ein Jahr nach dem Mauerfall in den meisten DDR-Betrieben dar.

Vom plötzlichen Hymnen-Boom wurde die Firma voll erwischt:»Wir sind überrascht von dem Bedarf und waren nicht in der Lage, sehr kurzfristig die Originalcovers beizustellen. Deswegen haben wir hier diese neutralen Covers genommen, um erst mal sofort den Bedarf zu befriedigen. Die werden auch so gekauft. Das Entscheidende ist der Inhalt.«

Auch die Ständige Vertretung der Bundesrepublik in der DDR fiel nun der Wiedervereinigung zum Opfer. Die Beamten packten ihre Sachen in Pappkartons. »Ich bin jetzt über zehn Jahre hier«, sagte einer der Beamten. »Und da hat man ja auch immer die Vorstellung gehabt, irgendwann kommt die deutsche Vereinigung. Und dann kommt sie so schnell. Da hat man nicht traurig zu sein, da hat man froh zu sein.« Am kommenden Dienstag, dem 2. Oktober, sollte um 16.45 Uhr für immer Dienstschluss sein. »Und wir werden zu diesem Termin noch eine gesellschaftliche Veranstaltung machen, einen Abschlussempfang. Ich habe das Entstehen und das Vergehen dieses Staates miterlebt. Ist doch auch was. Wer hat das schon?«

Auflöser hatten Hochkonjunktur. Beamte aus dem Westen überwachten den Exitus. Möbelpacker aus dem Osten räumten die Büros der Ministerien. Der letzte Befehl im DDR-Innenministerium lautete: Die Gebäude sind der Bundesrepublik Deutschland besenrein zu übergeben. Innenminister Diestel hatte bereits vorher die Polizeigewalt über den Osten der Stadt provisorisch an den Westen übergeben, aus Angst vor den zu erwartenden Krawallen. Da war man im Westen besser geübt.

Im Innenhof des Ministeriums an der Mauerstraße lagerten haufenweise Akten. Aufeinandergeschichtete Dokumente eines ungeordneten Rückzugs. Die verbliebenen Mitarbeiter hatten alles über den Haufen geworfen, auch persönliche Erinnerungsstücke. Einige wenige feierten zuvor noch Abschied – vom Sozialismus und vom Arbeitsplatz: »Mir geht das so wie vielen anderen Mitarbeitern dieses Hauses. Es ist ein sehr depressiver Anblick, sicherlich auch Ausdruck, dieser Anblick, des Zustandes der Gedankenwelt der Mitarbeiter.«

Der Beamte hatte von sich aus gekündigt, weil er den neuen Dienstherren nicht trauen wollte. Das Innenministerium der DDR hatte aufgehört zu existieren. Drei Tage vor dem Ende seines Staates. Der Westen nahte an allen Fronten.

Auch die kulturelle Offensive war nicht mehr zu stoppen. Dresden, Freitagabend, ein Volkssänger, berühmt durch seine weißen Haare und die dunkle Brille, besuchte das Volk.

Ein *Spiegel-TV*-Reporter fragte:»Was ist das für ein Gefühl, hier zu singen?«

Der Sänger Heino antwortete beglückt:»Also, ich muss sagen, das ist für mich jetzt ein wahnsinnig gutes Gefühl und ein weiterer Höhepunkt meiner Karriere, denn da habe ich ja fünfundzwanzig Jahre drauf gewartet, einmal hier in Dresden, überhaupt in der noch jetzigen DDR zu singen.«

Am Ende dieses Tages gab es noch den Beweis für die Richtigkeit des Wendemottos»Wir sind ein Volk«.

Die singenden Jacob Sisters, blond und füllig mit Pudel, erklärten: »Es gibt ein Sprichwort. Der eine sagt, ich hab noch einen Koffer in Berlin, der andere sagt, schaffe, schaffe, Häusle baue. Und die Sachsen sagen eben, schöne Mädchen kommen aus Sachsen, wo sie auf den Bäumen wachsen. Jawohl.«

Aus den Ruinen eines fehlgeschlagenen Gesellschaftsexperiments auferstanden: die deutsche Gemütlichkeit.

Samstag, 29. September. Das letzte Wochenende der DDR war angebrochen.

Fast in allen DDR-Haftanstalten revoltierten die Gefangenen. Sie forderten bedingte Amnestie und Straferlass. Manche waren in den Hungerstreik getreten. In Dresden hatte sich die Lage in der Nacht auf Samstag zugespitzt. In der Untersuchungshaftanstalt forderten die Gefangenen uneingeschränkte Amnestie. Ein Teil der hundertzwanzig Inhaftierten war aufs Dach gestiegen.

Gegen 22.00 Uhr kam die Nachricht, dass die Volkskammer keine Generalamnestie verhängen wollte. Ein Gefangenensprecher kündigte weitere Maßnahmen an:»Die Reaktion auf diesen Beschluss ist, dass circa sechzig Mann das Dach der Untersuchungshaftanstalt Dresden besetzt haben und bis zu einer Generalamnestie besetzt halten werden. Ich muss noch dazu sagen, dass noch ein Fakt dazukommt. Es hat einer mit einem Selbstmord gedroht. Und dieser Mann wird bis zum 3. Oktober vom Dach springen. Wir können diesen Mann nicht zurückhalten.«

Der Anstaltsleiter verhandelte mit der Gefangenenvertretung, während im Hof der Haftanstalt Volkspolizisten aufmarschierten. Sie begannen mit den Vorbereitungen, das Dach der Vollzugsanstalt zu stürmen.

Da sprang der Gefangene. Ein aufgeregter Häftling lief gestikulierend auf das Team von *Spiegel TV* zu:»Wegen der Polizei und wegen der Amnestie ist er gesprungen. Die Polizei kam aufs Dach, und da ist der Erste runtergesprungen.« Im Chor riefen die Häftlinge:»Amnestie! Amnestie!« Ein Neunzehnjähriger war gesprungen. Schwerverletzt lag er auf einem Zwischendach. Mittlerweile stiegen auch die Gefangenenvertreter aufs Dach, um von dort aus ihren Forderungen Nachdruck zu verleihen.»Die Frau Wollenberger, der Herr Diestel und der Herr de Maizière sollen sich hier sehen lassen. Seid doch mal bitte ganz kurz ruhig. Wir kommen doch so nicht weiter.«

Die Nachricht vom Sprung des Gefangenen erreichte auch Innenminister Diestel in Berlin. Der versprach, noch in dieser Nacht nach Dresden zu kommen, um mit den Untersuchungshäftlingen zu sprechen. Gegen 1.15 Uhr erschien er – die Lage entspannte sich. Letzte Amtshandlung eines Innenministers der Deutschen Demokratischen Republik.

Am Samstagvormittag wurde die berühmteste Kontrollstation der Welt eingemottet. Die amerikanische Besatzungsmacht übergab den Checkpoint Charly ans Deutsche Historische Museum.

Ein US-Offizier erklärte:»Als Zeichen der Freundschaft und Verbundenheit zwischen Deutschland und Amerika übergeben wir Ihnen als Repräsentanten das Deutsche Historische Museum zu treuen Händen. Es ist ein Stück gemeinsamer Berliner Geschichte, das Control-Häuschen Check Point Charly.«

Jetzt konnte die Vergangenheit besichtigt werden. Nicht alle mochten sich so leichten Herzens von vierzig Jahren DDR verabschieden.»Gegen eine Einverleibung der DDR – für ein selbstbestimmtes Leben«, hatte ein ost-westliches Frauenbündnis zur Demonstration aufgerufen. Am liebsten wäre man aber demonstrativ unter sich geblieben. Frauenpower in Aktion.

Im Ostberliner Lustgarten wollte frau sich treffen, um gegen jede Form von Ausländerinnenfeindlichkeit, gegen Sexismus, Rassismus, Nationalismus, Militarismus und für ein paar andere Arten von -ismen zu demonstrieren.

Eine Rednerin erinnerte an die guten Seiten der DDR: »Es kann nicht alles aufs Abstellgleis geschoben werden, nur weil Machtinteressen es nicht zulassen wollen, dass es auch Positives an und in dieser DDR gegeben hat.«
Eine andere Frau wünschte eine »Revolution aus purer Zärtlichkeit«.

Nicht leicht, sich von liebgewonnener Vergangenheit zu lösen. Selbst die Schüsse an der Mauer wurden von einigen vermisst. Am Samstagnachmittag übte sich ein junger Engländer als Mauerschütze – mit dem Luftgewehr. Das überstieg die Toleranz beherzter Noch-DDR-Bürger. Dass Wessis aus dem Ausland hier herumballerten, war denn doch zu viel. Die an dieser Stelle noch in Resten erhaltene Mauer musste gegen unqualifizierte Angriffe verteidigt werden. Während einer Volksjustiz spielte, benachrichtigte ein anderer die Polizei, zur Sicherheit gleich die beider Seiten.

Zuerst erschien die Westpolizei, doch die war hier nicht zuständig – noch nicht. Ein DDR-Bürger klärte den Beamten auf: »Du bist noch in der Zone hier. Noch. Wenn du Donnerstag kommst, ist mir das egal.«

Noch definierte die Volkspolizei die für das Luftgewehr des Mauerattentäters geltenden Besitzverhältnisse: »Erst mal steht es fest, dass es sein Eigentum ist, dass keiner das Recht hat, ihm das wegzunehmen.« Der eifrige Bürger war empört. »Nun lassen Sie mich erst mal zu Ende reden«, sagte der Volkspolizist. »Das ist zwar anzuerkennen, dass Sie das als Bürger unterbinden, wenn Sie sehen, dass er irgendeinen gefährdet. Das ist Ihr gutes Recht, darauf Einfluss zu nehmen und ihn friedlicherweise darauf aufmerksam zu machen, dass das nicht gestattet ist, dass hier Bürger beziehungsweise Kinder und so weiter gefährdet werden. Das muss man voraussetzen, dass jemand weiß, dass man so was nicht darf.«

Was man durfte und was man nicht durfte, das änderte sich rapide. Eine Musterstraße direkt an der Mauer, Ostseite. Eine vorbildliche Straße, mehrfach ausgezeichnet im sozialistischen Wettbewerb um die fleißigste, ordentlichste und sauberste Hausgemeinschaft.

Mit der goldenen Hausnummer wurde einmal im Jahr belohnt, wer sich auch in seinen vier Wänden als mustergültiger DDR-Bewohner bewährt hatte. Auch damit war es nun vorbei. Der Anreiz ständiger Kontrolle fehlte dem einen oder anderen Bürger nun. »Es war irgendwie ein Ansporn gewesen, dass jeder mal gesagt hat: Jetzt machen wir auch mal ein bisschen Initiative, damit es ein bisschen sauber aussieht. Bloß jetzt, seit dem neuen Anfang ... Sie sehen ja selbst die Straßen, wie dreckig alles ist. Und die Hausflure. Bei uns geht das noch. Aber ich habe eine Bekannte drüben, das sieht alles wie ein Saustall aus, auf Deutsch gesagt.«

Der Hausgemeinschaftsleiter, abgekürzt HGL, hatte auf sozialistische Zucht und Ordnung zu achten. Er führte das sogenannte Hausbuch. »Darin hat sich jeder Besucher eintragen lassen, der länger als drei Tage hier war.« Das fand der Hausbuchleiter sehr sinnvoll: »Wenn jemand sich irgendwo illegal aufgehalten hat, war das für die polizeiliche Arbeit eine gute Sache. Wenn jemand sich Unterschlupf gesucht hat oder jemand aus der Wohnung rausgezogen ist und hat einen anderen reingesetzt, und der sich so einen Wohnraum erschlichen hatte, dafür war das Hausbuch sehr gut.«

Sechsundachtzigtausend Hausbuchbeauftragte führten sechsundachtzigtausend Hausbücher – allein in Ostberlin. Damit würde es nun vorbei sein. Und manche mochten das bedauern.

Vierzig Jahre und dreihundertachtundfünfzig Tage alt war sie geworden, die DDR. Und zwei Tage würde es sie noch geben.

Der Tag der Einheit   Oktober 1990

Die Volkskammer in Ostberlin und die Nationale Volksarmee
lösen sich auf, die Ständige Vertretung der Bundesrepublik in
Ostberlin wird geschlossen. US-Präsident George Bush spricht in
einer Botschaft an die Deutschen von einem »neuen Zeitalter« für
die deutsche Nation (2. Oktober). Der gesamtdeutsche Bundestag
konstituiert sich im Reichstagsgebäude (4. Oktober).

Um fünf Tage hatte die DDR ihren einundvierzigsten Geburtstag verpasst, wegen Zu-spät-Kommens von der Geschichte gründlich bestraft.
Die Bundesrepublik wurde um ein Drittel größer und hatte damit ihre
kritische Masse hoffentlich nicht überschritten. Wieder waren alle Reporter und Kamerateams von *Spiegel TV* in die DDR gefahren, um die
letzten Stunden vor der Einheit zu dokumentieren. Das schwarz-rot-
goldene Himmelbett, beobachtet von Claudia Bissinger, Nicole Brock,
Katrin Klocke, Gunther Latsch, Georg Mascolo, Thilo Thielke und
Werner Thies.

Wir hatten eigens einen Hubschrauber gechartert, um das Einrücken
der Polizei in den Osten aus der Luft zu filmen. Am Spätnachmittag
rollte der grün-weiße Konvoi durch das Brandenburger Tor. Die Westberliner Polizei bezog Stellung in Ostberlin. 2. Oktober 1990, der letzte
Tag der DDR.
Das Erfolgsstück »Deutschland, einig Vaterland« wurde noch einmal,
zum letzten Mal, aufgeführt. Dann war Wachwechsel unter den Linden
und anderswo. In der Neuen Wache hütete die DDR ihr antifaschistisches Erbe. Oder was sie dafür ausgab. Ein neues, ein besseres Deutschland sollte es sein. Der Versuch war misslungen.
Ein Volksarmist drängte die Touristen zurück: »Meine Damen und
Herren, gehen Sie zurück, dass pünktlich die Ablösung erfolgen kann.«
Letzte Vorstellung am Mahnmal für die Opfer von Faschismus und
Militarismus.
Abschied von der DDR. Vor acht Wochen hatte der Verteidigungs-
minister den preußischen Stechschritt abgeschafft. Jetzt paradierten die
Soldaten, als hätte es diesen Befehl nicht gegeben. Es war die erste und

letzte Rebellion der Volksarmee gegen ihre Führung. Eine Armee zeigte, was sie gelernt hatte. Man ging aufs Volk zu. Im Stechschritt. Ängstlich wichen die Schaulustigen zurück.

Georg Mascolo schaffte es, sich mit seinem Kamerateam in die Mannschaftsräume der Neuen Wache zu drängen. »Was ist das für ein Gefühl?«, fragte er die Soldaten.

»Ein trauriges, sehr trauriges.«

»Und? Begeisterung für die deutsche Einheit?«

»Begeisterung? Ich freue mich, aber Begeisterung kann man nicht sagen.«

Draußen im Gedränge zeigte sich ein zerrissenes Volk. Geeint und – zum Glück – doch uneins.

»Sie als Deutsche müssten sich schämen und nicht den Mund aufmachen«, griff ein älterer Mann einen anderen an, der sich vehement für die Einheit ausgesprochen hatte. »Ich sage das als Jude und Kommunist. Und ich will keine zweite Judenhetze. Das sage ich. Sie sind für mich Nationalisten.«

»Weder braun noch rot«, stellte der richtig. »Wir haben eine braune Diktatur gehabt, die lehne ich genauso ab wie eine rote Diktatur. Jede totalitäre Herrschaft, gleich, welcher Art, ist abzulehnen. Stimmen Sie mir zu?«

»Na gut, dann geben Sie mir die Hand, dann sind wir uns einig.«

Ein anderer mischte sich ein: »Die Freiheit, was heißt Freiheit. Freiheit ist da, wo ich lebe und wo ich arbeite. Da ist Freiheit.«

Ein Sonderzug zur Einheit fuhr um 17.01 Uhr vom Hamburger Hauptbahnhof endgültig und fahrplanmäßig ab. Das Gemeinschaftsunternehmen von westdeutscher Bundesbahn und ostdeutscher Reichsbahn kostete inklusive Disco zweiundsechzig Mark. Motto: »Dabei sein, wenn der Hauch der Geschichte durchs Brandenburger Tor weht.«

Um 3.05 Uhr sollte es wieder zurückgehen. Die dritte Strophe des Deutschlandliedes wurde noch einmal repetiert. Eher lustlos erklang: »Einigkeit und Recht und Freiheit …«

Einer der Sänger sagte: »Ihr solltet die erste auch singen …«

Doch niemand wollte mit »Deutschland, Deutschland über alles« in die Vereinigungsnacht fahren. Als der Zug am hell erleuchteten Reichstagsgebäude vorbeirollte, erklang aus einem Radio »Don't know much about history, don't know much biology … what a wonderful world this would be«. Einige Pärchen tanzten.

Auf dem Rasen vor dem wieder aufgebauten Reichstagsgebäude sollte das neue Deutschland eingeläutet werden. Doch zuvor standen noch etliche Festivitäten auf dem Programm. Im Ostberliner Schauspielhaus sammelten sich am frühen Abend die politischen Würdenträger, um den Abschied von gestern gebührend zu feiern. Manche Bürger klatschten Beifall, andere pfiffen auf die Einheit.

Fernsehteams griffen Politiker ab und befragten sie zu ihren Gefühlen an diesem Tag. Alfred Dregger, Rechtsaußen in der CDU, strahlte: »Die deutsche Einheit auch für Mitteldeutschland und Berlin. Das ist der Traum eines Volkes, den es schon fast abgeschrieben hatte, der jetzt in Erfüllung gegangen ist, die Einheit und das Zusammenkommen unseres Volkes. Eine großartige Sache. Jetzt nach vierzig Jahren. Ein Glück für uns alle. Ich freu mich drüber.«

Der patriotische Taumel hielt sich in den Grenzen von 1945. Manchen ging auch das schon zu weit. Sie wollten ihre gute alte DDR wiederhaben. Ein schwarzgekleideter Jugendlicher reckte die Faust und rief: »Deutschland verrecke, Deutschland verrecke.«

Andere blickten nostalgisch noch weiter zurück. Scheinwerfer strahlten vor dem Reichstag in den Himmel wie die Suchscheinwerfer der Flak in den Bombennächten des Zweiten Weltkriegs.

Der Bundesgrenzschutz war in Berlin zum ersten Mal im Einsatz, an einer Grenze, die es nur noch für ein paar Stunden gab – formell. Am Brandenburger Tor existierte noch deutsch-deutsche Arbeitsteilung. Westberliner und westdeutsche Polizei bewachte die Westseite. Die DDR-Polizei, noch in eigener Uniform, kümmerte sich um die Ostseite. Seit das Tor offen stand, war es ständig von Menschenmassen verstopft.

Ein Polizist ermahnte die Einheitstouristen: »Meine Damen und Herren, bitte seien Sie so vernünftig und gehen weiter. Hier gibt es nichts zu sehen. Die Veranstaltungen finden am Reichstagsgebäude statt. Also nicht hier. Hier versäumen Sie überhaupt nichts.«

Doch alle warteten auf etwas, das schon längst geschehen war. Der

9. November 1989, der Tag des Mauerfalls, war der wirkliche Tag der Vereinigung. Man spielte ihn nach, so gut es ging.

Leipzig, am Abend des 2. Oktober. Letzter Wachwechsel bei der Volksarmee. Die Soldaten der Nationalen Volksarmee waren auf Bundeswehr umgekleidet worden. Ab Mitternacht trat die neue Uniform in Kraft. Bis dahin durfte die alte Truppe noch in der alten Uniform marschieren.

Die Befehle würden die gleichen bleiben: »Stillgestanden. Im Gleichschritt, marsch!«

Letzte Schicht im Arbeiter- und Bauernstaat.

In Dresden machten sich die »Schönen an der Elbe« derweil frei für die neue Zeit. Noch vor Mitternacht musste die Wahl der »Miss Unterwäsche« über die Bühne gehen.

Der Veranstalter erklärte dem *Spiegel-TV*-Team: »Ich habe mir die Miss-Dessous-Wahl schützen lassen in verschiedenen Ländern, in fünfzehn Ländern Europas. Und unter anderem auch in der DDR. Ich hatte vor, die Miss Dessous DDR 1991 zu wählen. Aber im Zuge der politischen Umstrukturierung habe ich natürlich diesen Termin nutzen müssen, um noch eine Miss Dessous DDR wählen zu können.«

Leicht bekleidete Mädchen stolperten im frisch eingeübten Model-Schritt über die Bühne. »Die Startnummer drei. Begrüßt wird Ramona. Startnummer vier, Applaus für die Ute.«

Aspekte einer gesellschaftlichen Umwandlung.

»Mit der Nummer sieben präsentiert sich die Marianne. Und last but not least: Steffi.«

Die Rolle der Frau wurde neu definiert. Kehrseite der Wende.

Inzwischen steuerte der historische Abend auf seinen glanzlosen Höhepunkt zu. Zwischen den Fahnen der Bundesländer und den Absicherungen durch die Polizeieinheiten derselben standen sich Hunderttausende die gesamtdeutschen Füße in den Leib. Man wartete auf das Remake des Einheitstaumels, doch der hatte eine höhere Inflationsrate als die D-Mark und wollte sich deshalb nicht so recht einstellen.

Eine halbe Stunde vor der Stunde null erschienen die Politiker, um sich einheitlich bejubeln zu lassen. Doch der patriotische Taumel blieb aus. Gefeiert wurde das Inkrafttreten eines Verwaltungsaktes. Man blieb mit beiden Beinen auf der Erde. Kein Deutschland, Deutschland über alles prägte diese Nacht. Dass die Grenzen einst Welten getrennt hatten, war schon fast vergessen.

Dann rollte der Kanzler der Einheit an. »Helmut, Helmut ...«, riefen einige. Nur der große Oggersheimer lud noch zu gelinder Euphorie ein.

Freude ja, aber der schöne Götterfunke, der sprang nicht über. Es war wie eine Meldung an das Grundgesetz: Auftrag ausgeführt. Alles andere regelt die Wirtschaft – und im Notfall das Arbeitsamt.

Business as usual, nur mit mehr Land, mehr Menschen und mehr Problemen. Die unpatriotische Bundesrepublik bestimmte die Geschäftsordnung – noch jedenfalls. Das Pathos mancher Politiker dröhnte ins Leere. Sechzig Quadratmeter Tuch waren im Anmarsch – eine riesige deutsche Fahne, getragen von Jugendlichen aus beiden deutschen Staaten. Noch wenige Minuten bis zur Stunde null. Ein deutsches Silvester mitten im Jahr.

Bundespräsident Richard von Weizsäcker trat an das Mikrophon: »In feierlicher Stimmung wollen wir die Einheit und Freiheit Deutschlands vollenden. Für unsere Aufgaben sind wir uns der Verantwortung vor Gott und den Menschen bewusst. Wir wollen in einem vereinten Europa dem Frieden der Welt dienen.« Er machte eine kleine Pause und ergänzte leise, wenn auch über alle Lautsprecher hörbar: »Jetzt muss die Nationalhymne kommen.«

So stand es im Protokoll – und so kam es dann auch. Ein Chor nahm den Deutschen das Singen ab.

Es war vollbracht. Man gratulierte einander. Jetzt fehlte nur noch das Feuerwerk. Es sollte das größte werden – seit dem 8. Mai 1945. Doch das wurde es zum Glück nicht.

»Herr Kohl, ich grüße Sie«, sagte ein Passant, als der Kanzler die Stätte seines Triumphes verließ. Ein Politiker zum Schulterklopfen.

Kohl erwiderte: »Also, auf Wiedersehen, schönen Dank.«

Ende eines Staatsaktes.

Rückblende: Dresden, kurz vor Mitternacht. Im Hotel Dresdner Hof wurde auf einer kleinen privaten Feier zum letzten Mal die DDR-Hymne im Radio gespielt.

Es ertönte ein Gong: Mitternacht, Tageswende, Systemwende.

Dann ertönte die jetzt gesamtdeutsche Nationalhymne.

Eine junge Frau mit Tränen in den Augen richtete ihren Blick auf ihren kleinen Sohn und nickte ihm zu. Dann stießen alle mit Rotkäppchen Sekt an: Deutschland, einig Vaterland.

Berlin, grenzenlos, kurz nach Mitternacht. Gedrängel am Brandenburger Tor und in den angrenzenden Straßen.

Ein Trauerzug der Einheitsgegner demonstrierte. Gesungen wurde die Hymne der amerikanischen Bürgerrechtsbewegung: »We shall overcome«. Die Anhänger des alten Systems bemächtigten sich der Symbole der Freiheit, um gegen den Abriss der Mauer und das Ende des Stasi-Staates zu demonstrieren.

Das Prinzip Hoffnung, auf den Kopf gestellt, schlurfte durch die Ostberliner Innenstadt.

Westpolizei beim ersten Osteinsatz – vorwiegend gegen Westbürger. Die meisten Anhänger hatte der real nicht mehr existierende Sozialismus im Westen.

»Ihr seid billiger Stasi-Ersatz«, wurde den Polizisten zugerufen. Mit einer musikalischen Einlage freier deutscher Jugendlicher bewegte sich ein sozialistischer Spielmannszug in Richtung Kollwitzplatz am Prenzlauer Berg. Dort wollte man dem neuen Staat endgültig die Stirn bieten. Motto: Ab 0.30 Uhr wird zurückgefeiert. Inzwischen war es Viertel vor eins und der Kollwitzplatz noch weit. Die Gegenrevolution hatte Verspätung.

Und wieder war es die Polizei, die ermattete DDR-Nostalgiker ideologisch auf Linie trimmte. Mannschaftswagen fuhren auf und regelten den Gegenverkehr. Die grüne Wanne bestimmte das Bewusstsein.

Ein Demonstrant rief: »DDR, besetztes Land.« Als sei das erst seit dieser Nacht der Fall.

Drei Uhr morgens war es mittlerweile, und der Vereinigungsspielplatz vor dem Brandenburger Tor wurde von der Berliner Stadtreinigung aufgeräumt. Nur am Alexanderplatz, seit der Wende Aufmarsch-

233

gebiet für rechtsradikale Skinheads, hielt das Deutschtum noch die Stellung. Glatzköpfe belästigten eine Vietnamesin. Man wollte unter sich bleiben und griff das Kamerateam an:»Kamera weg! Kamera weg!«

Der Zug zur Einheit war inzwischen auf dem Weg zurück gen Westen. Noch vier Stunden vom Brandenburger Tor bis zum Tor zur Welt in Hamburg-Altona. Die Reisenden waren seit Mitternacht Bürger eines Staates von der Oder bis zum Rhein.

Doch ein D-Zug-Waggon zweiter Klasse der Deutschen Bundesbahn war kein Ort für patriotische Emphase, auch nicht in der Nacht der Nächte. Ein paar müde Tanzpartner schmiegten sich aneinander. Sie blickten nicht aus dem Fenster, als der Zug wieder am Reichstag vorbeirollte. Ein preußisches Monument war nun Symbol der dritten deutschen Republik.

Mittwochmorgen, der Morgen danach. Die Nacht war ohne die befürchtete Randale verstrichen, jetzt sollte die Einheit bei Tageslicht zelebriert werden. Mit Gottesdienst und Staatsakt.

Kurz vor elf an der Philharmonie im Westberliner Bezirk Tiergarten. Die deutschen Verfassungsorgane auf dem Weg zum Zeremoniell. Wer immer ein Amt bekleidete oder es schon verloren hatte in den ehemaligen deutschen Ost- und Westgebieten, erschien zum Festakt.

Die Feierstunde war streng nach Ost/West-Proporz gestaltet worden. Das Westberliner Philharmonische Orchester wetteiferte mit dem Rundfunkchor aus Leipzig, zu Gehör kam Musik des Hamburgers Johannes Brahms und des Eisenachers Johann Sebastian Bach.

Und zweitausend Ehrengäste hörten mahnende Worte einer Parlamentspräsidentin aus Bonn.»Vor uns liegt eine neue Zeit«, stellte Rita Süssmuth fest.»Das Ende von der langen Teilung, der Unfreiheit unseres Volkes bedeutet zugleich einen Neuanfang. In ihm liegen Erinnerung und Zuversicht, Chancen und Unwägbarkeiten nahe beieinander.«

Wie nah Unwägbarkeiten lagen, stellte sich umgehend heraus. Ein ungebetener Gast stand plötzlich am Rednerpult und stammelte wirres Zeug:»Gestern war ich beim Bundesminister in spe eingeladen, wir besprachen noch einmal den Inhalt der jetzt vorzutragenden Reden. Diese hatten meine Ehefrau E., meine beiden Söhne Stefan und Jörn und ich unter Mitwirkung der Hannöverschen erstinstanzlichen Richter und Rechtsanwälte in den vergangenen sieben Monaten erarbeitet.«

Nach einer Schrecksekunde brandete Beifall auf, um den Redner mundtot zu machen.

Doch der ließ sich nicht beirren bei seinem Festvortrag über die Qualität von Weinen. Dann geleitete der Saalschutz den Störenfried hinaus. Die folgenden Reden waren fundierter, erregten aber weniger Aufmerksamkeit.

Am Nachmittag sammelte sich der harte Kern gesamtdeutscher Vereinigungsgegner zur grenzüberschreitenden Demonstration. Wortgewaltiges Motto: »Halt's Maul, Deutschland.« Als sei die Sprache das Hauptproblem der Deutschen in ihrer Geschichte gewesen.

Der staunende Ostbürger rief dann auch schnell nach alten Methoden. »Von Sozialhilfe leben und dann Randale machen. Ab in die Gaskammer!«

Und dann benahmen sich alle, wie man es von den neuen Gesamtdeutschen erwartete, einige jugendliche Deutsch-Türken inklusive. Man prügelte sich mit der Polizei. Eine Frau am Lautsprecher wusste, wo die Schuld lag. »Die Polizei soll sich zurückziehen und die Provokation unterlassen.«

So gerufen, erschien die Ordnungsmacht und räumte auf.

Hundertdreißig Demonstranten wurden festgenommen. Am Abend folgten kleinere Scharmützel auf dem Alexanderplatz. Offensichtlich lag hier das Schlachtfeld gesamtdeutscher Zukunft. Hier, so hatten es schon die sozialistischen Erbauer formuliert, spürt man den kraftvollen Herzschlag Berlins.

Die Polizei mahnte die Demonstranten: »Ich fordere Sie auf, das Werfen mit Steinen zu unterlassen. Kommen Sie dieser Aufforderung nicht nach, werden Wasserwerfer gegen Sie eingesetzt.«

Ein Bürger legte sich mit den Randalierern an: »Das ist doch Scheiße gewesen, was ihr gemacht habt. Dafür haben wir nicht gekämpft. Wir wollten die Freiheit haben und nicht so einen Mist. Autos in Brand stecken, das ist doch Scheiße. Haben wir dafür vor dem 8. Oktober gekämpft?«

Ein anderer meinte: »Dann macht doch eine eigene Demokratie auf.

Ihr seid doch nicht mal in der Lage, eine eigene Demokratie zu machen.«
»Wer wollte denn so schnell die Wiedervereinigung?«
»Ich wollte sie nicht.«
Deutschland, im Herbst 1990 – auferstanden in Ruinen.

Abgrenzmanöver   Oktober 1990

Die Bundesregierung und die Sowjetunion treffen eine Vereinbarung über den Verlauf und die Kosten des Truppenabzugs.
Auf einer Wahlkampfveranstaltung in Oppenau feuert ein Mann dreimal auf Bundesinnenminister Schäuble (12. Oktober).
In den neuen Bundesländern konstituieren sich die Landtage (23.–28. Oktober). Treuhand-Chef Detlev Karsten Rohwedder will bis zum Jahresende fünfhundert von insgesamt achttausend Volkseigenen Betrieben verkaufen (27. Oktober).

Die neue Ostgrenze der Bundesrepublik, zehn Tage nach der Wiedervereinigung. Samstag in Frankfurt an der Oder. Einst war hier die »Friedensgrenze« zwischen der DDR und Polen. Doch der Frieden war vorbei.

Die Polen von der anderen Seite, die Gewerkschaft Solidarität, und allen voran der Bürgermeister forderten Visafreiheit im kleinen Grenzverkehr. Ehemalige DDR-Bürger hatten diese Freiheit, und sie kauften drüben alles weg, was halbwegs gut und billig war.

Seitdem die Deutschen wiedervereinigt waren, wollten sie am liebsten unter sich bleiben. Und die Neubundesbürger aus dem Osten waren ganz vorn dabei, wenn es darum ging, die ehemals in sozialistischer Freundschaft verbundenen Nachbarn rauszuschmeißen oder gar nicht erst reinkommen zu lassen.

Vierzig Jahre DDR hatten keinen neuen Menschen hervorgebracht, sondern eher den alten Deutschen konserviert.

Claudia Bissinger erlebte damals eine der ersten gesamtdeutschen Polizeiaktionen mit.

Das neue Deutschland räumte auf. Am Ostberliner Hauptbahnhof hatten sich in den vergangenen Monaten Tausende Rumänen, Bulgaren und Tschechen niedergelassen. Eine Woche nach der Einheit sollten sie verschwinden. Ost- und Westpolizisten waren im gemeinsamen Einsatz unterwegs – vereint gegen die Ausländerplage.

Ob ein ehemaliger DDR-Polizist oder ein Westberliner Beamter in der Uniform steckte, war nicht mehr auszumachen. Bis zum Tag der deutschen Einheit hatte sich niemand getraut, das Ausländerchaos am Berliner Hauptbahnhof zu beenden. Keiner fühlte sich so recht zuständig. Und in der herrschaftslosen Endzeit der DDR hatten die alten Sicherheitskräfte des SED-Staates auf weiche Welle geschaltet. Jetzt war die Schonzeit vorbei.

Die Ärmsten der Armen aus dem Süden des Ostblocks waren visafrei über die Grenzen des ehemaligen sozialistischen Bruderlandes DDR gekommen, um ein klein wenig vom Prozess der Wiedervereinigung zu profitieren. Doch seit die innerdeutsche Grenze auch staatsrechtlich gefallen war, machte man nach außen dicht. Das notwendige Fachpersonal zur Passkontrolle stand in der DDR massenhaft zur Verfügung. Man ließ sich nicht gern von Kamerateams bei der Arbeit beobachten. Die Zeit der Offenheit war vorbei. Dennoch filmte das Team.

Abführen von Eindringlingen in die Abschiebehaft. Die alte DDR-Bahnpolizei durfte ihre alte Uniform bislang behalten. Der Mensch darin unterstand neuerdings dem Bundesgrenzschutz. Wessen Weisungen die Beamten in Zivil zu folgen hatten, war weniger klar definiert.

Die Wanne stammt aus dem Westen. Einig Vaterland der Polizei. Bei den wilden Siedlern vom Ost-Hauptbahnhof hatte sich schnell herumgesprochen, dass die Polizei Klarschiff machte. Man rannte, um die letzte Habe zu retten. Die Schließfächer hießen hier seit einiger Zeit »Rumänen-Schrankwand«.

Westpolizisten beim Osteinsatz. »Beeilung, bitte.« Der Ton war gesamtdeutsch ruppig.

Es war für viele das vorläufige Ende einer Expedition in den Wohlstand. Der Großeinsatz auf dem Hauptbahnhof war gut organisiert, nur was anschließend mit den Vertriebenen passieren sollte, hatte niemand bedacht. Vom Bahnhof verlagerten sie ihren Wohnsitz auf die Straße. Dort störten sie wenigstens die Bahnpolizei nicht mehr. Der vom Ost-

berliner Magistrat für die Betreuung von Asylanten eingesetzte Sozial-
arbeiter fühlte sich nicht zuständig.

»Was passiert denn jetzt mit denen, wenn sie da draußen sitzen?«

»Kann ich Ihnen nicht sagen.«

»Ja, aber Sie sind doch Ausländerbeauftragter.«

»Vorsichtig, vorsichtig. Ich bin weder Ausländerbeauftragter noch
sonst was. Ich bin Angehöriger des Magistrats. Und ich habe gesagt, an
wen Sie sich zu wenden haben, wenn Sie Informationen haben wollen.
Weiter kann ich Ihnen auch nichts sagen.«

»Ja, warum dürfen Sie denn nichts sagen?«

»Ganz einfach, weil diese Aufgabe nichts mit meiner Aufgabe zu tun
hat. Denn das sind keine Asylanten. Das sind keine Leute, die Asyl
haben wollen.«

»Und warum wollen die kein Asyl haben?«

Der Magistratsbeauftragte ergriff die Flucht vor so vielen impertinen-
ten Fragen.

Jeder Müll wurde auf der Suche nach Diebesgut gründlich durch-
sucht.

Das war der offizielle Grund für den Polizeieinsatz. Die Wegelagerer
aus Osteuropa galten als notorische Diebe und Räuber.

Ein Polizist war fündig geworden. »Unter Lebensmittelresten wie
Stullen und Wurst haben wir Lippenstifte, Schuhe, Socken gefunden.«

Die Selektion war streng. Vermeintliche Wertsachen wurden gesichert und dem Eigentümer – wenn er sich denn meldete – zurückgegeben. Der Rest wanderte in den Müll. Matratzen und Decken wurden
grundsätzlich konfisziert, damit sich die ungebetenen Gäste nicht umgehend wieder häuslich niederlassen konnten.

Doch kaum war eine gute Stunde nach Mitternacht das polizeiliche
Großreinemachen beendet, strömten die Heimatlosen zurück an ihre
Schlafplätze.

Sofort nahte wieder die Uniform. Unter Führung des Reichsbahn-
Schichtleiters zeigten die Neubundesbürger, was sie in vierzig Jahren
Stasi-Herrschaft gelernt hatten.

»Nimm die Matratze und schmeiß sie weg. Weg mit dem Zeug! Nun
macht euch raus hier. Ab hier. Komm. Nimm deine Sachen und trag sie
raus, sonst trag ich sie raus. Ein bisschen dawaj. Raus hier! Nimm sie,

sonst trag ich sie raus. Raus jetzt. Mach, dass du rauskommst. Ab, ab. Mach dich nach Hause.«

Dann war der Bahnhof wieder sauber. Die unerwünschten Ausländer durften auf der Straße kampieren. Noch war man großzügig in kleinen Dingen.

Nicht nur in Mark und Pfennig konnte die Wiedervereinigung teuer werden. Ein Polizeistaat war nicht beseitigt, wenn seine Ordnungshüter neue Uniformen trugen. Da gab es noch viel an Vergangenheit zu bewältigen – vor allem in den Köpfen.

Politiker schafften das erstaunlich schnell, allen voran die der ehemaligen Blockparteien. Gerade vierzehn Tage war es her, da trat der Bauminister der damaligen DDR zurück, weil der zuständige Parlamentsausschuss ihn als Inoffiziellen Mitarbeiter des Staatssicherheitsdienstes entlarvt hatte.

Deutschlandwahl   November 1990

Gorbatschow und Kohl unterzeichnen den Grundlagenvertrag über die zukünftigen deutsch-sowjetischen Beziehungen (9./10. November). Mit einer »Gemeinsamen Erklärung« besiegeln auch die Staats- und Regierungschefs der Nato und des Warschauer Paktes das Ende des Kalten Kriegs. In Paris unterzeichnen die KSZE-Staaten einen umfassenden Abrüstungsvertrag (19.–21. November).

Es war ein lustloser Wahlkampf am Ende der Wendezeit. Das Ergebnis schien festzustehen, und so schleppten sich Titelverteidiger und Herausforderer müde durchs einig Vaterland. Der eine, politischer Sitzriese von historischen Ausmaßen, ließ seine Sprechblasen wie Nebelkerzen über die Marktplätze wabern, und der andere, ein Napoleon von der Saar, kalauerte mit gespielter Fröhlichkeit und echter Tapferkeit erbarmungslos gegen an. Und die Sekundanten, abgesichert durch Listenplätze für den vergrößerten Bundestag, erledigten gerade noch

239

ihre Pflichtarbeit auf der Ochsentour durch den verregneten Wahlkreis.

Nur einer brach aus dem herrschenden Schneckentempo aus. Gregor Gysi, Nachlassverwalter einer Staatspartei im verdienten Ruhestand, hastete durch die Lande. Diesmal musste jeder Prozentpunkt erkämpft werden. Gegen den Trend, gegen die jüngere und gegen die schon weiter zurückliegende Vergangenheit.

Wo Gysi auftauchte, waren auch die Neonazis nicht fern. Die glatzköpfigen Kinder von vierzig Jahren Sozialismus hatten ihren Sündenbock gefunden. »Lieber tot als rot«, riefen sie.

Und Gysi präsentierte sich als sozialistischer Alleinunterhalter, als Paradiesvogel des verlorenen Arbeiter- und Bauernparadieses und beklagte den Mangel an Kapital. »Dann wurde uns gesagt, das liegt an der falschen Währung. Wenn erst mal die Währungsunion da ist, wird es fließen. Dann haben wir die richtige Währung gehabt. Es floss immer noch nichts. Und dann wurde uns erklärt, das liegt an der allgemeinen Unsicherheit, solange nicht der Beitritt klar ist und genau klar ist die Rechtslage, und dass es jetzt wirklich die tolle Bundesregierung regiert und nicht diese schwächliche ostdeutsche, solange wird das Kapital nicht fließen, also sind wir beigetreten. Und es fließt immer noch kein Kapital. Und jetzt erst sagt der Kanzler, es kann noch eine ganze Weile dauern, weil nämlich Patriotismus kein Investitionsmotiv ist. Du jagst mir keinen Schreck ein.«

Gemeinsames Lachen im Keller vertrieb die Angst. So lustig war es bei Honecker nie. Der Kandidat eilte zum nächsten Termin.

Montag, 19. November. Ein anderer Wendekarrierist befand sich derweil auch physisch auf Westkurs. Rathaus Flintbek im Kreis Rendsburg-Eckernförde. Günther Krause, einer von zwei Architekten der deutschen Einheit, konnte genießen, was er mit angerichtet hatte. Und Vorschläge für die einfache Finanzierung unterbreiten.

»Dann setzt nämlich der große Spareffekt ein, weil dann nämlich jedes Jahr so und so viel Milliarden Mark über sind, die wir für die Teilung nicht mehr benötigen und die wir dann in den Osten reinstecken können, damit wir in Richtung Osten unsere Konjunktur und auch neue Außenhandelsüberschüsse erwirtschaften können. Ich denke, das ist schlüssig, und das kann man auch nachvollziehen. Also, ich wüsste nicht, wer das nicht nachvollziehen kann.«

Ein örtlicher CDU-Funktionär bedankte sich und überreichte als Belohnung den CDU-Schlips Schleswig-Holsteins.

Dienstag, 20. November. Seine Expeditionen in den neuen Osten der Republik hatte der sozialdemokratische Herausforderer des wohl noch lange amtierenden Kanzlers inzwischen abgeschlossen. Jetzt tourte er im Westen.

Auftritt Lafontaine, Kanzlerkandidat der SPD:»Wollt ihr weiter Kohl? Was wollt ihr denn? Soll ich was erzählen? Ja, also ein paar Worte vielleicht. Dann machen wir die Bühne wieder frei für Musik.«

Am selben Abend in Dresden. Gregor Gysi und die PDS hatten zur Kundgebung unter freiem Himmel geladen.

Erschienen waren nicht nur geladene Gäste. Auch lebendige Vorgestrige tauchten auf, mit einem Blick ganz weit zurück.

Sprechchöre ertönten:»Jude, Jude, Jude. Jude raus! Jude raus!«

Auch die Niederträchtigkeit kannte keine Grenzen mehr. Mit der Öffnung der Mauer war auch so manche Schamschranke gefallen.

Sprechchöre von links antworteten:»Nazis raus! Nazis raus!«

Unter Polizeischutz verließ der Kandidat die Szene. Mit echtem Schrecken im Gesicht.

Die Sozialdemokratie hatte sich für den Wahlkampf, nachdem ihr der Zug zur deutschen Einheit davongedampft war, einen eigenen Wahlkampfexpress gechartert. Ein paar Dutzend Journalisten waren mit von der Partie. Eine politische Kaffeefahrt, allerdings ohne Rheumadeckenverlosung.

So wollte der Kandidat im Speise- und im Schlafwagen die Republik erobern, immer auf der Jagd nach Wählern und Wählerinnen. Sozialdemokratische Wahlkampfzüge hatten Tradition. Schon Willy Brandt kam so den Journalisten und vor allem den Journalistinnen näher.

Lafontaine fühlte sich beobachtet, als er mit einer französischen Journalistin ins Gespräch kam, und ranzte das Kamerateam an:»So, und dann ist aber jetzt Schluss. Hier wird nicht gefilmt. Das ist ein ungeschriebenes Gesetz. Irgendwo möchte ich ungefilmt sein.«

Unterdessen tagte der politische Gegner im Raumschiff unterm Funkturm. Die ärmliche Adoptivschwester der CSU, die DSU, hatte sich ein antiquiertes Schlachtross als Zugpferd angeschafft. Der Parteivorsitzende Theodor Waigel begrüßte es freiwillig. »Lieber Herr Löwenthal, dass Sie sich nicht scheuen, hier anzutreten, einen Kampf des Davids gegen die Goliaths zu führen, das ehrt Sie, das zeichnet Sie als einen alten Kämpfer aus.«

Der als Rechtsaußen bekannte ZDF-Moderator entgegnete: »Ich bin ja nun inzwischen beinahe ein Fossil der Zeitgeschichte. Ich kenn die Leute ja alle aus ihrer Zeit nach 1945. Eines will ich noch hinzufügen über den sogenannten Kanzlerkandidaten, er wird schon deshalb nicht Kanzler werden, weil die Deutschen von einem Saarländer in diesem Jahrhundert wirklich genug haben.«

Der Kandidat aus dem Saarland machte indessen Station in Braunschweig und versuchte es mit einem Witz: »Jetzt ist Helmut Kohl im Kanzleramt, und er sagt manchmal, es wären so viele Nullen da. Dann sagt der Theo Waigel: Also, Helmut, wenn wir zusammenkommen und finanzpolitische Entscheidungen treffen, kommen verdammt viele Nullen zusammen.«

So viel Schlichtheit wurde nur vom Original überboten.

Chemnitz, eine graue Stadt, sollte an diesem Tag durch die Glanzlichter der großen Politik erstrahlen.

Der Kanzler, unterwegs ins einstige Karl-Marx-Stadt. Nach der Rücktaufe ihrer Heimat auf den Namen Chemnitz sollten sich die Bürger jetzt für den richtigen Patenonkel entscheiden. Erfahrungsgemäß wählt man den mit dem meisten Geld. Kohl hatte gute Karten.

Kurz nach 17.00 Uhr betrat der pfälzische König der Einheit die Arena und machte auf glitschigem Gelände einen Ausflug durch die Geschichte: »Dieses alte, traditionsreiche Land der Mitte, Sachsen, liegt in Deutschland, durch Geschichte und Tradition, durch Intelligenz und durch Schweiß eine breite Spur nach vorne ziehend in der deutschen

Geschichte, das, was Geschichte war, wird Zukunft werden im gemeinsamen Deutschland.«

Dann wurde der Kanzler konkret: »Ich brauche Ihnen nichts zu sagen über den Zustand der Autobahnen, der Schnellstraßen, der Telefonverbindungen und vieles andere mehr. Es ist ein Stück der Solidarität, dass Sie schon sehr bald hier in Chemnitz genauso nach Australien telefonieren können wie die Landsleute in Frankfurt.«

Und schließlich Helmut Kohl als Gärtner der Geschichte: »Wir wollen gemeinsam überall blühende Landschaften. Das ist zugleich das Ziel unserer Politik.«

Es erklang die Nationalhymne, und dann nahm der König von Deutschland ein Bad in der Menge. Das machte er immer – und in Zukunft immer öfter. Helmut Kohl gewann die Wahl. Der bisherige Ministerpräsident der DDR Lothar de Maizière konnte abdanken. Gerade noch rechtzeitig vor seiner Enttarnung als Inoffizieller Mitarbeiter des Ministeriums für Staatssicherheit.

IM Czerni – Die Enttarnung eines Stasi-Mitarbeiters   Dezember 1990

Um einer Inhaftierung zu entgehen, flieht der achtundsiebzigjährige Erich Honecker nach Moskau (1. Dezember). Bei den ersten gesamtdeutschen Wahlen am 2. Dezember erzielt die CDU/CSU fast 44 Prozent der Stimmen. Die SPD erhält 33,5 Prozent, die FDP 11 Prozent. Da die Fünf-Prozent-Klausel in den neuen Bundesländern ausgesetzt ist, schaffen auch PDS (2,4 Prozent) und Bündnis 90 (1,2 Prozent) den Einzug in den Bundestag.

Gemeinsam hatten sie das Land vereinigt, und gemeinsam vereinigten sie die CDU. Helmut Kohl und Lothar de Maizière auf dem Parteitag in Hamburg am 1. Oktober.

Zu diesem Zeitpunkt war de Maizière noch DDR-Ministerpräsident für zwei Tage, dann, vom 3. Oktober an, nur noch Minister und stellvertretender CDU-Vorsitzender. Er war nach der Wende und durch die Wende höher aufgestiegen als jeder andere DDR-Bürger. Deshalb konnte er auch tiefer fallen. Denn es tauchten Dokumente auf, die ihn als ehemaligen Inoffiziellen Mitarbeiter des Ministeriums für Staatssicherheit belasteten.

So stieß man Anfang Dezember auf eine Karteikarte in der sogenannten Territorialkartei der für das Archiv zuständigen Stasi-Hauptabteilung 12. Darauf die Adresse Am Treptower Park 31. Hier wohnte der Inoffizielle Mitarbeiter des Staatssicherheitsdienstes mit dem Decknamen »Czerni«, tätig als IMB, das heißt »Inoffizieller Mitarbeiter mit Feindberührung«. Registrationsnummer: XV/3468 aus 81. Geführt von der für die Bekämpfung des politischen Untergrundes zuständigen Hauptabteilung 20 in der Stasi-Bezirksverwaltung Berlin.

Die Bundesregierung bestätigte die Existenz dieser Karte im Stasi-Archiv.

Am Treptower Park im Ostberliner Stadtteil Treptow wohnte der Rechtsanwalt und ehemalige DDR-Kirchenpolitiker Lothar de Maizière in der Villa Luise, Hausnummer 31. Das war auch die Adresse von »Czerni«, so genannt nach dem österreichischen Komponisten Karl Czerny.

Lothar de Maizière hatte sich immer wieder mit Abscheu und Empörung über das Spitzelsystem geäußert: »Was in den sechs Millionen Akten der Staatssicherheit aufgezeichnet und abgeheftet wurde, das dokumentiert die Menschenverachtung des alten SED-Staates. Hier bespitzelte der Nachbar den Nachbarn, der Bruder den Bruder, der Sohn den Vater, die eigene Frau ihren Mann, der Freund den Freund.«

Und offenbar der Rechtsanwalt und Kirchenpolitiker kirchliche Würdenträger und bundesdeutsche Politiker.

Auftraggeber von IM Czerni war die Bezirksverwaltung der Staatssicherheit in Berlin-Lichtenberg. Vor der Auflösung im Dezember 1989 bestand ihre Hauptaufgabe darin, die in Berlin besonders in Kirchenkreisen aktive politische Opposition zu observieren und zu zersetzen. Federführend war das Referat 4 der Abteilung 20, die Kirchenabteilung. In Berlin war das eine besonders rabiate Stasi-Gruppe. Das ging aus einer Stasi-internen Untersuchung hervor, die *Spiegel TV* damals vorlag.

Grund: 1988 schlugen drei Führungsoffiziere des Kirchenreferats auch für Stasi-Verhältnisse weit über die Stränge und mussten sich dafür verantworten. Offizielle und Inoffizielle Mitarbeiter wurden durchleuchtet. Die Akte verzeichnete Decknamen und Klarnamen aller Spitzel, die für die Abteilung in Kirchenkreisen tätig waren. Insgesamt mehrere Dutzend.

Und es wurde nicht nur geschnüffelt. Unter dem Fachbegriff »Zersetzung« wurden die hinterhältigsten Aktivitäten der Stasi-Gruppe durchgeführt. Zielpersonen für Zersetzungsmaßnahmen waren vor allem Pfarrer Rainer Eppelmann, Friedensaktivist Reinhard Schuldt und Bürgerrechtler Ralf Hirsch.

Neben »normalen« Schmutzkampagnen gab es in der Kirchenabteilung der Stasi auch ganz verwegene Gedankenspiele, die in der Untersuchung aufgedeckt wurden. So erwogen die Stasi-Offiziere zum Beispiel, dem besonders aktiven Bürgerrechtler Ralf Hirsch in einer strengen Winternacht Alkohol einzuflößen, damit er erfror. Als Hirsch das Stasi-Papier vorgelegt wurde, sagte er: »Das erschüttert mich doch ein bisschen, ich bin ja fast mit Glück von der Schippe gesprungen.«

Auch gegen den Stasi-Hauptfeind Rainer Eppelmann gab es Überlegungen zur »theoretischen Möglichkeit physischer Vernichtung«. Im Untersuchungsbericht hieß es, man habe einen Autounfall ins Auge gefasst, mit Hilfe gelockerter Radmuttern zum Beispiel. Die physische Vernichtung Eppelmanns, so hieß es wörtlich in dem Bericht, sei einkalkuliert worden. Die Vorgesetzten hätten die Aktion aber nicht genehmigt.

Auch Eppelmann erfuhr erstmalig von *Spiegel TV*, was die Stasi gegen ihn geplant hatte: »Ja, man freut sich ja, wenn man das so liest, über die Menschlichkeit einzelner Vorgesetzter der Staatssicherheit, wenn hier steht, die Aktion wurde durch die Abteilungsleitung abgelehnt, da das Zu-Schaden-Kommen von unbeteiligten Personen nicht ausgeschlossen werden konnte. Im Normalfall habe ich in diesem Auto nicht allein gesessen, sondern meine Frau ist da mit dabei gewesen, Mutter von vier Kindern.«

Die tatsächlich durchgeführten Aktionen, zum Beispiel gegen Reinhard Schuldt, waren gemein, aber nicht mörderisch. Manchmal waren sie genauso lächerlich wie hinterhältig. So wurden Schuldt etwa die Ventile aus den Fahrradreifen gestohlen, um seine Mobilität einzuschränken.

245

Andere Stasi-Aktionen waren noch weniger komisch: Psychoterror. Schuldt erinnerte sich: »Da gab es verschiedene Varianten, sowohl von anonymen Briefen, Verleumdungskampagnen, die beschränkten sich ja nicht nur auf Berlin, dass eben Pfarrer in dem Mecklenburger Dorf auf Aktfotos gezeigt worden sind und im Konsum angeheftet worden sind und gesagt wurde: Das ist unser Pfarrer.«

Die Untersuchung wurde zu DDR-Zeiten von der ZAIG, der Zentralen Aufklärungs- und Informationsgruppe, geführt. Die Einheit, die direkt Stasi-Chef Erich Mielke unterstand, war so etwas wie die »Innere Revision« des Ministeriums für Staatssicherheit, verantwortlich für Disziplinarverfahren. Der Stasi-Apparat war wie jeder Geheimdienst nach dem Prinzip »Need to know« – Kenntnis nur, wenn nötig – geführt worden. Die verschiedenen Abteilungen waren untereinander strikt abgeschottet, so wie sich die Schotten im Rumpf eines Schiffes im Falle eines Lecks schließen und den Untergang verhindern sollen. Um aber das Funktionieren des Geheimdienstapparates zu gewährleisten, gab es die ZAIG, sie führte praktisch Aufsicht über alle Abteilungen. Untersuchungen durch diese interne Ermittlungsabteilung waren das Schlimmste, was einem Stasi-Mitarbeiter passieren konnte. Die ZAIG stand unter dem Kommando des Stasi-Generals Werner Irmler. Sein persönlicher Adjutant war Oberst Gerd Becker. Pikanterweise war dieser nach der Wende dem Runden Tisch bei der Aufklärung der Stasi-Struktur behilflich. Als nach der Wiedervereinigung die Gauck-Behörde die Aktenbestände der Stasi übernahm, wurde Oberst Becker als ranghöchster ehemaliger Stasi-Offizier dort angestellt. Er arbeitete direkt dem Direktor der Gauck-Behörde Dr. Hansjörg Geiger zu. Der zweite Mann der ZAIG kannte sich im Labyrinth der MfS-Bürokratie bestens aus und war an allen wichtigen Ermittlungen gegen ehemalige Inoffizielle Mitarbeiter der Stasi beteiligt. In Stasi-Kreisen war er der bestgehasste Mann, hatte er sich doch in den Dienst des Feindes begeben.

Ausgerechnet jener Oberst Becker hatte die Ermittlungen gegen die Abteilung »Schmutzige Tricks« der Stasi-Bezirksverwaltung Berlin geführt. Die beschuldigten Offiziere aber waren der Ansicht, dass sie ins Schussfeld geraten waren, weil sie sich für Glasnost und Perestroika in der DDR eingesetzt hatten.

So auch der starke Mann der Truppe: der stellvertretende Referatsleiter Major Edgar Hasse, der bis dahin immer blendende Zeugnisse erhalten hatte. Zitat aus der Ermittlungsakte: »Genosse Major H. zeigt seit seiner Einstellung in das MfS stets hohe Einsatzbereitschaft und Engagement in der operativen Arbeit.«

Und dieser besonders tüchtige Stasi-Offizier hatte auch eine besonders hochkarätige Quelle, die er manchmal sogar im Büro aufsuchte: den Rechtsanwalt Lothar de Maizière, Kanzleiadresse Berlin, Friedrichstraße 114. Das ging eindeutig aus den Akten der Stasi-internen Untersuchung gegen Hasse und andere hervor.

So wurde auf einem Aktenstück unter dem Namen Hasse, Major, handschriftlich akribisch aufgelistet, mit welchen Inoffiziellen Mitarbeitern er arbeitete. Darunter aufgeführt auch »Czerni«. Die Untersuchungsführer aus der ersten Kontrollbrigade hatten fein säuberlich Decknamen, Registrationsnummer und Klarnamen des IMB Czerni notiert: Lothar de Maizière.

Und rechts daneben schrieben sie weitere Details über den IM, die sie aus anderen Akten und Befragungen rekonstruiert hatten.

So zum Beispiel: »Hinweise auf Dekonspiration gegenüber Kirche«. Also der Verdacht, Czerni sei innerhalb der Kirche enttarnt worden, was offenbar nicht zutraf.

Und weiter: »Treffs finden unter anderem in Wohnung, Büro des IM statt. Bundessynodaler als Rechtsanwalt für Kirche tätig. Verbindung zu leitenden Mitarbeitern der ständigen Vertretung.«

Tatsächlich war Lothar de Maizière 1985 zum Synodalen des Bundes der Evangelischen Kirchen der DDR gewählt worden, 1986 sogar zum Vizepräsidenten der DDR-Synode. Kraft Person und Amt hielt de Maizière aber nicht nur Kontakt zu den höchsten Kreisen der Kirche, sondern auch zur ständigen Vertretung der Bundesrepublik in Ostberlin.

Kein Wunder, dass der IM Czerni für den Staatssicherheitsdienst immer interessanter wurde. Folgerichtig wurde in der amtsinternen Untersuchung auch bemängelt, dass für den vielseitig verwendbaren Czerni nur Absprachen, aber keine Einsatzkonzeptionen mit der Spionageabteilung 2 erarbeitet worden seien. Im Klartext: Der Rohdiamant Czerni, so die Revisoren, könne, geschickt und gezielt eingesetzt, zum Stasi-Juwel werden.

Die amtlichen Prüfer aus der ZAIG, der Zentralen Auswertungs- und

Informationsgruppe im Stasi-Ministerium, fanden nach Studium aller Akten den IM Czerni so wichtig, dass sie anregten, ihn aus der Bezirksverwaltung abzuziehen und direkt dem Ministerium zu unterstellen. Aus der Anlage 3 des Untersuchungsberichtes ging hervor, dass die ZAIG die oberste Priorität darin sah, eine Entscheidung über den zweckmäßigsten operativen Einsatz des IMB Czerni zu fällen – mit dem Ziel der Übernahme durch die Hauptabteilung 20/4, die Kirchenabteilung des Ministeriums für Staatssicherheit.

Damals bestritt Lothar de Maizière die sich aus den Akten ergebenden Vorwürfe. Doch gab Czernis Führungsoffizier Major Hasse kurz vor der Sendung gegenüber *Spiegel TV* zu Protokoll:

»Er, de Maizière, ist mit Wissen und freiwillig zu Gesprächen mit dem MfS bereit gewesen. Diese haben auch in konspirativen Wohnungen stattgefunden. De Maizière kannte den Namen Czerni. Ich glaube, er hatte ihn sich selbst ausgesucht. Ich wäre auf diese Idee nicht gekommen. Ich traf ihn etwa zehn- bis zwölfmal im Jahr. Major Hasse, am 7.12.1990«.

Schon in der amtsinternen Ermittlung erklärte Hasse handschriftlich, in welchen konspirativen Wohnungen er sich mit Czerni getroffen hatte, zum Beispiel in der IMK/KW »Knut« in der Dolgenseestraße im Ostberliner Stadtteil Karlshorst oder in der IMK/KW mit dem Decknamen »Tunnel« im zehnten Stock eines Hochhauses Ecke Frankfurter Allee/Straße der Befreiung. Stasi-Registriernummer: 20/376 aus 83. Die dritte konspirative Wohnung, die Major Hasse als geheimen Ort von Treffen mit Czerni angab, hieß »Friedrich« und lag ebenfalls in der Straße der Befreiung. Alle Wohnungen waren so gewählt, dass der Führungsoffizier und sein Inoffizieller Mitarbeiter von Bewohnern nicht beobachtet werden konnten.

Auch die dienstlichen Ausgaben des Majors Hasse wurden während der Untersuchung genau durchleuchtet. Wie viel er für Operationen und IMs ausgegeben hatte. Unter Punkt neun fand sich der IMB Czerni mit seiner Registriernummer. Zwischen 1986 und 1988 kostete er das Ministerium für Staatssicherheit im operativen Bereich 1476 Mark. Nicht viel Geld. Aber wer als Rechtsanwalt in der DDR arbeiten durfte, war genug belohnt und hatte bei einer etwaigen Stasi-Arbeit keinen Anspruch auf Zubrot.

So bestätigte denn auch Czernis Führungsoffizier: »Geld spielte eigentlich keine Rolle. De Maizière erhielt aber gelegentlich Geschenke. Daraus ergibt sich die in den Akten ermittelte Summe. De Maizière kannte mich unter dem Namen Klein. Major Hasse, am 7.12.1990«. Hasse hatte am Freitag vor der Sendung seine Aussagen *Spiegel TV* gegenüber Seite für Seite durch seine Unterschrift bestätigt. Er gab auch seine persönliche Einschätzung zu Protokoll, warum Lothar de Maizière sich zu der IM-Tätigkeit bereitgefunden habe.

»Mein Eindruck war, dass er glaubte, mit diesen Gesprächen von seiner bürgerlich-humanistischen Position aus zu gesellschaftlichen Entwicklungen in der DDR beizutragen, in der insbesondere solche Aspekte wie Rechtsstaatlichkeit und humanitäre Fragen gefördert würden. Hierzu lieferte er kircheninterne Einschätzungen, etwa aus der Synode und aus Gesprächen mit verschiedensten wichtigen Kirchenvertretern, sicherlich auch Bischoff Forck und Konsistorialpräsident Stolpe.«

Ein anständiger Mann als Helfer des Ministeriums für Staatssicherheit. So wie die Stasi ja insgesamt »von der bürgerlich-humanistischen Position aus zu gesellschaftlichen Entwicklungen in der DDR beitragen« wollte.

Die Wende der Katarina Witt   Dezember 1990

Der Deutsche Bundestag konstituiert sich im Berliner Reichstags-gebäude (20. Dezember).

Sie galt als das schönste Gesicht des Sozialismus, als Stern am trüben Himmel des DDR-Entertainment. Weit vor Erich Honecker war die Eisläuferin Katarina Witt wahrscheinlich die international bekannteste Bürgerin der DDR. Bei mehreren Olympischen Spielen hatte sie Gold gewonnen und die Ehre ihres sozialistischen Heimatlandes weltweit aufs Eis gebracht.

Jetzt schlug der Ruhm zurück. Plötzlich galt sie als die angepasste

SED-Schlampe. Irgendeiner in der Redaktion hatte die Idee, einen Film über die rote Eisprinzessin zu machen. Wir versuchten, über ihren Manager in Ostberlin Kontakt aufzunehmen, doch der meldete sich nicht zurück.

Dann plötzlich rief ein alter Bekannter aus Frankfurt am Main an, Dieter Dehm, der als Liedermacher unter dem Namen Lerryn in der linken Szene aufgetreten war. Jetzt hatte er als Texter einen echten Hit gelandet: »Tausendmal berührt, tausendmal ist nichts passiert ...« Klaus Lage hatte den Song zu einem vielfach verkauften Ohrwurm gemacht, und Dehm hatte daran gut mitverdient. Schon in einer der ersten *Spiegel-TV*-Sendungen hatten wir uns über eine andere Produktion von Dieter Dehm lustig gemacht. Er hatte es tatsächlich geschafft, für die SPD, deren linkem Flügel er angehörte, eine neue Parteihymne zu schaffen. »Das weiche Wasser bricht den Stein« wurde mit Musik und dem Sprechgesang Willy Brandts sogar als Schallplatte vertrieben.

Jetzt, in der Wendezeit, hatte Dehm die wichtige Aufgabe übernommen, als Manager die Eisläuferin Katarina Witt im Westen salonfähig zu machen. In den USA, die Diether Dehm aus tiefstem Herzen verabscheute, war die Olympiasiegerin ein Star. Dort sollte und wollte sie in Zukunft ihre Goldmedaillen zu Dollars machen. Diether Dehm hatte von Katarina Witts Ostmanager gehört, dass sich *Spiegel TV* dafür interessierte, ein Porträt der Eisläuferin zu drehen. Dehm war sofort dafür. Er reichte den Hörer weiter an Katarina, und wir verabredeten uns zu einem Vorgespräch in Dresden, wo kurze Zeit später der Film *Carmen on Ice* Premiere feiern sollte.

Ich fuhr nach Dresden und sah mir die Eislaufoper an. In dem Film zeigt das Volk mit dem Finger auf die Schlittschuh laufende Carmen. Er war fast wie im richtigen Leben. Trotz des Volkszorns trug die Eislaufprinzessin auch an diesem Abend das hübscheste Gesicht des Sozialismus zur Schau. Glanz und Glitter für ein Land am Abgrund.

Dabei hatten sich manche Kritiker selbst schneller gewendet, als Katarina Witt Pirouetten auf dem Eis drehen konnte.

Wir verabredeten Dreharbeiten in den USA, wohin Katarina Witt ein paar Wochen später wieder reisen wollte, um an einer hochkarätig besetzten Eisshow teilzunehmen. Es sollte die erste Auslandsreise sein, zu der die berühmte DDR-Athletin allein und ohne politisch-sportliche Aufsicht das Land verlassen durfte. Bis dahin hatte sie auch nie gemeinsam mit ihren Eltern an Sportereignissen im Ausland teilnehmen dürfen. Einer musste immer im heimischen Karl-Marx-Stadt bleiben als eine Art Geisel, damit die Vorzeigesportlerin auch wieder in ihre Heimat zurückkehrte.

Finale eines Jahres, das Geschichte machte. Frankfurt, wenige Tage vor Weihnachten 1990. Ein DDR-Star im gesamtdeutschen Applaus. Ende eines kurzen, aber langen Wegs.

Katarina Witt, Aushängeschild eines Staates, den es nicht mehr gab. Eislaufstar der DDR, zweifache Goldmedaillengewinnerin bei den Olympischen Spielen, Weltmeisterin und so weiter. Kein Titel, den sie auf dem glitzernden Eis nicht errungen hätte.

Und trotz ihrer Perfektion bei Dreifachsprung und Pirouette eher zögerlich im opportunen Wendemanöver nach dem Mauerfall.

Kameramann Dieter Herfurth, sein Assistent Bernd Zühlke und ich hatten Katarina Witt seit Anfang des Jahres gelegentlich begleitet. In den USA, in der DDR und in den alten und neuen Bundesländern: Das Jahr der Wende vom Eis aus betrachtet.

Katarina Witt auf dem Potsdamer Platz in Berlin. »Schön, dass man jetzt hier langlaufen kann. So einfach is det, ja. So schnell jeht det, ratz, fatz. Det ist sowieso am schönsten von allem. Keene Mauern mehr, gehst überall hin, wo du hingehen willst, und keener fragt dich mehr: Wat willste da? – det Beste von allem.«

Das Beste von allem hatte am 9. November 1989 in der Bornholmer Straße im Berliner Stadtteil Prenzlauer Berg begonnen. Als die Mauer fiel, da konnte Katarina Witt längst reisen. Privilegiert wie alle Sportler – nur noch ein bisschen mehr. Doch die Öffnung der Grenzen katapultierte auch sie in eine neue Zeit.

Rückblick auf ein sozialistisches Sportlerleben. Der Beifall der Regierenden war ihr gewiss. Empfang verdienter Sportler des Volkes durch Honecker und Genossen. Das System applaudierte sich selbst.

Honecker am Rednerpult: »Hervorragende Leistungen zur Ehre und zum Nutzen unser Deutschen Demokratischen Republik finden seit jeher die besondere Anerkennung unserer Gesellschaft. Wer sich um das Wohl des Volkes verdient macht, dem sagt unser Arbeiter- und Bauernstaat auf besondere Weise Dank.« Applaus.

Das Brot des Künstlers waren Orden und Urkunden. Und artig hatte man sich zu bedanken.

Katarina Witt trat ans Mikrophon und sagte, was man von ihr erwartete:»Wir wissen, dass die Werktätigen unseres Landes täglich mit anstrengenden Leistungen die Grundlagen dafür schaffen, sodass sich der Sport der DDR auf solch hohem Niveau entwickeln kann. Deshalb waren unsere Leistungen auch ein Dankeschön an unsere Bevölkerung, die uns trotz der großen Entfernung zum anderen Kontinent sehr nahe war.« Applaus.

Es war die Heimkehr vom zweiten Olympiasieg. Zwei Jahre, zwischen denen Welten lagen. Jetzt, wenige Monate nach Öffnung der Mauer, bereitet sich Katarina Witt in Portland, US-Bundesstaat Maine, gemeinsam mit ihrem amerikanischen Star-Kollegen Brian Boitano auf eine Eislauftournee vor. Zwiegespräche einer Wendezeit.

Katarina Witt auf Englisch mit leicht sächsischem Akzent:»I am not defending everything, it's not true. Ich verteidige nicht alles, nur das, was in Ordnung war.«

Der amerikanische Eislaufstar entgegnet:»Ich würde mein Land verteidigen. Das würde jeder tun.« Er dreht sich zum Kamerateam um. »Ihr würdet auch Westdeutschland verteidigen.«

In Deutschland galt Katarina Witt als wendeunfähig. Abschwören war dort angesagt.

Katarina Witt versuchte sich im fernen Amerika mit ihrer Vergangenheit und der ihres Staates auseinanderzusetzen:»Viele Dinge hat man einfach wirklich nicht vermutet und hat das auch nicht gewusst, was da jetzt alles ans Tageslicht gekommen ist. Aber ich denke, dass wirklich viele Leute ganz andere Gedanken hatten und eigentlich gehofft hatten, dass sich mal was ändert.«

Die Geschichte hatte die Menschen überholt. Zu schnell, um mit dem Denken nachzukommen.

»Das ist eigentlich so alles durcheinander, auch in meinem Kopf«, sagte Katarina Witt. »Total. Also, man kann noch nicht mal mit den Gedanken denken, die man vor einem halben Jahr noch gedacht hat. Das kann man ja nicht so schnell aus dem Kopf rausblasen. Und dann kommen Fragen, und dann denkt man: Mein Gott, wie kann man denn jetzt antworten? Eigentlich jetzt ist es für mich komplizierter als früher, viel, viel komplizierter.«

Es war Anfang April 1990. Vor wenigen Wochen hatten die DDR-Bürger zum ersten Mal frei gewählt. Nach vierzig Jahren Sozialismus überwiegend konservativ. Was gestern Staatsdoktrin war, galt heute als Verbrechen. Und die Mitläufer zeigten mit dem Finger auf jene, denen sie noch vor kurzem hinterhergelaufen waren.

Zwei Monate zuvor. Februar 1990 in Dresden. Premiere von *Carmen on Ice*. Der DDR-Star rollte vor in DDR-Chic und Westauto. Noch einmal wurde Weltniveau demonstriert. Die Eisläuferin als Re-Import aus dem Westen. Ihre Welt war zu Bruch gegangen, doch so richtig gemerkt hatte sie es noch nicht.

Zwei Drittel ihres bis dahin vierundzwanzigjährigen Lebens brachte Katarina Witt auf dem Eis zu. Lebenswerk der Trainerin Jutta Müller.

Auszug aus einem Film des DDR-Fernsehens. Eine sozialistische Jugend auf Schlittschuhen.

Katarina Witt wusste, wem sie ihre Karriere zu verdanken hatte: »Wenn nicht jemand hinter mir gewesen wäre und mir zum richtigen Zeitpunkt gesagt hätte: Du musst jetzt unbedingt was machen, sonst wird's nichts, dann wäre nie was draus geworden. Da hab ich gedacht, den Sport mach ich für meine Trainerin, aber nicht für mich. Sie hat mich wirklich zusammenscheißen können auf dem Eis, bis ich dachte: Jetzt bist du überhaupt nichts mehr wert. Sie konnte einen wirklich total runterputzen und sagen, man kann nichts mehr, und man ist eigentlich schon völlig verzweifelt. Und dann hat sie die Kurve gekriegt, um einem wieder Mut zu machen.«

Training in der Eissporthalle Portland, Maine. Katarina Witt war zum ersten Mal in ihrem Leben ohne Aufsicht unterwegs. Sie trainierte mit einer kanadischen Choreographin. Jeden Tag in ihrem Leben hatte sie viele Stunden auf dem Eis zugebracht: »Früher waren es manchmal

253

sechs bis sieben Stunden am Tag. Meistens fünf Stunden und Schule noch nebenbei. Wobei natürlich alles, auch die Schule, dem Sport untergeordnet wurde.«

Ein alter DDR-Film zeigte, wie hart das Training war. Katarina Witt, vielleicht gerade zehn Jahre alt, hüpfte auf einen Kasten. Herauf und hinunter, viele Male. Der Kommentar: »Ein Bleigürtel soll helfen, das gesteckte Trainingsziel schneller zu erreichen.«

Schwerstarbeit im Kindesalter: »Na ja, manchmal ist schon so eine Grenze erreicht worden. Nicht unbedingt auf dem Eis, aber das, was man nebenbei machen musste, Joggen, Rennen und Krafttraining, Ausdauer und solche Sachen.«

Trainiert wurde bis an die Grenze der Leistungsfähigkeit. Mitunter darüber hinaus. Gelobt war, was hart machte.

Katarina Witt hatte auf ihrer Amerikatournee neue Schlittschuhstiefel, die drückten. Sie verzog keine Miene, sondern sagte nur: «Blut ist im Schuh. Wie bei Aschenputtel.«

Im eislaufbegeisterten Amerika musste zur Karl-Marx-Städter Disziplin nun noch ein Schuss Broadway kommen. Vom Sport zur Show. Und das olympische Gold, jetzt sollte es versilbert werden. Später Lohn der Schinderei. »Ich wollte der Welt beweisen, dass es möglich ist, zwei Goldmedaillen hintereinander zu bekommen. Ich wollte einfach besser sein als jeder andere.«

»Ist ja völlig unsozialistisch gedacht.«

»Na, in dem Moment denk ich doch nicht an Sozialismus. Ich hab da meine Eisfreunde, ich hab meine kleine Welt, die für mich existiert, da existiert in dem Moment nichts anderes. Und in dieser Welt habe ich mir meine Ziele gestellt. Und meine Ziele waren eben, erst mal Europameisterin zu werden. Und dann: Du musst die weltbeste Eisläuferin werden. Ich wollte der Welt beweisen, ich bin die Beste.«

Und das hatte auch einen ganz praktischen Sinn: »Ich hab dafür trainiert, auch um einen hohen Marktwert hinterher zu haben. Weil ich wusste, dass ich das brauche, um nachher weiter eislaufen zu dürfen. Ich weiß nicht, ob man mir das erlaubt hätte, wenn ich Zweite oder Dritte geworden wäre.«

»Wieso, wer hätte Ihnen das verboten?«

»Na ja, diejenigen, die mir das auch gestattet haben. Man konnte ja nicht einfach sagen: Okay, jetzt mach ich das. So einfach war das nun alles weiß Gott nicht.«

Das real nichtsozialistische Eiswunder hatte in den USA zur Pressekonferenz geladen. Aus transatlantischem Abstand interessierte man sich nur routinemäßig für die Umbrüche in Europa. »Hier eine Frage, die Ihnen noch nie gestellt wurde: Was ist los in Ostdeutschland? Wie sehen Sie die Ereignisse? Aufgeregt? Besorgt? Wie ist die politische Lage zu Hause?«

»Danach bin ich schon tausendmal gefragt worden«, antwortete Katarina Witt. »Na ja, ich freue mich, dass die Mauer gefallen ist, und über alles, was sonst noch im November passiert ist, dass jeder reisen kann, wohin er will, und viel mehr Freiheiten und Chancen hat – so wie ich jetzt alles tun kann, was ich will.«

Auch privilegierte Spitzensportler waren in der DDR alles andere als frei. Und doch war der Sport im Sozialismus fast der einzige Weg zur Karriere. »Wenn man etwas Besonderes sein wollte, war der Sport das einzige Gebiet, wo man was Besonderes sein konnte. Woanders kann man ja auf andere Weise sein Geld verdienen. Das war bei uns nur der Sport.«

Sportliche Disziplin und politische Anpassung waren der Preis für den relativen Freiraum, etwas Besonderes sein zu dürfen. Politische Pflichtübungen wurden mit derselben Routine absolviert wie das tägliche Training.

Im Blauhemd der FDJ hatte Katarina Witt noch den Ruhm des Sozialismus gepriesen: »Im Ausland werden häufig unsere Sporterfolge bestaunt. Wird nach irgendwelchen Geheimnissen gefragt. Das Geheimnis wird gerade hier in den Tagen des Gewerkschaftskongresses erneut sichtbar. Es ist die entwickelte sozialistische Gesellschaft der Deutschen Demokratischen Republik, die allen Talenten freie Bahn schafft, die jedem Bürger und im Besonderen der Jugend Entwicklungsmöglichkeiten gibt, sie fordert und fördert.«

Sport als Fortsetzung der Politik mit anderen Mitteln. Abgeschottet von der übrigen Welt glänzte die DDR allein mit ihren Athleten. Individuelle Leistungen als Krönung eines Systems, das dem Individuum sonst keinen Freiraum gab.

Kurz vor Ostern. Die Mauer neben dem Reichstagsgebäude wurde abgerissen.

Die bundesdeutsche Boulevardpresse schoss sich auf Katarina Witt ein. Sie hatte sich nicht demonstrativ genug gewendet. Kleiner Depressionsschub westlich von Karl-Marx-Stadt und Nachsinnen über die eigene Rolle.

»Es war eben einfach so, dass man gesagt hat, du trittst jetzt auch für das Land auf, und dafür musst du gewinnen, um zu beweisen, dass wir das bessere System sind. Und da hat man doch selbst ganz schön Verantwortung.«

»Haben Sie das geglaubt?«

»Doch, in dem Moment habe ich es eigentlich geglaubt. Ich bin da eigentlich reingerutscht. Also ich habe mich im Grunde genommen nie richtig mit der Politik beschäftigt. Ich hab in meiner kleinen eigenen Welt gelebt und gesagt, was ich dachte, was richtig ist. Oder der Meinung war, es ist richtig. Ich hab mich erst jetzt viel, viel mehr mit Politik beschäftigt und war natürlich über viele Dinge unheimlich erschrocken. Und jetzt versuche ich mich auf meine kleine Welt zu konzentrieren. Auf meine eigene Eislaufwelt. Es ist mir untergeschoben worden, dass ich an dem alten System hänge und dass ich das toll fand und so. Was völliger Blödsinn ist. Also ich war enttäuscht über viele Dinge, die da passiert sind. Ob das nun der Waffenhandel ist oder was da nun jetzt alles so ans Licht kommt. Oder eben, wo wir jetzt in Berlin so locker über die Grenze schreiten, dass da eben noch vor ein paar Monaten die Leute einfach erschossen wurden dafür, dass jemand woanders leben wollte. Das war auch früher schon meine Meinung. Wenn ich rumgereist und nach Hause gekommen bin, hab ich gesagt: Mein Gott, warum lassen die nicht alle einfach fahren, dann kriegen die eine ganz andere Sicht.«

So führte der systematische Aufbau sozialistischer Sportstars ganz unweigerlich zur Erweiterung des Horizonts und stellte die eigenen strikten Grundlagen in Frage. Auf dem Weltniveau wehte ein frischerer Wind.

Beim Spitzensport, dem gehätschelten Aushängeschild der DDR, wurde die Diskrepanz zwischen Anspruch und Wirklichkeit überdeutlich. Da war der kapitalistische Westen plötzlich ganz anders, als die Partei behauptete. Und die Kollegen Westsportler waren viel lockerer und freier als man selbst. Und so gab es – nicht nur für Katarina Witt – plötzlich Klassenfeindberührung der freundschaftlichsten Art.

Ostern sollte die Eisshow in Portland, Maine, Premiere haben. Danach war eine Tour durch mehr als zwanzig Städte in den USA gebucht. Katarina Witt und Brian Boitano, amerikanischer Goldmedaillengewinner aus Kalifornien, waren die Stars, sekundiert von einem guten Dutzend Eislaufweltmeistern und Medaillengewinnern aus den USA, Kanada und der Sowjetunion. Das Beste, was die Eislaufwelt zu bieten hatte, in einer Show, die Sport pur bieten sollte, jenseits der Flitter- und Talmiwelt der Eisrevuen herkömmlicher Prägung.

Premierenfieber. Für Katarina Witt stand mindestens so viel auf dem Spiel wie bei Olympia: die Existenz. Katarina Witt wusste, wie privilegiert sie in der DDR gelebt hatte. »Also wenn man da die Künstlerbranche nimmt, Musik, Kunst, Schriftstellerei, das wurde unterdrückt. Ich hab eine Freundin, die wollte einen Computerlehrgang machen, und da haben die gesagt: Wozu brauchst denn du Computerkenntnisse? Das ist natürlich ziemlich finster. Wenn man was machen will und was lernen will, dann sollte man die Möglichkeit dazu haben. Und das war nur beim Sport so. Wenn jemand Sport treiben wollte, das wurde unterstützt und gefördert. Da hatte ich natürlich Glück. Und ich fand damals normal, dass der Sport so gefördert wurde.«

Die alte Welt der Katarina Witt, bejubelt vom DDR-Fernsehen: »Fünftausend Menschen feiern Katarina Witt und ihre Trainerin Jutta Müller vom einheimischen Sportklub Karl-Marx-Stadt. Es war für uns alle ein unglaublich glückliches Gefühl. Eine Mischung von Stolz, Freude, aber auch Erleichterung, als nach deiner großartigen Kür in Cincinatti feststand, dass du wieder Weltmeisterin geworden bist, dass du es geschafft hast in der Höhle des Löwen, deinen Titel zurückzuholen, und das in einer Art, die uns tief beeindruckt, ja fasziniert hat, sodass wir voller Hochachtung alle den Hut vor dir ziehen.« Applaus.

Die neue Welt der Katarina Witt lag in der Neuen Welt.

Die neuen Stiefel passten noch nicht ganz. Blut ist im Schuh.

Am nächsten Morgen: Abfahrt aus Cape Elizabeth, wo die Truppe während des Trainings gewohnt hat. Von nun an: mindestens alle zwei Tage ein Auftritt. Knochenarbeit.

New York. Die Eisshow gastiert im Madison Square Garden.

Katarina Witts Managerin Elisabeth Wiegand aus Frankfurt, West, war zur Feier des Tages angereist.

Zur Begrüßung die besorgte Frage der Managerin: »Bist du hingeflogen, auf Beton geknallt?«

»Ja, in der Eishalle.« Sie zeigte mit zwei Fingern die Dicke der Eisschicht an. »So dick ist das Eis nur, mit jedem Sprung knallst du auf den Beton, und da hat's mich umgehauen.«

Interviewtermin beim TV-Sender WNBC – die bekannteste Bürgerin der DDR *nationwide*.

»Katarina, du warst in deiner Heimat Ostdeutschland ein Superstar. In einem Land, das den Sport zum unverzichtbaren Bestand des Sozialismus gemacht hat. Aber nachdem nun die Regierung gemeinsam mit der Berliner Mauer gefallen ist, wurde diese Bevorzugung zum Symbol staatlicher Korruption. Auch du bist deshalb angegriffen worden. Wie wirst du damit fertig? Wie denkst du über dein Land?«

Inzwischen war Katarina Witt auf die Frage vorbereitet: »Als das alles losging, hat man mir ziemlich weh getan, als man sich die Sportler vornahm und sagte, sie seien privilegiert gewesen. Aber ich glaube, dass es vor allem das Entsetzen darüber war, was die Regierung dem Land angetan hatte. Ich freue mich sehr über den Fall der Mauer. Jetzt kann jeder reisen und machen, was er will. Auch für mich ist es jetzt einfacher. Ich freue mich, dass ich hier bin und mich auf das Eislaufen konzentrieren kann, weit weg von den Ereignissen zu Hause, auf einer Tour, wie ich sie immer erträumt hatte.«

Sie war in der Neuen Welt und der neuen Zeit angekommen. Katarina Witt würde nie wieder nach Karl-Marx-Stadt zurückkehren. Denn inzwischen hatten die Bürger ihre Stadt umgetauft. Chemnitz hieß sie jetzt wieder.

Trainingsbeginn am Nachmittag in der berühmtesten Arena der Welt. Eisprobe. Unter ein paar Finger dick Gefrorenem lag der Beton. Jedes Loch im Eis konnte zu Knochenbrüchen führen.

Wie jedes Mal vor dem Auftritt band Katarina Witt ihre Stiefel endlos auf und zu – womit sie ihre Trainerin früher zur Weißglut getrieben hatte. Dann setzte die Musik ein. Katarina Witt segelte unter dem Beifall des vollbesetzten Madison Square Garden auf die Eisfläche.

258

Ein Star in einer neuen Welt – mit Defiziten, wie einer ihrer beiden Choreographen, der US-Amerikaner Michael Seibert, meinte: »Es ist wirklich interessant. Neulich habe ich sie mit ins American Ballet Theatre genommen. Dorthin, wo wir alle früher, als wir jung waren, angefangen haben. Es gab das Stück eines modernen Choreographen mit vielen Insider-Scherzen, Anspielungen auf die Mode der sechziger Jahre oder auf Frank Sinatra zum Beispiel, es ging um Verhaltensweisen und Trends, über die wir schon in den sechziger Jahren gelacht haben. Und plötzlich habe ich gemerkt, dass Katarina das alles nicht kannte. Dass sie keine Vorstellungen von solchen Moden und Trends und Entwicklungen hat, aus denen sie schöpfen kann.

Und wenn wir mit ihr arbeiten und ihr sagen, sie soll irgendetwas machen, das wir witzig finden, dann erscheint es ihr oft ziemlich blöd. Sie hat eben nicht dieselbe Geschichte wie wir, durch die wir alle durchgegangen sind. Und das ist nicht ein Problem der Sprache. Es ist nicht der Unterschied zwischen Deutsch und Amerikanisch. Es ist eine Frage der Bilder, mit denen sie aufgewachsen oder besser: nicht aufgewachsen ist.

Aber sie ist sehr, sehr schnell. Ich habe das Gefühl, sie saugt eine große Menge Stoff in sich auf. Es macht Spaß zuzusehen. Sie verschlingt es förmlich. Und wir schubsen sie die ganze Zeit herum und reden auf sie ein, und manchmal scheint es, als explodiere ihr der Kopf.«

Er schaute zu, wie sie Pirouetten auf dem Eis drehte. »Es wird Freude machen, ihre Metamorphose zu beobachten. Vielleicht kommt ein Monster heraus, vielleicht etwas ganz Wundervolles.«

Eine neue Welt – erobert innerhalb von knapp sechs Monaten.

Am nächsten Morgen geht es weiter, ein amerikanisches Fernsehteam im Schlepptau, nach Calgary in Kanada.

Stätte eines Triumphes. Hier spätestens begann die radikale Wende der Katarina Witt. Bei den Olympischen Winterspielen 1988.

Hier im Pengrowth Saddledome schaffte Katarina Witt das Kunststück, nach ihrem Olympiasieg in Sarajevo 1984 eine zweite Goldmedaille zu erringen. Und: die Erlaubnis zu bekommen, als Profi im Westen aufzutreten. Gegen Widerstände: »Aber ich glaube, das Risiko wäre für die Sportfunktionäre zu groß gewesen, mir jetzt zu sagen, du bleibst zu Hause. Weil ich dann sicherlich die Konsequenzen daraus gezogen hätte.«

»Was heißt das?«

»Ich wäre bestimmt gegangen. Weil, das Eislaufen war einfach mein Leben. Und in der Richtung hätte ich mich auf keinen Fall eingrenzen lassen.«

Nach endlosem Gezerre durfte sie zunächst nur bei der eher spießigen Revue *Holiday on Ice* auftreten. Der Staat kassierte einen Großteil der Gagen.

»Wenn ich damals, zum Beispiel 88, abgehauen wäre, der Preis wäre einfach viel zu groß gewesen. Ich hätte meine Familie, meine Eltern, meine Freunde nie wiedergesehen. Wer ahnte denn, dass ein Jahr später die Mauer fällt?«

Nach der US-Tournee kam Katarina Witt kurz zu Besuch nach Hause. Die Eltern hatten die sportliche Karriere ihrer Tochter immer unterstützt, dem Staat dankbar für die Chancen, die Katarina eröffnet wurden. Und doch fühlten sie sich zuweilen fast enteignet. »Man ist ja auch nicht mit sanften Händen angefasst worden. Ich kam schon manchmal heulend nach Hause. Da gab es mal einen Punkt, wo du gesagt hast, Vati: Jetzt ist Schluss! So weit geht es nicht. Jetzt ist hier Schluss. Und ich wollte groß rauskommen. Und dann kam es zu dem Punkt, dass ich nichts mehr erzählt hab, was auf dem Eis passiert ist. Weil ich wusste, Vati sagt dann irgendwann mal, jetzt ist Schluss, so weit geht es nicht. Jetzt hörst du hier auf. Und ich hab aber so dran gehangen. Und ich wollte das unbedingt alles erreichen.«

»Das Bedauerliche war, dass von Seiten der Verantwortlichen dann eben nicht darauf reagiert wurde«, sagte der Vater. »Und da gab's natürlich den Plan, individuelle Zielstellung, die Müller als Trainerin. Wenn sie nicht das Ziel erreichte, dann kriegt sie auch nicht das Geld. Dieser Druck stand über unseren Leistungstrainern. Und dann wollten die es natürlich mit Gewalt versuchen. Gewichtsprobleme gab's bei Katarina immer. Da haben sie die Essenration abgesetzt und das Training erhöht. Und da hab ich mir gesagt, also am Ende ist das meine Tochter.«

Auch Sportlereltern galten etwas im SED-Staat. Doch man vertraute auch ihnen nicht. Selbst als Goldmedaillengewinnerin durfte Katarina Witt ihre Familie nicht mit zu Wettkämpfen ins westliche Ausland nehmen.

»Das hab ich sogar akzeptiert«, räumte der Vater ein.

»Ja«, sagte Katarina. »Du hast im Osten einfach Punkte akzeptiert, die sind so. Und du bist so erzogen. Es gibt Dinge, die sind eben so, und da kämpfst du nicht dagegen an.« Sie erinnerte uns an eine Szene bei den Dreharbeiten vor dem Brandenburger Tor, Monate nachdem es geöffnet worden war: »Ich meine, du hast ja gesehen am Brandenburger Tor, da ist eben dieser Riegel gewesen für mich. Ihr geht da einfach durch mit eurer Kamera, ihr macht euch da keine Birne. Ich bleib davor stehen. Da ist eine Schranke, da geh ich nicht durch. Ich sag, die Schranke ist eben da, auch wenn sie weg ist. Was soll's.«

Ein paar Tage später wartete Katarina Witt auf ihren Auftritt in *Wetten, dass ..?* Man gewährte ihr eine Chance zur Rehabilitation.

Moderator Thomas Gottschalk fragte: »Bist du eine Gereifte, eine Verärgerte, die du hier sitzt, bist du mit dir im Reinen, bist du dabei, mit dir ins Reine zu kommen? Wie fühlst du dich im Moment?«

»Zuerst würde ich sagen, dass ziemlich viel Naivität weg von mir ist.«

»Du hast dazugelernt?«

»Ich hab dazugelernt, ja.«

»Man will ja auch ein bisschen von dir hören, dass du nicht gelernt hast, sondern dass du auch einsiehst. Hast du umgedacht? Das ist ja das, was jeder nun machen kann, dieses Recht sollte man jedem geben. Ganz konkret gefragt: Freust du dich auf die Wiedervereinigung?«

Katarina Witt freute sich auf die Wiedervereinigung. Applaus im Saal.

Die richtige Antwort wurde belohnt. Der Anpassungsdruck hatte von neuem begonnen. Und das nicht nur bei Kati Witt.

3. Oktober 1990. Die Bundesrepublik war um fünf Länder reicher geworden.

Katarina Witt hatte ihren ersten gesamtdeutschen Auftritt: Gala on Ice.

Ihre alte Trainerin Jutta Müller war dabei und machte sich Gedanken um ihren Schützling. »Na ja, ist in ihrer Art ein bisschen amerikanisiert, das ist ganz klar. Sie war schon immer aufgeweckt und spontan, und das hat sich nun noch mit dem Amerikanischen vermischt. Ich meine, sie ist jetzt so, wie die Amerikaner eben sind. Auch sehr schnell, ganz schnell begeistert, und sie zeigt es, sie zeigt es, wie begeistert sie ist. Ich mein, das ist nichts Negatives, aber ...«

Ansage:»Die erfolgreichste Eiskunstläuferin der Welt. Hier ist Katarina Witt.« Applaus. Musik.

Ein Jahr im Leben der Katarina Witt.

»Es wurde eben gesagt: Pass auf, du machst jetzt das. Und dann blieb dir nichts anderes übrig, als das zu machen. Und wenn jemand eine eigene Meinung hatte, dann ist eben irgendwas passiert. Konntest nicht machen, was du wolltest. Und ich glaube jetzt, von heut auf morgen sich umzustellen, selbständig zu sein, Entscheidungen zu treffen, Entscheidungen für dein eigenes Leben, ich glaub, das fällt vielen sehr, sehr schwer.«

Die wirkliche Wende findet im Kopf statt. Nicht nur bei ihr.

Zeitsprung   Zwanzig Jahre später

Deutschland ist vereint. Das Land heißt nach wie vor Bundesrepublik Deutschland. Aber keiner redet mehr von der Bundesrepublik oder gar der BRD. Das Land heißt Deutschland. Der Bundestag sitzt im Gebäude des Reichstages, verziert mit einer modernen Kuppel des britischen Stararchitekten Norman Foster. Die Hauptstadt ist Berlin, obwohl noch immer ein großer Teil der Ministerien in Bonn residiert. Die Zentralen der wichtigen Ministerien haben sich in den Gebäuden der alten Reichshauptstadt einquartiert. Das Finanzministerium im ehemaligen Gebäude des Reichsluftfahrtministeriums. Das Außenministerium im Haus der Reichsbank. Der Bundesrat im ehemaligen Preußischen Landtag.

Der Kanzler der Einheit Helmut Kohl hat sich ein Amt aus Beton bauen lassen, das einer gigantischen Waschmaschine gleicht, in deren Fenster die gesamte Kuppel des Reichstags passen würde. Innen ähnelt die Bundeskanzlei einer Mischung aus Parkgarage und Schwimmbad.

Die Decken hängen niedrig, Säulen ohne stützende Funktion bewachen die Front.

Darin residiert inzwischen eine Ostdeutsche. Sie heißt Angela Merkel, ist Physikerin und den Männern der CDU und CSU an Raffinesse haushoch überlegen. Sie ist misstrauisch, machtbewusst und bescheiden. Kein lauter Auftritt wie der ihres Amtsvorgängers Gerhard Schröder, kein bräsig pompöses Gehabe wie bei dessen Amtsvorgänger Helmut Kohl. Eine auffällig unauffällige Erscheinung. Unnahbar, wissend, geschickt und positionslos. Das Letztere hat sie erlernt. Als liberale Reformerin war sie zur Wahl angetreten, hatte fast verloren und daraus den Schluss gezogen, dass Politik in Deutschland sozialdemokratisch sein muss. Also wurde sie sozialdemokratischer als die SPD unter Gerhard Schröder bis kurz vor der Wahl. Im Wahlkampf überholte Schröder sich selbst links und verlor trotzdem. Doch auch Angela Merkel erzielte ein grenzwertiges Ergebnis für die CDU. Sie musste sich in die Große Koalition retten.

Daraufhin wurde sie Sozialdemokratin im konservativen Gewand. So etwas würde ihr nicht noch einmal passieren. Sie nahm die Schröder'schen Reformen teilweise zurück, kam der SPD mehr entgegen, als diese erwartete, und mauerte den Partner in der Großen Koalition von allen Seiten ein.

Damit saß die SPD zwischen allen Stühlen. Denn eineinhalb Jahrzehnte nach dem Mauerfall blühten die roten Nelken wieder auf zwischen den Ruinen. Die regionale Ostpartei PDS, entstanden aus der SED, hatte in den neuen Bundesländern fast so viele Wähler wie zu DDR-Zeiten die SED Mitglieder. Als dann noch der von Schröder um die Kanzlerkandidatur gebrachte SPD-Vorsitzende Oskar Lafontaine erst aus der Regierung und dann noch aus der Partei austrat, war es nur noch eine Frage der Zeit, bis er in der Ostpartei landete. Und plötzlich war die SED alias PDS wieder ein Machtfaktor in der Republik. Linkspartei hieß das Konglomerat aus alten SED-Genossen, sozialistischen Utopisten, linken Gewerkschaftern und linkssozialdemokratischen Pragmatikern.

Auferstanden aus Ruinen.

Inzwischen war ich nach zwanzig Jahren bei *Spiegel TV* und *Spiegel* ausgeschieden. Mit ehemaligen Kollegen startete ich eine neue Produktionsfirma und erhielt vom ZDF den Auftrag, einen Film über die neue

Linkspartei zu drehen. Gemeinsam mit Claus Richter und Thomas Ammann folgte ich den Spuren der SED über die PDS in die neue Partei. Es wurde eine Expedition in die lebendige Vergangenheit.

Ein Denkmal aus massiver Bronze. Überlebensgroß. Mitten in Berlin. Schulklassen turnen auf den Standbildern der Urväter des Sozialismus, Marx und Engels, herum. Ein Monument, errichtet im Namen eines Arbeiter- und Bauernstaates, der sich als sozialistische Alternative zur Bundesrepublik verstand, als das bessere und gerechtere Deutschland.

Eine Nacht in Berlin hatte 1989 das Experiment des Sozialismus auf deutschem Boden beendet. Doch die Partei lebte weiter. Gewendet und mit neuem Personal.

Oskar Lafontaine 2009 auf dem Wahlparteitag der Linkspartei in Berlin: »Wir wollen mehr Freiheit und Demokratie wagen. Wir sind eine demokratische Erneuerungsbewegung, wir sind die Partei der Freiheit.«

Eine Erneuerungsbewegung – vor allem für andere Parteien.

Das wusste auch Gregor Gysi, gemeinsam mit Lafontaine Parteivorsitzender der Linkspartei: »Das Wichtige an unserer Wahl ist die Wirkung auf den Zeitgeist, auf die Medien, auf die Bevölkerung und auch auf die anderen Parteien, die mehr als durcheinandergebracht werden sollen, sodass sie sich durch unser gutes Wahlergebnis gezwungen sehen, ihre Politik zu verändern.«

Sozialismus in Zeiten der Weltfinanz- und -wirtschaftskrise.

Sarah Wagenknecht, streng auf Rosa Luxemburg getrimmte Vertreterin der »Kommunistischen Plattform«, erklärte den Genossen: »Zu den Ursachen der Krise gehören doch wesentlich die kapitalistischen Eigentums- und Machtverhältnisse, und da braucht es eine deutlich gestärkte Linke im nächsten Bundestag, da braucht es viel mehr Gegenwehr, viel mehr französische Verhältnisse außerhalb der Parlamente. Und lasst uns dafür gemeinsam kämpfen.«

Die Farbe Rot mischte wieder mit in der deutschen Politik.

Im Hamburger Schauspielhaus wird seit Monaten das aktualisierte Revolutionsdrama *Die Verfolgung und Ermordung des Jean Paul Marat dargestellt durch die Schauspielgruppe des Hospizes zu Charenton unter Anleitung des Herrn de Sade* gespielt. Das Besondere an dieser Inszenierung: Arbeitslose und andere Hartz-IV-Empfänger treten auf der Bühne als Chor auf, gießen sich Eimer mir blutroter Farbe über den Kopf und prangern reiche Hamburger an. Sie nennen das jeweilige Vermögen, abgeschätzt vom »Manager-Magazin«, und skandieren Namen und Adresse der angeblichen Milliardäre. Inzwischen haben dank der Krise einige der Genannten eher Kreditschulden in der aufgeführten Höhe. Zur Feier einer Aufführung ist der Linksparteiler Oskar Lafontaine ins Schauspielhaus geeilt.

Der Chor der Armen intoniert seine Forderungen: »Ich will jetzt endlich Geld haben. Blankenese als Mülldeponie. Keine Miete mehr zahlen, keinen Strom bezahlen, nichts mehr bezahlen ...«

Die Sozialfälle auf der Bühne fordern mehr als Hartz IV, die Revolution hier und heute. Klassenkampf hier und jetzt.

Ein als Lenin verkleideter Schauspieler schwebt ein. Fidel Castro wirft sich in revolutionäre Pose. Auf der Bühne erscheint ein als Oskar Lafontaine kostümierter Schauspieler. Der echte Lafontaine sitzt im Zuschauerraum, während der Bühnen-Oskar in mehrfacher Wiederholung sein politisches Manifest predigt: »Lasst euch nicht täuschen, wenn es heißt, dass die Zustände sich jetzt gebessert haben. Auch wenn ihr die Not nicht mehr seht, weil die Not übertüncht ist, und, wenn ihr Geld verdient, euch was leisten könnt von dem, was die Industrien euch andrehen. Und wenn es euch scheint, euer Wohlstand stände vor der Tür, dann ist das nur eine Erfindung von denen, die immer noch viel mehr haben als ihr! Diese Lügen!«

Der Chor ruft nach der Lösung: »Wir brauchen endlich einen wahren Abgeordneten des Volkes. Einen, der unbestechlich ist. Einen, dem wir vertrauen können ...«

Doch die Bühnenrevolution fordert ihr Opfer: Der Theater-Oskar wird in der Badewanne zunächst rittlings vergewaltigt, dann am Schlips gezogen und schließlich ermordet.

Ein Schicksal, dem Lafontaine selbst 1990 nur knapp entronnen ist.

Nach seinem Bühnentod stellt er sich im Theater einer Diskussion. In Zeiten des Wahlkampfes wird jede Bühne genutzt. Oskar Lafontaine, ehemaliger SPD- und jetzt Linkspartei-Vorsitzender, gibt sich kämpferisch. Er will die Massen mobilisieren, auf die Straße bringen.

»Ich suche ja nach einem Weg, Hartz IV wieder wegzukriegen«, sagt er nach der Vorstellung und verweist auf Rezepte aus Frankreich. »Als die den Kündigungsschutz verschlechtert haben, haben die Franzosen die Nord-Süd-Autobahn zugemacht, den Luftverkehr stillgelegt, den Eisenbahnverkehr stillgelegt. Damit war der politische Streik auf den Weg gebracht. Es geht ja darum, durch die Handlung einen solchen Druck zu erzeugen, dass in der repräsentativen Demokratie die Regierung und das Parlament nachgeben.«

Klassenkampf also, innerhalb und außerhalb des Parlaments. Druck von allen Seiten, um die Ziele der Linkspartei durchzusetzen.

Juni 2009. Parteitag in Berlin. Einmarsch der Gladiatoren. Auftakt zum Bundestagswahlkampf. Die ehemalige ostdeutsche Regionalpartei hat sich mit Oskar Lafontaine einen Mann geholt, der westdeutsche Linke aus der SPD herausbrechen soll.

Im Ostberliner Stadtteil Neukölln werden die Wahlplakate mit den beiden Gesichtern des neuen deutschen Sozialismus gedruckt. Die Parolen sind einfach: Gegen Hartz IV, gegen Rente mit 67, kurz gegen alles, was nach Sozialabbau aussieht. Und gegen den Bundeswehreinsatz in Afghanistan.

Ein Wahlkampf, der vor allem auf die Wähler der SPD zielt. Das bleibt nicht ohne Folgen.

Der Linkspartei-Werber Volker Ludwig erklärt: »Bisher hat die Linke mit der Farbe HKS 14 als Rot operiert und die SPD mit HKS 13. Inzwischen hat die SPD klammheimlich ihre Farbe nach HKS 14 verändert, also einem dunkleren Rot. Das ist also ein deutliches Zeichen für die Auseinandersetzung im werberischen Wettbewerb.«

Ein Wettlauf ums Rot ist eröffnet.

Auf dem Parteitag richtet sich Gregor Gysi an die Konkurrenz: »Die SPD muss sich entscheiden, sie muss sich entscheiden, welche Rolle sie spielen will. Wenn sie noch länger mit den Konservativen zusammengeht und diese Rolle immer mehr spielt, sodass sie immer schlechter zu unterscheiden ist, macht sie sich immer überflüssiger.« Das sei weder gut für Deutschland noch für Europa. Wenn die SPD aber den Weg der Resozialdemokratisierung ginge, dann könne sie nützlich werden. »Das Problem ist, sie wird ihn nur gehen, wenn sie verliert und wenn wir gewinnen, so einfach ist es.«

Oskar Lafontaine hat eine historische Perspektive im Sinn, wenn er sich in der Linkspartei engagiert:»Im Grunde genommen sind wir alle Zweige der Arbeiterbewegungen.« Auch die KPD sei ja aus der SPD hervorgegangen. Wenn man die Arbeiterbewegungen und deren Auseinandersetzungen verstehen wolle, müsse man auf die Novemberrevolution 1918 zurückgehen.»Damals war ja der Krieg Grund dafür, dass sich die Arbeiterbewegung gespalten hat.«

Damals, gegen Ende des Ersten Weltkriegs, waren Rosa Luxemburg und Karl Liebknecht die Betreiber der Abspaltung von der SPD, erst durch die USPD, die Unabhängige Sozialdemokratische Partei, deren linke Mehrheit sich kurze Zeit darauf mit der KPD vereinigte.

Jedes Jahr ist die Großdemonstration der Linkspartei zum Todestag von Rosa Luxemburg Sammelpunkt für die versprengte Linke. 2009, zum neunzigsten Jahrestag der 1919 von rechtsradikalen Freischärlern ermordeten Kommunistin, haben sich an die Hunderttausend versammelt. Rosa Luxemburg ist die Ikone der Linkspartei, auch wenn zu DDR-Zeiten ihr Ausspruch»Freiheit ist immer die Freiheit des Andersdenkenden« verpönt war.

Und mit der kommunistischen Märtyrerin werden auch gleich der DDR-Gründer Ulbricht und Stalins Handlanger Pieck mitgeehrt. Die Vergangenheit des einst in der DDR regierenden deutschen Kommunismus wird verklärt: Unfreiheit, Gefängnis für Andersdenkende, ein allgegenwärtiger Spitzelapparat, wirtschaftliche Misere, Mauer und Todesstreifen – alles abgehakt. Stattdessen: Rückbesinnung auf die sozialistische Geborgenheit.

»Ich mache jetzt eine auch für mein Leben hochinteressante Erfahrung«, sagt Gregor Gysi.»Das, was in der DDR was taugte, das wirkt wie Hefe nach. Man kriegt es nicht tot. Selbst die, die es totkriegen wollen.«

Je weiter die DDR zurückliegt, umso gemütlicher erscheint sie manchen. Bevormundet und gegängelt war man, aber umsorgt. Arm war man, aber wenigstens gab es keine Reichen, die mehr hatten als man selbst.

Den Terror der Einparteiendiktatur haben viele längst vergessen oder verdrängt. Auch zu DDR-Zeiten wurde anlässlich des Todestages von Rosa Luxemburg demonstriert. Bei Massenaufmärschen wie dem von 1968 traten Ulbricht, Stoph und Honecker als Vollstrecker des sowjeti-

267

schen Sozialismus auf deutschem Boden vor ihre Genossen und schürten den Kalten Krieg in einem geteilten Land. SED-Funktionär Erich Mückenberger agitierte: »Der Hauptfeind des deutschen Volkes steht in Deutschland: der deutsche Imperialismus, die deutsche Kriegspartei, die deutsche Geheimdiplomatie. Diesen Feind im eigenen Land gilt es für das deutsche Volk zu bekämpfen.«

Als es in Gorbatschows Sowjetunion taute, schmolz auch die Macht der SED. Die Mauer fiel, und mit ihr die DDR. Auch die Staatspartei war am Ende.

Doch von der Macht wollte sich die SED nicht verabschieden. Für Hans Modrow, den Nachfolger von Egon Krenz als Partei- und Regierungschef, war damals klar: »Soll die DDR eine bestimmte Stabilität bewahren, muss auch diese SED weiter bestehen.«

Auch Gregor Gysi ging es damals, so sagt er heute, um Stabilität und Sicherheit im Prozess der Wiedervereinigung: »Was glauben Sie denn, wer dafür sorgen konnte, dass zum Beispiel die Staatssicherheit wirklich nach Hause ging und ihre Akten und ihre Waffen daließen und keiner geschossen hat oder sonst was gemacht hat, die waren ja alle ausgebildet. Die vertrauten Hans Modrow, das war auch seine wichtige Rolle, und dafür spielte dann auch wieder die Partei eine wichtige Rolle, um solche Strukturen durchzusetzen.«

Wenige Wochen nach dem Fall der Mauer traf sich die SED zum Sonderparteitag. Die Bezirkssekretäre der Partei übernahmen die Macht. Und ein wenig bekannter Rechtsanwalt aus Berlin wurde plötzlich Vorsitzender: Gregor Gysi. Ein Mann aus dem DDR-Establishment, sein Vater war einmal Staatssekretär für Kirchenfragen, er selbst gut vernetzt, blitzgescheit. Der Retter der SED.

Auf dem Parteitag 1989, kurz nach dem Fall der Mauer, gab er die Richtung an: »Die Auflösung der Partei und ihre Neugründung wären meines Erachtens eine Katastrophe für die Partei gewesen. Mit einer Auflösungsentscheidung sind sämtliche Mitarbeiter des Apparates arbeitslos, und die soziale Existenz der Mitarbeiter der parteieigenen Betriebe und Einrichtungen wäre erheblich gefährdet. Das Eigentum der Partei wäre zunächst herrenlos, anschließend würden sich sicherlich mehrere Parteien gründen, die in einen juristischen Streit um die Rechtsnachfolge träten.«

Gysi und seine Genossen wollten wenigstens einen Teil der Macht der SED retten – und deren Vermögen.

Doch es ging nicht nur um Geld und Macht, sondern auch um die Ordnung im Lande während des von vielen Altkadern abgelehnten Wiedervereinigungsprozesses. Gysi zwanzig Jahre danach: »Es ging ja um die Herstellung einer Einheit und die Vertretung der Leute, die vielleicht die Einheit nicht wollten. Der Leute, die irgendwie auch an der DDR hingen.«

Gysi wurde mit 95,32 Prozent der Stimmen zum Parteivorsitzenden gewählt. Ein Ergebnis wie zu Honeckers besten Zeiten. Flugs wurde die SED umbenannt in PDS, Partei des Demokratischen Sozialismus. Alte Genossen wie Honecker und Krenz wurden ausgeschlossen. Jetzt war man demokratisch.

Zwanzig Jahre später ist die Partei im Westen angekommen und wird mehr und mehr zum Machtfaktor. Auferstanden aus den Ruinen von DDR und SED eine neue Linkspartei, links von der SPD. Die Einheit war nun auch auf der politischen Linken vollzogen – und brachte und bringt die alte westdeutsche Sozialdemokratie in Not. Linke Gewerkschafter und SPD-Mitglieder wechselten das Parteibuch. Und die Frage einer Koalition mit der Linkspartei entzweit die SPD und ihre Wähler: Im vereinten Berlin regiert die SPD bereits mit den Linken, in den östlichen Bundesländern will sie, wenn sie kann, in den westlichen eher nicht, im Bund auf keinen Fall. Ein sozialdemokratischer Schlingerkurs, von dem die Linkspartei profitiert.

Der ehemalige SPD-Vorsitzende Oskar Lafontaine, inzwischen aus seiner alten Partei aus- und der neuen Linkspartei beigetreten, versteht seine neue Gruppierung vor allem als Machthebel. Auf dem Wahlparteitag der Linkspartei verkündet er: »Links wirkt! Das haben die vergangenen vier Jahre gezeigt. Auf eine starke Linke reagieren die anderen Parteien. Aber das ist immer noch viel zu wenig. Zur Arbeit der Linken im Bundestag muss politischer Druck aus der Gesellschaft hinzukommen. Hartz IV und die Rente mit siebenundsechzig wären Anlass gewesen, auch in Deutschland den Generalstreik, den es in vielen Staaten Europas gibt, zum Kampf gegen den Sozialabbau einzusetzen.«

Das heißt im Klartext: Lafontaine will die Massen mobilisieren, um

Regierungs- oder Parlamentsentscheidungen zu ändern. Nicht im Bundestag soll Politik gemacht werden, sondern auf der Straße. Der Volkstribun aus dem Saarland trifft das gesamtdeutsche rote Herz. Die Delegierten springen begeistert klatschend auf. Und das schmeichelt natürlich. Lafontaine geht ans Mikrophon zurück.»Ich bitte euch, setzt euch! Ich bitte euch, euch zu setzen, sonst heißt es wieder: Aufstand der Linken gegen Lafontaine!«

Ein Mann wie Lafontaine fehlte der PDS. Das weiß auch der langjährige Vorsitzende Lothar Bisky:»Ich denke, dass wir als PDS bewiesen haben, dass das mit uns in den alten Bundesländern nicht so richtig voranging. Irgendwann musste man eine Schlussfolgerung ziehen. Das heißt, man kann eine linke Partei im Westen nur mit Leuten aus dem Westen aufbauen. Ein Export der PDS von Ost nach West hat nicht funktioniert.«

Lafontaine erkannte die Chance. Der einmal am Wähler und einmal an seiner eigenen Partei gescheiterte einstige Kanzlerkandidat der SPD nimmt einen neuen Anlauf.

Die Kultur, aus der Lafontaine kam, war anders als die der Ost-Parteigenossen.»Die Generation Schröder, Fischer, Lafontaine, denen war Frankreich, Italien, Großbritannien viel näher als die DDR«, meint Gregor Gysi.»Für eine Partei, die überwiegend im Osten organisiert war, bedeutete das, dass ich mit so einer Art westpolnischer Partei auftrat.«

Ein ehemaliger Weggefährte ahnt, was Oskar Lafontaine auf den Weg nach Osten brachte. Reinhard Klimmt, Lafontaines kurzzeitiger Nachfolger als saarländischer Ministerpräsident, ist der Ansicht, dass die SPD ihm noch eine Perspektive der Mitarbeit hätte geben sollen.»Das hat irgendwie nicht funktioniert, und dann hat er sich halt ein anderes Pferd gesucht, das er reiten kann. Denn das ist natürlich eine seiner schwierigen Eigenschaften, dass er nur Erster sein kann und nur für sich arbeiten kann und nicht für Andere.«

Das deutete sich schon an, als angeblich kein Blatt Papier zwischen den Kanzlerkandidaten Gerhard Schröder und SPD-Parteichef Lafontaine passte. Lafontaine damals nach einem für die Presse arrangierten Spaziergang an der Mosel:»Also, wir haben eine wirkliche Männerfreundschaft über Jahre.« Schröder ergänzte:»Und eine, die sich nicht nur auf Wandern beschränkt.«

Die Männerfreundschaft hielt nicht lange, kaum ein Jahr nach diesem Spaziergang vor laufender Kamera zerbrach sie. Lafontaine warf das Amt des Finanzministers und das des SPD-Vorsitzenden hin, um sich schmollend ins Privatleben zurückzuziehen. Das war lange bevor Schröder mit seiner Reformpolitik Ernst machte. Mit Hilfe des VW-Personalvorstandes Peter Hartz wollte Schröder den überbordenden Sozialstaat reformieren.

Von links wurde das als Sozialabbau denunziert und bekämpft. Die PDS hatte ihr Thema. Gysi witterte sofort die Chance seiner Partei. »Stellen Sie sich doch mal vor, die Leute, die SPD und Grünen gewählt haben, die haben sie doch gewählt, gerade die SPD, aus sozialen Gründen, weil der Neoliberalismus war schon so weit, dass ja Kohl dann noch anfing: Gesundheitsreform, andere Rentenformel, also es waren ja schon so seine Schritte. Dann haben die Leute zum Schutz die Sozialdemokratie gewählt, und dann hat Schröder gesagt: So, ich mach das jetzt erst mal richtig, was der Kohl nur in Ansätzen gemacht hat, und basta!«

Lafontaine trat aus der SPD aus und ging demonstrieren, gemeinsam mit linken Genossen, die eine neue Partei, die »Wahlalternative für Arbeit und Soziale Gerechtigkeit« (WASG), gegründet hatten.

Gründer Klaus Ernst, linker Gewerkschafter und ehemaliges SPD-Mitglied, hatte sofort seine Fühler nach Lafontaine ausgestreckt. »Mit Lafontaine ist das so gekommen, dass ich ihn angerufen habe. Dann hat er die Ansage gemacht: Wenn sich seine Partei nicht ändert und wenn sie sich auch nach der Landtagswahl in NRW, die für die SPD zum Debakel wurde, nicht zu einem sozialdemokratischen Kurs besinnt, dann wird er zu uns kommen. Das hat er mir damals gesagt, und das hat er auch gemacht.«

Lafontaine weist alle Verdächtigungen zurück, es habe sich um einen Racheakt gegen den Konkurrenten Schröder gehandelt. »Die Auseinandersetzung mit Gerhard Schröder hat eine Rolle gespielt, aber das ist jetzt wirklich Geschichte, also ich kann es mir nicht erlauben, mich jahrelang mit Gerhard Schröder und meiner Rache an ihm zu beschäftigen.«

Die Rache wurde zum Feldzug. 2007 wuchs zusammen, was aus linker Sicht zusammengehörte: die Parteien der Arbeiterklasse. Fast wie vor sechzig Jahren, wenn auch diesmal freiwillig.

Die Vereinigung von WASG, der linken SPD-Absplitterung, und der PDS hat auch für Gregor Gysi eine historische Dimension. Auf dem Vereinigungsparteitag erklärte er: »Die Einheit der Linken gehört zwingend zur Einheit der Deutschen. Und selbst, wenn es einigen von euch leidtun sollte, muss ich euch die Wahrheit sagen: Organisatorisch vollenden wir heute die Einheit Deutschlands.« Triumphierend rief er in den Saal: »Wir machen das!«

»Brüder, in eins nun die Hände ...«, hatte der Arbeiterchor gesungen, als sich SPD und KPD zur SED vereinigten. In einem berühmten Propagandafilm gingen dafür zwei getrennt marschierende Demonstrationszüge in einen langen Marsch auf. Die berühmte Filmszene war inszeniert. Genauso wie die Zwangsvereinigung selbst.

Diesmal verbanden sich die WASG und die PDS freiwillig, wenn auch überstürzt. Die Machtfrage drängte.

Manchen, wie dem alten PDS-Ministerpräsidenten der DDR Hans Modrow, ging das zu schnell: »Die Linke ist, was die Vereinigung betrifft, mehr – ich will es ruhig so grob sagen – zunächst ja zu einer Art Sturzgeburt gekommen. Denn beide Seiten wussten: Nur wenn man zusammengeht, gibt es bei den Wahlen Erfolg. Und es blieb keine Zeit, sich vorher mal miteinander über programmatische Fragen auszutauschen, darüber miteinander zu streiten und zu diskutieren.«

Mehr als skeptisch ist der langjährige Vordenker und einstige stellvertretende Vorsitzende der PDS, André Brie. »Lafontainismus« sei schlecht für die Kulturentwicklung der Partei. »Das hat zum Teil mit ihm zu tun, weil er es laufen lässt: Ideologen, Intrigen – ein Rückfall in diese furchtbaren Rechts-links-Klassifizierungen der alten parteikommunistischen Bewegung, die immer zerstörerisch war, die inhaltslos ist. Vor allem aber ist das eine Entwicklung, wo Leute, die sich gar nicht seine Inhalte aneignen, ihn missbrauchen, um ihr eigenes Machtspiel zu machen.«

Harte Worte eines Genossen, der, obwohl früher Inoffizieller Mitarbeiter der Stasi, heute zum Realo-Flügel der Linkspartei gehört.

Im Wahlkampf 2009 ist Oskar Lafontaine, der Volkstribun mit Promi-

Bonus, überall willkommen, wo es etwas zu protestieren gibt. So bei Coca-Cola-Arbeitern in Kaiserslautern. Das Abfüllwerk soll geschlossen werden, obwohl es Gewinne macht. Ein Sprechchor empfängt Lafontaine vor dem Werk:»Mit Oskar nach Atlanta!« Dort, in der Zentrale von Coca-Cola, soll Lafontaine das Abfüllwerk für die Arbeiter retten.

Der Gewerkschaftsfunktionär, der ihn gerufen hat, ist aus der SPD ausgetreten, aber noch nicht Mitglied der Linken geworden. Doch plötzlich haben angestammte SPD-Genossen, vor allem gewerkschaftlich orientierte Männer zwischen fünfundvierzig und sechzig, eine Wahlalternative. Das Prinzip Hoffnung zieht.

Die Arbeiter rufen im Chor:»Coca, Opel müssen in Kaiserslautern bleiben!«

Und Oskar Lafontaine weiß wie immer Rat:»Was kann man machen, damit solche Willkürentscheidungen dann nicht mehr getroffen werden können? Unsere Antwort ist die, dass Mitbestimmung und Belegschaftsbeteiligungen ausgeweitet werden müssen, oder anders: Es dürfte nicht so sein, dass eine Standortschließung oder eine Verlagerung ganzer Produktionsteile gegen den Willen der Belegschaft möglich ist.« So etwas kommt an. Wie unrealistisch es auch immer sein mag.

Die Basis revanchiert sich mit einer spontanen Umfrage:»Wer ist dafür, dass der Oskar Bundeskanzler wird? Handzeichen!« Und natürlich sind die Kinder von Marx und Coca-Cola dafür, dass Oskar Bundeskanzler wird.

Doch ganz so weit ist es noch nicht. Während Lafontaine auf die Mobilisierung der Volksmassen zu außerparlamentarischen Aktionen setzt, sind die ostdeutschen Genossen noch ganz auf parlamentarischem Weg.

Gregor Gysi tritt auf der Abschlusskundgebung für die Europawahl auf dem Berliner Alexanderplatz vor das Mikrophon.»Liebe Berlinerinnen und Berliner! Liebe Gäste der Stadt! Mit Wahlen kann man nicht die Welt verändern, das weiß ich. Aber sie können Zeichen setzen. Und Sie verändern durch die Wahl der Linken immer die anderen Parteien. So einfach ist das. Wenn Sie uns wählen, müssen Sie davon ausgehen: Die wollen ja nicht, dass Sie uns beim nächsten Mal wieder wählen! Und dadurch werden die dann friedlicher und sozialer, in der Hoffnung, dass Sie uns dann beim nächsten Mal nicht mehr wieder wählen, wenn

273

sie friedlicher und sozialer geworden sind. Das heißt, indem Sie uns wählen, erreichen Sie die größte Veränderung bei den anderen. Das schaffen Sie niemals, indem Sie die wählen! Auf gar keinen Fall, ganz im Gegenteil. So isses! Und Sie müssen denen ja nicht jetzt schon erklären, dass Sie uns beim nächsten Mal trotzdem wieder wählen.«

Zwei Gesichter der Linkspartei: Doppelspitze und Doppelstrategie. Gysi, ein geläuterter SED-Genosse, der die DDR-Sozialisten in die bundesdeutsche Demokratie überführt hat. Und Lafontaine, der enttäuschte SPD-Politiker, der auf radikale außerparlamentarische Aktionen setzt.

Die Konfliktlinie ist unverkennbar. Auch wenn zwischen beide zurzeit ebenfalls kein Blatt Papier passt. Die Realos der Linkspartei kommen aus dem Osten.

Gregor Gysi blickt zurück: »Die Bundesrepublik Deutschland hatte natürlich eine andere Entwicklung als andere europäische Länder. Nach 1945 hat sich ein militanter, tiefsitzender Antikommunismus fortgesetzt. Das lag auch daran, dass man die Eliten aus der Nazi-Zeit im Kern übernommen hat und gesagt hat: ›Ihr müsst euch den Antisemitismus abgewöhnen, ihr müsst demokratisch werden, aber den Antikommunismus, den dürft ihr behalten.‹ Nun hat dann die Sowjetunion und vor allen Dingen auch die SED und die DDR auch einen Beitrag dazu geleistet, den Antikommunismus in jeder Hinsicht zu verstärken – einen wirksamen Beitrag geleistet, das weiß ich ja alles: Mauer und so weiter, ist ja ganz klar. Sodass es im Kern – das habe ich ja erst nach 1990 begriffen – gar keine Chance gab damals, eine Partei links von der Sozialdemokratie nennenswert in den alten Bundesländern zu etablieren.«

Die Mauer hing und hängt den Nachfolgern der SED immer noch am Hals. Kaum ein Genosse, der sie heute noch verteidigt, wie damals als »antifaschistischen Schutzwall«. Da wird die Verantwortung lieber auf die Sowjets oder die Nachkriegsordnung an sich geschoben. Ein DDR-Grenzer in Uniform ist für viele alte Genossen auch nur ein Opfer der Verhältnisse. Ganz ähnlich wie ein Flüchtling, der leider beim Fluchtversuch erschossen wurde. Schicksal, keine Schuld.

Doch auch bei der Linkspartei stellt man sich der Geschichte. Thomas Flierl veranlasste als Berliner PDS-Kultursenator eine Gedenkstätte für die Mauer. Er ist für Offenheit gegenüber der Vergangenheit. »Die

274

rückhaltlose, grundsätzliche Distanzierung vom DDR-System schließt die Abrechnung und die politische Abrechnung mit der Mauer ein. Es gibt keinen historischen und politischen Grund, diese Mauer heute zu rechtfertigen.«

So entlastet man sich von der politisch-moralischen Bürde der Mauer. Und doch ist die Vergangenheit der SED und ihres Unterdrückungsapparates eine offene Wunde. Das Stasi-Gefängnis Hohenschönhausen ist heute eine Gedenkstätte. Der Stadtteil, in dem die Haftanstalt steht, ist Hochburg der Linkspartei. Die meisten alten Kader, Stasi-Mitarbeiter und Parteisoldaten, wählen immer noch SED, wie die Partei auch immer gerade heißen mag.

Jetzt kann hier die Realität des DDR-Sozialismus besichtigt werden. Die Verliese inklusive Wasserfolter wurden noch vom sowjetischen Geheimdienst NKWD eingerichtet und bis 1961 von den Sowjets benutzt. Dann zog die Stasi ein.

Der Historiker Hubertus Knabe leitet die Gedenkstätte. Er hat sein eigenes Bild von den Linksparteigenossen.»Viele sind schon unter Ulbricht beigetreten – Parteichef Bisky etwa, der Fraktionsvorsitzende Gysi –, und man merkt, dass aus dieser biographischen Prägung auch die Politikvorstellungen für die Gegenwart resultieren. Man verklärt die kommunistische Ideologie, man schwärmt von den Errungenschaften der DDR und verspricht das Paradies auf Erden durch die Überwindung der Herrschaft des Kapitals. Das hatten wir alles schon mal, und wohin das führt, kann man in diesem Gefängnis sehr anschaulich studieren.«

Als DDR-Anwalt kannte Gregor Gysi die Methoden des Stasi-Staates genau. Er hatte Mandanten unter den Bürgerrechtlern, die hier inhaftiert waren.

Zum Beispiel Vera Lengsfeld, die sogar von ihrem Ehemann im Auftrag des Geheimdienstes bespitzelt worden war. Jetzt macht sie Führungen für Schulklassen durch das Gefängnis.

Gefoltert wurde hier nicht mehr. Dafür setzte man systematisch Psychoterror ein.

Vera Lengsfeld, inzwischen CDU-Politikerin, erklärt den Schülern, mit welchen Methoden die Stasi-Ermittler hier gearbeitet hatten.»Und dann machten die sich den psychologischen Druck zunutze, den jeder

Mensch hat, wenn er wochenlang nicht reden durfte, keine menschliche Stimme hörte. Und wenn der dann einen Menschen trifft, mit dem er reden kann, dann redet der mit dem, selbst wenn er weiß, dass das der Vernehmer ist. Übrigens wohnen die heute noch da drüben. Wenn ihr euch rumdreht, da draußen die netten Häuschen anguckt – da wohnen die Vernehmer und Wärter dieses Gefängnisses heute noch.«

Die Vergangenheit ist allgegenwärtig in Hohenschönhausen, einer der Hochburgen der Linkspartei. Davon verfolgt wird auch Gregor Gysi, Anwalt von inhaftierten Bürgerrechtlern wie Rudolf Bahro. Aus Stasi-Akten ging hervor, dass ein gewisser IM Gregor Informationen über seine Mandanten an die Stasi geliefert hatte.

Das führte zu dem naheliegenden Verdacht, dass Gysi Inoffizieller Mitarbeiter der Stasi war.

Der Anwalt bestritt das vehement und führte zahlreiche Prozesse dagegen. Er habe jeweils nur mit dem Zentralkomitee der Partei über die Mandanten verhandelt, nicht mit der Stasi. Auf welchem Weg seine Informationen, zum Beispiel über seinen Mandanten Bahro, in die Stasi-Akten gelangt seien, wisse er nicht. Selbst direkte Zitate von ihm seien nicht von ihm.

Gysis Version: Irgendjemand habe seine Informationen für das Zentralkomitee der Partei an die Stasi weitergereicht. »Die Frage ist immer: Habe ich das dem ZK gesagt oder der Staatssicherheit? Ich gelte als moralisch, wenn ich es dem ZK gesagt habe, und als unmoralisch, wenn ich es der Staatssicherheit gesagt habe. Ich sage immer: Ich habe es dem ZK gesagt. Es geht nicht um den Inhalt, sondern um den Adressaten.«

Tatsächlich wusste jeder Mandant, dass er es bei Gysi mit einem gut vernetzten SED-Genossen zu tun hatte. So auch der in Ungnade gefallene Altgenosse Robert Havemann. Kontakte zur Macht waren Gysis Funktion als Anwalt.

»Durch mich entstand ja wieder ein Draht. Sie konnten nur politisch etwas erreichen oder gar nicht. Wenn sie politisch etwas erreichen wollen, dann müssen sie aber den Weg gehen, wie mir auch ein Westanwalt sagte, dass ich denen natürlich auch ein Stück entgegenkommen musste. Wenn ich argumentiert hätte, wie wir beide es heute tun, dann hätten die mich doch einfach rausgeschmissen. Also musste ich ihnen doch erklären, weshalb es im Interesse der Partei wäre, Robert Havemann besser zu behandeln, verstehen Sie? Ich musste ihnen nicht erklären, weshalb es im Interesse meines Mandanten ist – das wussten die ja –, sondern ich musste ihnen erklären, weshalb es im Interesse der Partei ist. Das ist ein wesentlich schwierigerer Vorgang. Aber da habe ich, glaube ich, eine gewisse Begabung.«

Das bezweifelt sicher niemand, der Gysi kennt.

Rückblende. März 1990. Das Parlament der DDR, die Volkskammer, wird neu gewählt. Es sind die ersten – und letzten – freien Wahlen in der DDR. Der sozialistische Staat wird abgewrackt. Und doch ist die in PDS umgetaufte SED immer noch Teil des Spiels.

Zur Überraschung aller gewinnt nicht die SPD, sondern die CDU. Die PDS landet bei rund sechzehn Prozent. In einigen Stadtteilen mit vielen Ex-SED-Genossen gewinnt sie die Mehrheit.

Ministerpräsident Modrow muss abdanken. Zuvor hat er die Hälfte des Parteivermögens von angeblich sechs Milliarden Ostmark in den Staatshaushalt übernommen.

Um den Verbleib der restlichen drei Milliarden kümmert sich später ein Untersuchungsausschuss des Bundestags. Zunächst weitgehend erfolglos. Die neue Spitze der PDS verweigert kollektiv die Aussage, darunter Gysi und Bisky. Der Ausschuss kommt zu dem Ergebnis, die PDS-Verantwortlichen hätten die Aufklärungsarbeit »in geradezu konspirativer Weise behindert«.

Volker Neumann, SPD, Vorsitzender des Untersuchungsausschusses: »Die vier, die die Aussage verweigert haben bei uns, die haben sich abgesprochen, denn sie haben gleichlautende Erklärungen vorgelesen. Das heißt, im Vorfeld wurde das besprochen, und man hat gesagt: Wir sagen auf die Fragen des Ausschusses zu Vermögenswerten im Ausland und darüber hinaus nichts.«

Lothar Bisky bestreitet die Aussageverweigerung nicht. »Das waren ja Killerfragen. Die fingen ja an mit Fragen, die nicht dazugehörten. Aber das ist eine andere Geschichte schon. Und ich habe diesem Ausschuss nicht über die Wege getraut. Tut mir leid.«

Die neue »Partei des Demokratischen Sozialismus« versuchte von Anfang an, das Parteivermögen der SED in die neue Zeit herüberzuretten. Dazu wurden trickreiche Strategien verfolgt, wie Dokumente aus jener Zeit beweisen. Noch vor der Währungsunion sollte das Parteivermögen an zuverlässige Genossen übertragen werden, um es dem Zugriff der Staates zu entziehen. Eine Arbeitsgruppe suchte nach »Lösungen, mit denen auch unter veränderten Bedingungen stabile materielle und finanzielle Grundlagen für die Tätigkeit der SED-PDS gesichert werden können«.

Chef der Gruppe war Gerd Pelikan. Der wurde vom Parteivorsitzenden Gregor Gysi bevollmächtigt, »Treuhand- und Darlehensverträge abzuschließen«. Im Namen des PDS-Vorstands wurde das Geld mit vollen Händen verteilt.

Der damalige stellvertretende Vorsitzende der PDS André Brie war dabei, als das Parteivermögen privatisiert wurde. »Es ging darum, was vorhanden war, in neue Formen überzuführen und wirtschaftlich zu lenken und den Leuten, zum Beispiel in Fahrdiensten, in Druckereien, eine neue Perspektive zu geben.«

Es war die Zeit des schnellen Geldes. Darlehen wurden wie am Fließband ausgeteilt – zu Niedrigzinsen, oft ohne Sicherheit, mit bis zu hundert Jahren Laufzeit. Vierhundert Millionen Ostmark, umgerechnet zweihundertdreißig Millionen D-Mark, aus den PDS-Kassen lösten einen wahren Gründerboom bei den sozialistischen Genossen aus.

Geld und Besitz der Partei mussten weg, bis der Kapitalismus kam. Koste es, was es wolle.

André Brie erinnert sich: »Also, ich bin zum ersten Mal im Präsidium der damaligen SED-PDS, als ich Wahlkampfleiter geworden bin, gewesen und habe von dem Moment an erleben können, was dort ablief. Ich saß ja bei allen Dingen dabei – Privatisierungsbeschlüsse, Übereignung von Fahrdiensten, Hotels, Parteischulen –, und das ging holterdiepolter. Ich weiß noch, in dieser ersten Sitzung, wie hinterher Gysi sagte – als die Leute, die das Eigentum übernahmen, raus waren –: Um Gottes willen, was haben wir gemacht?«

Dahinter steckte wohl Kalkül. Ein guter Genosse lässt die Partei nicht hängen. So erklärt die Großzügigkeit der Partei damals vielleicht die Großzügigkeit mancher Genossen heute. Während die Zahl der PDS-Mitglieder bis 2006 stetig sank – von hundertsiebzigtausend im Jahr 1991 auf knapp siebzigtausend –, stiegen die Einnahmen aus Beiträgen und Spenden von umgerechnet acht Millionen Euro auf stolze vierzehn Millionen.

Bei der PDS war offiziell der Bereichsleiter Finanzen für die Parteigelder zuständig: Wolfgang Langnitschke. Im Wahlkampf 1990 warf er mit Geld nur so um sich.

»Als ich Wahlkampfleiter wurde, da musste ich im alten ZK-Gebäude in die Abteilung Finanzen gehen zu Wolfgang Langnitschke«, berichtet André Brie. »Da durfte ich erst mal wie ein Bittsteller warten, obwohl ich schon Wahlkampfleiter war, und ich war auch schon ganz geduldig, denn das war ja immer noch das ZK-Gebäude. Ich kam da mit Riesenrespekt. Dann kam ich in sein Büro rein, und er fragte mich: ›Wie viel Geld brauchst du?‹ Ich hatte ja keine Ahnung. Ich sagte: ›Vielleicht vier Millionen Mark.‹ Dann sagte er: ›Machen wir sieben Millionen.‹«

Ausschussvorsitzender Neumann lernte Langnitschke während der Ermittlungen kennen. »Ich kann zu Langnitschke nur sagen, dass er über die Finanzverhältnisse, auch über die Möglichkeiten, Gelder beiseitezuschaffen, genauestens Bescheid wusste. Er hat ja eine Zeitlang offen ausgesagt.«

Besonders großzügig spendete die PDS einer neu gegründeten »Islamischen Religionsgemeinschaft«. Ein gewisser Abdel Majid Younes, laut Stasi-Akten Waffenhändler und Kontaktmann zur Palästinensischen Befreiungsorganisation PLO, wurde reichlich bedacht.

In einem Fernsehinterview erklärte er 1990, wie es dazu gekommen war: »Ganz einfach: Wir haben die Islamische Religionsgemeinschaft gegründet im März, und ich habe mich in Form eines Briefs an Herrn Gysi gewandt, ob die Möglichkeit besteht, dass er uns unterstützt.«

Die Spende bestand aus 75 Millionen Ostmark, bei einem Umtauschkurs von eins zu zwei immerhin 37,5 Millionen Westmark.

Younes heute: »Das Geld ist auf dem Konto der Islamischen Religionsgemeinschaft zwei Jahre geblieben, und es wurde fast nicht berührt. Da sind später 26, 27 Millionen Zinsen draufgekommen.«

Younes bekam auch zahlreiche Erholungsheime der SED zur Pacht, dazu Millionen für den Unterhalt derselben. Man wollte angeblich die Mitarbeiter vor der Arbeitslosigkeit schützen.

Rückblickend meinte Younes: »Zuletzt waren sie unter Druck, mehr oder weniger, die PDS. Sie will die Objekte loshaben, und sie will auch, dass die Arbeiter ihre Arbeit behalten. Und unter diesem Druck – das haben sie auch gemerkt, dass es nicht mehr lange dauert – haben sie mehr oder weniger zugestimmt. Für sie war keine andere Wahl, das habe ich gespürt.«

Doch inzwischen war die Treuhand eingeschaltet worden, um das Parteivermögen für den Staat zu sichern. Die PDS musste kooperieren.

Der heutige Parteigeschäftsführer Dietmar Bartsch: »Wir haben da die Beiträge, die möglich waren, zur Aufklärung geleistet, und das Geld ist ja – soweit mir bekannt ist – alles in den Haushalt der Bundesrepublik geflossen.«

Am 1. Juli 1990 wurde die D-Mark West auch in der noch existierenden DDR eingeführt. Das Vermögen der DDR-Parteien, auch der PDS, stand jetzt unter staatlicher Verwaltung. Da hatten einige PDS-Genossen eine Idee, wie man harte D-Mark im Ausland verstecken könnte.

In der Parteizentrale, dem Karl-Liebknecht-Haus, tauchten plötzlich merkwürdige Rechnungen aus Sowjetzeiten auf. Sie stammten von einer ominösen Moskauer Firma namens Putnik. Die Forderungen beliefen sich auf über einhundert Millionen D-Mark. Und die PDS überwies, aber nicht nach Moskau, sondern ins westliche Ausland. Der Deal flog auf. In Oslo wurde Karl-Heinz Kaufmann, Parteisekretär der PDS in Halle, festgenommen, weil er angeblich versucht hatte, siebzig Millionen in bar abzuheben. Damals wie heute beteuert er, dass er kein Geld für sich selbst abzweigen wollte – unter anderem mit einem schwergewichtigen Argument.

»Von Abheben war überhaupt keine Rede, und ob hundert Millionen oder Millionen ... Sie müssen sich das Volumen mal vorstellen und das Gewicht ausrechnen und dann noch das Gewicht der Taschen dazurechnen, ob Sie es dann tragen können.«

»Haben Sie es ausgerechnet?«

»Ja, ich hatte ja genügend Zeit. Es waren knapp über zwei Zentner. Und das soll einer tragen?«

Eine ominöse Firma mit Sitz in einem heruntergekommenen Gebäude sollte Leistungen in der Höhe von Hunderten Millionen Westmark für die SED erbracht haben. Zahlbar jetzt und sofort. Der Parteivorsitzende Gysi gab sich damals von der Rechtmäßigkeit überzeugt: »Das ist eine Forderung, die uns im Januar 1990 auf den Tisch gekommen ist, und wir haben uns sogar dagegen gewehrt, weil es eben wirklich ja nicht eine Million war oder hunderttausend Mark, sondern ein riesiger Betrag war. Wir haben dann noch eine Delegation nach Moskau geschickt und mussten uns davon überzeugen lassen, dass tatsächlich die Vertreter der früheren Partei das zugesichert hatten in protokollarischen Vereinbarungen, und so hatten wir letztlich keine andere Chance.«

Auch der Mittelmann des Putnik-Deals Karl-Heinz Kaufmann spielte damals den Naiven. Im Flugzeug auf dem Weg ins deutsche Gefängnis gab er im Oktober 1990 ein Fernsehinterview.»Ich gehe davon aus, dass es eine ganz rechtlich vertretbare Begleichung von finanziellen Verpflichtungen war. Davon gehe ich nach wie vor aus, deswegen wollte ich auch nach Deutschland.«

Fast zwanzig Jahre später redet Kaufmann Klartext: Das Geld sollte für die Partei außer Landes gebracht werden.»Im Konkreten ging es darum, eine Möglichkeit zu finden, eine glaubwürdige Möglichkeit zu finden, das nicht unbedeutende, aber allgemein überschätzte Barvermögen der SED zu sichern – und gesichert einzusetzen.«

Gysi, ob Mitwisser oder von alten Parteiseilschaften an der Nase herumgeführt, drohte mit Rücktritt. Blieb aber am Ende doch an der Spitze der PDS.

Und gelobte für die Partei Besserung.

»Seitdem ist da gar nichts mehr gelaufen. Wir haben sofort einen Vergleich gemacht, und in dem steht ja drin, dass wenn man irgendwo irgendwas findet, wovon nur ein einziges Vorstandsmitglied etwas gewusst hat, müssen wir den vielfachen Betrag an Strafe bezahlen. Das hat es nie gegeben.«

Der Vorsitzende des Untersuchungsausschusses »DDR-Vermögen«, Volker Neumann, blieb skeptisch:»Ich bin überzeugt davon, dass Geld ins Ausland geschafft worden ist. Was aus dem Geld geworden ist, kann man schwer sagen. Es kann in Firmen eingeflossen sein, die vielleicht heute noch existieren, es kann aber auch irgendwo geparkt sein.«

Zum Beispiel in Österreich. Die dortige Kommunistische Partei hatte für die SED Geschäfte abgewickelt, lukrative Geschäfte. Honeckers österreichische Genossen betrieben die Novum Handelsgesellschaft mit Sitz in Wien. Die machte weltweit Geschäfte im Auftrag der DDR.

Der Profit daraus wurde unter anderem in Zürich gebunkert.

Für den Ausschussvorsitzenden Neumann ist das ein Indiz für weitere schwarze Kassen der SED: »Der Fall Novum – das waren damals ja über vierhundert Millionen D-Mark, die in der Schweiz auf Konten lagen – zeigt deutlich, dass in der DDR die SED, oder auch andere, erhebliche Vermögenswerte im Ausland hatten.«

Damit klar war, dass der Novum das Geld nicht gehörte, musste deren Chefin Rudolfine Steindling, genannt die »rote Fini«, einen Treuhandvertrag mit der DDR-Außenhandelsgesellschaft Zentrag abschließen. Damit war zu DDR-Zeiten geregelt, wem das Vermögen tatsächlich gehörte, der SED bzw. der DDR.

Nach deren Untergang sollte das plötzlich nicht mehr gelten.

In einem Interview versuchte die »rote Fini« umständlich zu erklären, dass der Treuhandvertrag mit der Zentrag nur auf dem Papier stand, aber eben nicht bedeutete, dass sie im Auftrag der SED handelte. »Mit der Zentrag hatte die Novum nie etwas zu tun. Und die Zentrag hat von dieser Erklärung nichts gewusst, geschweige denn, diese von mir einseitig unterschriebene Erklärung zur Verfügung gehabt. Also, es war total unbedeutend, weil diese Treuhanderklärung habe ich an mich genommen gehabt, schon seinerzeit. Die einzige Ausfertigung habe ich gehabt.«

Tatsächlich hatten die Ermittler nur ein Exemplar des Treuhandvertrags gefunden, in den Akten der Novum nämlich. Bei der Zentrag war das Duplikat nicht aufzufinden.

Am Ende flossen der Bundeskasse rund hundertfünfzig Millionen Euro zu. Der Rest blieb bis heute verschwunden. Die »rote Fini« ging nach Israel und wurde dort später für ihre Spendenbereitschaft geehrt.

Der Ausschussvorsitzende Neumann konnte bei der Suche nach dem Auslandsvermögen der SED nicht auf die Hilfe der PDS setzen. »Die Frage nach dem Auslandsvermögen der SED – oder auch der PDS – hätte beantwortet werden müssen – nein, sie hatten sich ja verpflichtet, 1992, zu helfen, um das Auslandsvermögen festzustellen. Und sie haben weder eine Hilfe gegeben, noch haben sie auf unsere Fragen geantwortet.«

Der am Novum-Deal beteiligte Günther Forgber, der im Untersuchungsausschuss zunächst als Zeuge ausgesagt hatte, erlitt 2006 in der

Nähe von Valencia einen tödlichen Autounfall. Dadurch konnte er nicht weiter an der Aufklärung mitwirken.

Klaus Langnitschke, Hüter der Parteigelder, wurde 1998 in Lugano beim Überqueren eines Zebrastreifens totgefahren.

Ein weiterer auskunftsbereiter Zeuge in Sachen SED-Finanzen weniger. Um den Unfalltod rankten sich allerhand Gerüchte. Auch der am Putnik-Deal beteiligte Karl-Heinz Kaufmann macht sich inzwischen seine Gedanken und zieht Parallelen zum rätselhaften Tod des sowjetischen KP-Finanzchefs Nikolai Krutschina, der ebenso wie Langnitschke in den Putnik-Fall verwickelt war.

»Genauso wie der Abteilungsleiter für Finanzen der KPdSU aus dem Fenster stürzte, rein zufällig ums Leben kam, wie es auch andere Kader in anderen Parteien betraf – gerade die mit Finanzen befasst waren –, denke ich, ist auch bei Wolfgang Langnitschke etwas gedreht worden. Von wem auch immer.«

Der Sozialismus forderte viele Todesopfer.

17. Juni 2009. Gedenkfeier für die Opfer des Volksaufstandes in der DDR 1953. Berliner Polizistinnen tragen Kränze. Auch Mitglieder der Linkspartei-Fraktion im Berliner Abgeordnetenhaus sind dabei.

Der Regierende Bürgermeister von Ganz-Berlin, Klaus Wowereit, hält die Gedenkrede. Zurzeit regiert er gemeinsam mit den Rechts- bzw. Linksnachfolgern der SED, die verantwortlich war für das blutige Niederschlagen des Arbeiteraufstandes.

Das Polizeiorchester spielt.

Wowereit schreitet zum Mikrophon: »Wir gedenken der tapferen Männer und Frauen, die sich gegen Diktatur und Unterdrückung erhoben. Sie wollten einen neuen, freiheitlichen Staat. Der Aufstand wurde brutal niedergeschlagen. Die DDR war ein Unrechtsstaat.«

Das musste noch einmal gesagt werden vom Koalitionspartner der SED-Erben. Vorwärts und nicht vergessen, heißt seine Devise. Klaus Wowereit regiert Berlin mit einer rot-roten Koalition. Er will integrieren statt ausgrenzen. Realpolitik ist Machtpolitik.

Das weiß Wowereit ganz genau.

»Als wir angefangen haben, hatte die Linkspartei im ehemaligen Ostteil der Stadt siebenundvierzig Prozent der Stimmen gehabt. Gerade hier in Berlin war es ein Beitrag auch zur Einheit der Stadt, diesen großen Anteil von Wählerinnen und Wählern dieser Partei nicht zu Schmuddelkindern der Republik zu erklären.«

Die Linkspartei ist vielseitig. Ihr Spektrum reicht von anarcho-links über die Kommunistische Plattform bis in die Sozialdemokratie.

Wenn auf den Straßen von Berlin am 1. Mai »Action gegen das kapitalistische Schweinesystem der BRD« angesagt ist, kommt es in Kreuzberg regelmäßig zu Straßenschlachten mit der Polizei. Als Anmelder solcher Demonstrationen tritt häufig ein Bezirksverordneter der Linkspartei aus Berlin-Lichtenberg an, Kirill Jermak, knapp über zwanzig.

Einem Kamerateam erklärt er die Ziele der Demonstranten: »Ich denke, dass es auch unterschiedliche politische Motivationen für diese Demonstration gibt. Die einen wollen sicherlich Deutschland als Garant der kapitalistischen Ordnung abschaffen, wiederum andere haben ein Problem mit der rassistischen Politik Deutschlands. Ich persönlich gucke mir das heute an und sehe tatsächlich, die Polizei ist auf der Straße und hindert diese bunte Versammlung von Menschen daran, ihren freien Willen auszudrücken. Das geht nicht.«

Das antikapitalistische Feindbild stimmt: Die Polizei hindert die Demonstraten daran, ihren freien Willen auszudrücken. Auch wenn diese Polizei einem Senat untersteht, dem die Linkspartei selbst angehört.

Das ist nicht Schizophrenie, sondern politische Dialektik, also Machtpolitik.

Die andere Seite der Linken in Berlin: Harald Wolf, einer der beiden Stellvertreter des Regierenden Bürgermeisters Wowereit und Senator für Wirtschaft, Technologie und Frauen, ehemaliger Trotzkist, ehemaliger Grüner. Heute Realo-Flügel der Linkspartei, der jede Kürzung im Berliner Landeshaushalt mitträgt.

Regelmäßig besucht er Berliner Betriebe. So im beginnenden Bundestagswahlkampf die Firma Bernhard Lange Metallbau und Laserschneidtechnik im Ostberliner Stadtteil Lichtenberg. Im Rahmen des Industriedialogs spricht er mit Mitarbeitern des Mittelständlers. »Wir wissen ja, dass die Banken weitgehend ausfallen, angesichts der Finanzkrise. Deshalb versuchen wir, da über unsere landeseigene Investitionsbank größere Möglichkeiten, als wir sie bisher hatten, zu schaffen. Die Konditionen werden dann auch besser sein, das werden nicht acht bis zwölf Prozent sein.«

Die Industriepolitik des Linken Wolf und des rot-roten Senats ist durchaus erfolgreich. Die Zahl der Beschäftigten in der Berliner Industrie stieg, genauso wie der Exportanteil der Wirtschaft. Wolf preist das Berliner Modell als Machtchance für die SPD.

»Die SPD wird sich überlegen müssen, bleibt sie in der babylonischen Gefangenschaft mit der CDU und kommt immer mehr in den Zwanzig-Prozent-Keller, oder schafft sie sich neue Machtoptionen. Das geht nach Lage der Dinge nur mit der Linken, setzt allerdings auch voraus, dass sich in der Politik der SPD etwas ändert.«

Die Sozialdemokraten im Dauerdilemma zwischen allen Fronten. Im Rahmen seines Amtes verleiht Klaus Wowereit die Ernst-Reuter-Medaille an Lech Walensa, den polnischen Arbeiterführer, der zu Hause den Kommunismus zu Fall brachte. Für Klaus Wowereit ist das alles kein Widerspruch: Ehrung der Gegner des real untergegangen Sozialismus, zugleich Koalition mit den Erben desselben. Ein schwieriger Spagat, der trotzdem Schule machen könnte.

»Wir sind uns einig von Links bis Rechts in der Bundes-SPD, dass 2009 mit der Linkspartei aus inhaltlichen Gründen keine Zusammenarbeit in der Regierung möglich ist. Ob das 2013 so sein wird, ist etwas anderes.«

In Berlin ja, im Osten ja, im Westen vielleicht, im Bund heute auf keinen Fall, später vielleicht: keine einfache Pespektive für den SPD-Wähler im Krisenjahr 2009. Und dann noch der Aufrührer Lafontaine, der Ex-SPD-Chef, der stets einfache Anworten weiß und ständig die Systemfrage stellt.

Auf einer Demonstration sagt er einem Fernsehreporter, wer und was schuld ist an der Krise: »Die ungerechte Wirtschafts- und Sozialordnung, die wir ja jeden Tag erleben und die jetzt durch die Boni-Zahlungen an die Ganoven wieder sichtbar werden, die das Ganze verbrochen haben.«

Parlamentsmehrheiten erkennt er nicht mehr an. »Rentenformel und Hartz IV betreffen alle Arbeitnehmerinnen und Arbeitnehmer. Hier ist es ja so, dass eine Minderheit, und zwar die Abgeordneten des deutschen Bundestages, eine kleine Minderheit der Mehrheit ihren Willen aufzwängt.«

Gegen Bundestagsentscheidungen setzt Lafontaine die Macht der Parteimitglieder und die der Straße. Sein Demokratiekonzept ist nicht mehr das des Grundgesetzes der repräsentativen Demokratie, bei der die Abgeordneten im Parlament ihrem Gewissen, nicht ihrer Partei verpflichtet sind.

»Schröders Reformen waren ja Reformen von oben, gegen den Willen der Partei. Eine Konsequenz, die wir gezogen haben, ist, dass solche Entscheidungen den Mitgliedern vorbehalten sind, das heißt, in wichtigen Fragen gilt für uns der Mitgliederentscheid, das ist eine Weiterentwicklung. Die zweite Konsequenz, die in der SPD nie vertreten wurde, ist der Generalstreik oder politische Streik.«

Auf die Frage, wie denn das aussehen solle, sagt er: »Das kann man sich so vorstellen wie in Frankreich, dass also nicht nur die Metaller streiken, sondern dass beispielsweise das Frankfurter Kreuz zugefahren ist, der Luftverkehr ausfällt und der Bahnverkehr, und das würde wahrscheinlich jede politische Mehrheit zum Nachdenken bringen.«

Generalstreik, Autobahnblockaden, Lahmlegen von Luft- und Bahnverkehr. Massenaktionen gegen Parlamentsmehrheiten. Sozialismus lebt. Auferstanden aus den Ruinen der DDR. Es ist der Preis der Einheit.